U0576217

以核心素养为指归的教学设计

——《历史 选择性必修》上册

陈家华 主编

浙江工商大学出版社
ZHEJIANG GONGSHANG UNIVERSITY PRESS

·杭州·

图书在版编目(CIP)数据

　　以核心素养为指归的教学设计. 历史 选择性必修 上
册 / 陈家华主编. — 杭州：浙江工商大学出版社，
2022.9
　　ISBN 978-7-5178-5105-9

　　Ⅰ. ①以… Ⅱ. ①陈… Ⅲ. ①中学历史课－教学设计
－高中 Ⅳ. ①G633

　　中国版本图书馆CIP数据核字(2022)第154044号

以核心素养为指归的教学设计——《历史 选择性必修》上册
YI HEXIN SUYANG WEI ZHIGUI DE JIAOXUE SHEJI
——《LISHI XUANZEXING BIXIU》SHANGCE
陈家华　主编

责任编辑	张　玲
封面设计	朱嘉怡
责任校对	夏湘娣
责任印制	包建辉
出版发行	浙江工商大学出版社
	（杭州市教工路198号　邮政编码310012）
	（E-mail：zjgsupress@163.com）
	（网址：http://www.zjgsupress.com）
	电话：0571-88904980，88831806（传真）
排　　版	杭州彩地电脑图文有限公司
印　　刷	浙江全能工艺美术印刷有限公司
开　　本	889 mm×1194 mm　1/16
印　　张	15.25
字　　数	359千
版 印 次	2022年9月第1版　2022年9月第1次印刷
书　　号	ISBN 978-7-5178-5105-9
定　　价	58.00元

版权所有　侵权必究
如发现印装质量问题，影响阅读，请和营销与发行中心联系调换
联系电话：0571-88904970

编 委 会

主　　编：陈家华

编委成员（按姓氏笔画排序）：

厉　益　吕　莹　陈大军

陈君卫　陈杜娟　杜　培

卓　君　郎翕钰　姚丹旭

项雅利　徐靖涛　潘祖依

主编简介 〉〉〉

陈家华

　　浙江省温岭市人，中共党员，正高级教师。杭州大学（现浙江大学）学士，西南师范大学（现西南大学）硕士。浙江省台州市教育教学研究院副院长，高中历史教研员。浙江省陈家华名师网络工作室、台州市陈家华名师工作室领衔人。曾荣获浙江省特级教师、浙江省优秀教研员、浙江省教科研先进个人、长三角基础教育学科专家，台州市拔尖人才、台州市名教师、台州市直机关优秀共产党员、台州市先进教育工作者等荣誉称号。兼任浙江师范大学历史教育硕士实践导师、台州学院教授、台州市督学；浙江省历史教学研究会副秘书长、浙江省劳动教育研究会理事，台州市历史教学研究会秘书长。

　　近年来出版个人学术专著1部，担任主编、副主编的选修课程教材与教学用书14部。主持完成有影响的省、市级研究课题13项，荣获浙江省教研学术成果一等奖、台州市基础教育教学成果一等奖。在《历史教学》等省级以上正式刊物发表论文55篇。

前　言

　　《普通高中历史课程标准（2017年版2020年修订）》中反复阐述：高中历史课程承载着历史学的教育功能，要充分体现高中历史课程的育人价值，引导学生树立正确的世界观、人生观、价值观、历史观；历史课程要以培养和提高学生历史学科核心素养为目标，使学生通过历史课程的学习逐步形成具有历史学科特征的正确价值观、必备品格与关键能力；注意吸收历史研究的新成果、课程改革的成功经验以及国际历史教育的优秀成果；要为学生提供认识历史的多个角度，注重学生对历史的探究。既要为全体学生的终身发展打好共同基础，又要有助于学生的个性和专业的发展等。新课标、新理念、新要求，就是本书编写的宗旨。

　　选择性必修课程是在必修课程基础上的递进与拓展。通过这些课程的学习，加深学生运用唯物史观的阶级分析方法，对上层建筑各领域的实质进行深入分析；帮助学生认识生产方式的变革对人类社会发展所具有的革命性意义；理解文化交流与传播在文明进步中的重要作用，尊重世界文明多样性。为了在教学中落实好新课标的精神，使新课标、新教材所要求的抽象理论概念转化为渗透于学生思维习惯中的必备品格与关键能力。浙江省台州市陈家华名师工作室在2019年6月和2021年7月分别编写出版了《以核心素养为指归的教学设计——〈中外历史纲要〉》上、下两册，得到广大高中历史教育界同仁的认可，并成为他们重要的备课参考资料。基于此，工作室成员到学校多次调研，总结过往经验，撰写了《以核心素养为指归的教学设计——〈历史 选择性必修〉上册》。

　　本书具有以下特点：

　　1. 紧扣课程标准。本工作室成员在认真研读《普通高中历史课程标准（2017年版2020年修订）》后，按《历史 选择性必修1》《历史 选择性必修2》（第1—9课）的内容进行编写。本书所有教学设计以学业质量为目标，以素养水平划分为依据，较好地贯彻《普通高中历史课程标准（2017年版2020年修订）》精神，具有较强的针对性、实用性、指导性。

　　2. 落实学科核心素养。本书以唯物史观为指导，尽可能通过详尽的史料，将每一个问题放在特定的时空条件下进行深入、具体、生动的展示与讲解；通过学生的积极参与，引导学生从多个角度、多种因素思考历史现象与历史问题，深化对历史的理解，提高历史解释能力；感悟人类文明的发展历程，涵养家国情怀，增强人类命运共同体意识。教学设计致力于发展学生的核心素养，培养学生成为有理想、有本领、有担当的时代新人。

3.指导课堂教学实践。德国哲学家雅斯贝尔斯曾说过："教育要培养一代人的精神，必先使历史进驻个人，使个人在历史中汲取养分。"本书以新课标为总纲，结合学情，对教材内容进行整合与拓展；确定教学主题、教学目标、教学重点与难点，并通过创设情境，提高学生运用所学知识分析、解决问题的能力。本书倡导自主学习、合作学习、探究学习，充分发挥学生的主体作用，激发学生学习历史的兴趣，提高学生的能力与素养。此外，在本书教学设计中还附有"设计思路""设计意图""设计反思与讨论"等模块，供广大教师备课参考。

本书经浙江省特级教师、正高级教师，浙江省、台州市名师工作室领衔人，台州市高中历史教研员陈家华老师策划、指导和审定，工作室第三期团队成员相互守望、共同努力完成，以期为广大中学历史教师提供教学参考，并促进教师专业素养的提高。

编　者

2022 年 5 月 19 日

目 录

《历史 选择性必修1》

《历史 选择性必修 2》（1—9 课）

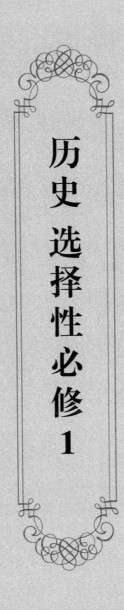

历 史 选 择 性 必 修 1

第一单元　政治制度

第1课　中国古代政治制度的形成与发展

 设计思路

《普通高中历史课程标准（2017 年版 2020 年修订）》要求：了解中国古代政治体制在秦朝建立前后的巨大变化；通过宰相制度和地方行政层级管理的变化，认识自秦朝起君主专制中央集权政治体制的演变线索。

根据新课标要求及教材编排，教学过程围绕三部分展开：以文献史料和形势图以及考古资料来学习夏朝的世袭制、商朝的内外服制和西周的分封制，进而了解先秦时期政治制度的特点；通过史料研读、教材内容整理、表格对比分析等让学生认识秦朝确立的君主专制中央集权制的特点；通过引导学生梳理汉至明清中央行政制度和地方行政制度的演变史实，从而分析中国古代中央和地方政治制度演变的规律。

建构主义认为，学习是学习者根据自己的经验背景，对外部信息主动地进行选择、加工和处理的过程。学生在高一时已经学习本课相关内容，但是由于政治制度的内容相对枯燥，又极其繁杂，因此教师须通过选用有针对性的材料，引导学生主动探究深层次的历史问题。

✎ 教学目标

1. 通过史料阅读，学习先秦时期的主要政治制度并认识其特点。

2. 通过郡县制与分封制的比较，认识郡县制取代分封制是历史的进步。

3. 通过梳理教材，从中央权力和地方行政体制的演变来了解中国古代政治制度的发展历程。

4. 通过对中国古代政治制度的演变史实的学习，体会政治制度是一定时期政治、经济、思想文化的产物，使学生能够体会到中国历史上关于国家制度和国家治理的丰富思想，为当代国家制度和国家治理体系发展提供深厚的思想文化底蕴。

重点难点

1. 重点：中央集权制度、宰相制度和地方行政制度的演变。
2. 难点：中国古代政治制度演变的特点。

 教学活动过程

 导入 ❯❯❯ --

教师展示材料：

中国之政，得秦皇而后行，……自秦以来，垂二千年，虽百王代兴，时有改革，然观其大义，不甚悬殊。

——夏曾佑《中国古代史》

要求学生根据材料思考：秦朝建立前后，中国政治制度发生了怎样的重大变化？秦朝开创的政治制度又有怎样的演变呢？

【设计意图】通过历史学家评价历史事物的方式创设历史情境，加深学生对秦朝政治制度的了解和认识，再设置层层递进的问题，激发学生学习和探究的兴趣。

导入学习任务一：先秦时期的政治制度

（1）夏朝的世袭制

教师活动： 展示戴冠冕的夏禹，指导学生根据材料理解夏朝政治制度与之前的变化。

材料1　大道之行也，天下为公，选贤与能，讲信修睦。故人不独亲其亲，不独子其子，……是谓大同。今大道既隐，天下为家，各亲其亲，各子其子，货力为己。……是谓小康。

——《礼记·礼运》

学生活动： 根据材料并结合课文，理解夏朝世袭制代替禅让制是历史的进步。

世袭制代替禅让制带来的变化：①权力传承：传贤→传子。②政权性质：公天下→家天下。③社会形态：原始公有制→奴隶私有制。世袭制取代禅让制是私有制推动和生产力发展的结果，是历史的进步。

（2）商朝的内外服制

教师活动： 展示商朝形势图，引导学生根据材料分析内外服制的特点。

材料2　外服指王畿以外的臣属地区，散布着许多臣服于商的部落、部族，其中较大者被称为"方"，今天亦称方国。这些部族、方国首领要为商王承担一定的义务，被赐予侯、伯等称号。总的来看，外服之地只是间接地受商统治，隶属关系并不稳固，往往视商之国力盛衰而定。外服以至外服以外的方国，其经济多较商落后，故而也不时进入王畿抢掠。终商一代，与方国的战争十分频繁。

——张帆《中国古代简史》

学生活动：根据图片和材料，分析得出商朝的中央政权与各附属国之间的联系较为松散。这种臣服关系的维持，是以中央力量的强弱为转移的。商王对参加联盟的附属国的控制力是有限的。

（3）西周的分封制与宗法制

教师活动：让学生回忆西周分封制和宗法制相关内容，引导学生根据材料理解西周政体的基本特点。

材料3　西周统治者通过分封制和宗法制建立起奴隶主贵族的统治体系。分封制是用政治分权的方法加强周王朝的统治地位，宗法制是用血缘关系来确保奴隶主贵族大家庭的经济垄断地位。二者相辅为用，把政治和经济的利益联结成为一个整体躯干，如鸟之有两翼，车之有双轮，成为支撑西周王朝的两根柱石。

——摘编自王超《中国历代中央官制史》

学生活动：根据材料，得出结论。分封制与宗法制相配合，政治权力分配与血缘关系相结合，是西周政体的基本特征。

（4）原始民主传统

教师活动：展示材料，引导学生根据材料概括商周原始民主传统的特点。

材料4　厉王虐，国人谤王。……防民之口，甚于防川。

——《国语·周语》

天生民而立之君，使司牧之，勿使失性。有君而为之贰，使师保之，勿使过度。是故天子有公，诸侯有卿……以相辅佐也。善则赏之，过则匡之，患则救之，失则革之。

——《左传·襄公十四年》

学生活动：根据材料概括商周原始民主传统的特点。

①君主的权力不是绝对的，原始民主遗存对君主的权力有制约作用；②国家遇到重大问题时，君主要征求自由民"国民"的意见；③国人也可以通过舆论干预朝政；④原始民主遗存在春秋各国政治中仍然有一定影响。

（5）春秋战国的政治转型

教师活动：展示材料，引导学生根据材料分析春秋战国奴隶制瓦解、封建制形成的原因。

材料5　春秋战国之交，是新旧社会制度转变时期，进入战国时期以后，刚诞生的新制度还不完善，而旧制度的残余，还在阻碍着它的成长。为此，一批有远见的地主阶级政治家，先后在各国推行改革。……在强化王权方面，战国时期各国都采取了诸多措施。……各国都建立了中央集权的官僚体制，在国王以下，有一套可以随时任免的官僚机构作为统治工具。

——摘编自白钢《中国政治制度史》

学生活动：根据材料，分析春秋战国奴隶制瓦解、封建制形成的原因。

①社会经济发展，宗族血缘关系瓦解，贵族等级分封制解体；②各国政治上的重大变革，使君主权力得到加强。

教师活动：整理先秦时期政治制度的主要框架，引导学生分析先秦时期政治制度的特点。

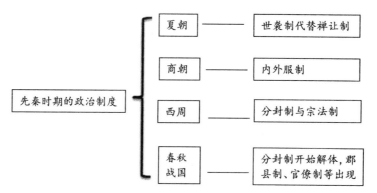

先秦时期政治制度的主要框架

学生活动：根据教师的小结，总结分析先秦时期政治制度的特点。

①以血缘关系为纽带，等级森严；②神权与王权相结合，迷信色彩浓厚；③最高统治者尚未实现权力的高度集中；④王权受原始民主传统的制约。

【设计意图】学生对先秦政治制度及其特点缺乏理性的认识，在教学过程中采用文献与图示相结合的方式，更加具象清晰，有利于加深学生对先秦政治制度的理解。

导入学习任务二：秦朝的政治制度

教师活动：展示秦朝政府组织图，引导学生回顾秦统一后确立的主要政治制度。

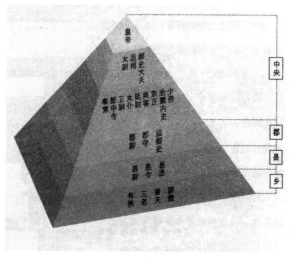

秦朝政府的组织

学生活动：根据示意图，回顾秦统一后确立的政治制度主要有皇帝制、三公九卿制、郡县制、文书制度。

（1）皇帝制

教师活动：展示材料，引导学生根据材料分析皇帝制度的特点及地位。

材料1　朕为始皇帝。后世以计数，二世三世至于万世，传之无穷。

天子独以印称玺，又独以玉，群臣莫敢用。

命为"制"，令为"诏"，天子自称曰："朕。"

天下之事无小大皆决于上。

——《史记·秦始皇本纪》

学生活动：根据教材，概括皇帝制度的特点是皇位世袭、皇帝独尊、皇权至上，皇帝制度的地位是秦朝政治制度的核心。

（2）三公九卿制

教师活动：引导学生根据教材并结合材料概括三公九卿制的特点。

材料2　三公即丞相、御史大夫、太尉。丞相协助皇帝处理全国政务；御史大夫是副丞相，协助皇帝掌管图籍章奏，监察百官；太尉协助皇帝掌管全国军事。三公之下有九卿：廷尉掌管司法，治粟内史掌管租税收入和财政开支，奉常掌管宗庙祭祀礼仪，典客掌管民族事务与对外关系，郎中令掌管皇帝侍从，少府掌管皇室财政与官手工业，卫尉掌管宫廷警卫，太仆掌管宫廷车马，宗正掌管皇室宗族事务。

——樊树志《国史概要》

学生活动：根据材料及教材内容，概括三公九卿制的特点，即以皇权为中心，国与家同治，充分体现出"家天下"。

（3）郡县制

教师活动：引导学生根据教材比较分封制和郡县制，从而理解郡县制取代分封制是历史的进步。

学生活动：根据教材比较分封制和郡县制，理解郡县制的进步意义。

分封制与郡县制比较表

	分封制	郡县制
建立基础	血缘	地域
官员产生方式	官位世袭	中央任命
官员权力	在封地内不但有行政权，而且拥有对土地和人口的管理权	只有俸禄，无封地，还要接受中央的考核和监察
地方与中央关系	诸侯国有相对独立性，不能从根本上保证中央与地方的隶属关系	郡县作为地方机构绝对服从中央
实质	贵族政治	官僚政治
历史作用	初期加强了对地方的管理，扩大了统治区域，但后期中央权力严重削弱	有利于加强中央集权和国家统一，为后来的地方行政体制奠定了基础

（4）文书制度

教师活动：引导学生根据材料分析秦朝文书制度形成的条件及其影响。

材料3 有事请殹（也），必以书，毋口请，毋羁请。

——《睡虎地简·秦律十八种·内史杂》

行命书及书署急者，辄行之；不急者，日臂（毕），勿敢留。留者以律论之。

——《睡虎地简·秦律十八种·行书》

萧何入秦，收拾文书（国家档案文献），汉所以能制九州者，文书之力也。

——王充《论衡》

学生活动：根据材料并结合所学知识分析文书制度形成的条件及其影响。

①文书制度形成的条件：郡县制的全面推行；秦统一后，统一车轨，修驰道，形成以咸阳为中心的交通网；秦朝建立了以邮驿为中心的文书传送系统；秦朝以法治国，文书行政管理制度十分严密。

②文书制度的影响：保障皇帝和中央的政令能够传送到全国各地；提高行政效率，加强专制主义中央集权制；为汉承秦制提供条件，具有较高史料价值。

【设计意图】学生已经学习了秦朝的政治制度，但没有完整把握这些政治制度的具体特点。运用史料、示意图和表格让学生从多维度、多种形式，具象地认识秦朝政治制度的特点及其历史意义。

导入学习任务三：两汉至明清时期政治制度的演变

（1）中央行政制度的演变

教师活动：引导学生根据教材梳理中国历代中央行政制度的演变。

学生活动：根据教材整理中国历代中央行政制度的演变内容。

中国历代中央行政制度的演变

朝　代	制度演变情况
秦　朝	三公九卿制
汉　朝	沿袭秦代的三公九卿制（中枢：西汉的中朝，东汉的尚书台）
魏晋南北朝	三公九卿制逐渐结束
隋　唐	三省六部制，三省为中枢
宋　朝	设同中书门下平章事为宰相，枢密院管军事，三司掌财政
元　朝	中书省总理全国政务
明　朝	废中书省丞相，设内阁
清　朝	雍正时设军机处

教师活动：引导学生根据梳理的表格以及材料概括中国历代中央行政制度演变的特点。

材料1　中枢机构变化的走势，是由皇帝与官僚机构、官僚队伍的矛盾决定的：皇帝一方面要设置得力的办事机构，需要赋予它权力；一方面担心掌握权力的大臣权势日高，威胁到皇权，因此要另设亲信机构予以制约。中枢机构权力分立的格局，正是出于相互制衡的考虑。

——邓小南《中国古代史的纵与横》

材料2　从独相到群相再到兼相，相权在历代皇权主持下的改革和裁抑过程中逐步萎缩，最终从体制上被废除，仅在形式上以内阁制和军机处的形式保留部分权力，而皇权也在逐步集权的过程中达到登峰造极的境地。

——任怀国《资政通鉴：中国历代政治制度得失》

学生活动：根据表格和材料概括中国历代中央行政制度演变的特点。

①皇权不断强化，相权不断削弱：宰相制度沿着相权的步步削弱，君权的逐渐强化这条主线发展演变。

②内朝官向外朝官转化：内朝在牵制、架空外朝的同时，逐渐发展为制度化、合法化的外朝中央机构。

③宰相职位的设置由实位转向虚位：由实位到虚位反映的是宰相权限及权威的下降，宰相不再专职是对相权的限制和压缩。

④宰相权力不断分化：宰相既实行分权，在同一机构中，往往设置几个宰相职位，又注重事权的相对集中，弥补分权效率低下的弊端。

（2）地方行政制度的演变

教师活动：引导学生根据教材梳理中国历代地方行政制度的演变并归纳其特点。

学生活动：根据教材梳理中国历代地方行政制度的演变过程并归纳其特点。

中国历代地方行政制度的演变过程

朝　代	地方行政制度
秦　朝	郡、县二级制
汉　朝	汉初有王国、侯国；东汉晚期演变为州、郡、县三级制
魏晋南北朝	州、郡、县三级制
隋　朝	州、县二级制
唐　朝	道、州、县三级制
宋　朝	路、州（府）、县三级制
元　朝	省、路、府、州、县多级
明　朝	省、府、县三级制
清　朝	省、府、县三级制

中国历代地方行政制度的演变特点：①二级制和三级制是主体，县设置最稳定，州的地位由高到低演变。②沿袭变革是变迁的主线，地方行政体制也因中央集权的强弱和国家治理的需要处在不断地调整之中。③中间虽有反复，但总体趋势是中央权力不断加强，地方权力不断削弱。

【设计意图】通过对历代中央行政制度和地方行政制度演变的梳理，让学生理解政治制度与相应历史阶段的适应性。通过材料的辅助理解，使学生充分认识中央行政制度和地方行政制度演变的特点。

课堂小结

引用《人民日报》文章《我国国家制度和国家治理体系的深厚历史底蕴》中的一段话："一个国家选择什么样的国家制度和国家治理体系，是由这个国家的历史文化、社会性质、经济发展水平决定的。在中华民族几千年文明发展史中，既有升平之世社会发展进步的成功经验，也有衰乱之世社会动荡的深刻教训。无论是历史经验还是历史教训，都为坚持和完善中国特色社会主义制度、推进国家治理体系和治理能力现代化提供了滋养。特别是中国历史上关于国家制度和国家治理的丰富思想，为我国国家制度和国家治理体系发展提供了深厚的思想文化底蕴。"

作业拓展

问题：探究中国古代建立起君主专制中央集权制度的原因并评价中国古代政治制度。

让学生展开充分讨论，从多角度阐述自己的想法，使学生认识到君主专制中央集权制的建立是中国古代封建社会政治、经济、思想文化共同作用的产物，并且可以辩证地看待中国古代政治制度带来的影响。

 设计反思与讨论

因本课涉及的内容非常多，时间跨度大，而且学生在高一已学习过相关的史实。因而把重点放在探究中国古代中央政治制度和地方行政制度的演变特点上。

在教学过程中注重学生时空观念的培养，以史料研读的方式提升学生历史理解、历史解释的能力。采取知识梳理、讨论的方式，充分发挥学生的主体作用。通过本课学习，使学生了解中国古代中央政治制度和地方行政制度及其演变特点，使学生能够认识到中国历史上关于国家制度和国家治理的丰富思想，为当代国家制度和国家治理体系发展提供了深厚的思想文化底蕴。

第2课　西方国家古代和近代政治制度的演变

设计思路

《普通高中历史课程标准（2017 年版 2020 年修订）》要求：了解古代至近代西方政治体制各主要类型的产生和演变过程。

根据新课标要求及教材安排，教学过程围绕三部分展开。通过梳理教材和史料研读，认识古代希腊罗马的政治制度的特点；从法国等级君主制和英国议会君主制的形成来理解中古西欧封建制度的特点；通过比较英、美、法三国政治制度的异同，使学生认识到西方资本主义国家的政治制度既有其独特性又有共性。

关于西方古代和近代的政治制度，学生在高一的学习中虽然已经接触过，但是认识停留在比较简单的层次。教师在教学过程中适当引入相关的史料，让学生合作探究，提升学生历史思维能力，从而培养学科核心素养。

教学目标

1. 通过梳理古代希腊罗马的政治制度的内容，让学生了解古代西方政治制度的特点。

2. 通过分析史料了解中古西欧封建制度形成的背景，从法国等级君主制和英国议会君主制的形成过程中理解中古西欧封建制度的特点及其影响。

3. 通过比较英、美、法三国政治制度的异同，从制度形成的过程和运行模式两个维度来进行学习，从而加深学生对西方资本主义政治制度特点的认识。

4. 通过对西方国家古代和近代政治制度演变的学习，让学生认识世界各国政治制度经历了漫长曲折的发展过程，每个国家的政治制度既有其独特性又有共性，学会尊重世界的多样性。

重点难点

1. 重点：西方资本主义政治制度的产生与发展。

2. 难点：古希腊罗马和中古西欧政治制度的特点。

教学活动过程

 导入 〉〉〉 -

教师展示图片：

教师活动：要求学生根据图片上的文字猜测刻的是谁的名字？为什么这个人的名字会被刻在陶片上？这块陶片和当时雅典的什么制度相关？

【设计意图】以"陶片放逐法"这一雅典的重要制度导入，既能激发学生的求知欲又契合本课教学内容，由此自然过渡到古代西方的政治制度。

导入学习任务一：古代希腊罗马的政治制度

（1）雅典的民主政治
教师活动：引导学生根据教材梳理雅典国家权力运行机制。
学生活动：根据教材，进行梳理。

雅典的民主政治

机 构	产生方式	主要职责	性质（地位）
公民大会	由全体成年男性公民组成	决定国家法律和政策	国家的最高权力机关
议事会	从公民中抽签产生	为公民大会准备决议草案，并参与国家日常管理	公民大会的附属机构
官 员	由选举产生，大多一年一任	在任职时需要接受监督，随时可以被罢免和审判	各机构的成员
陪审法庭	抽签产生	审理大小案件	日常司法机关

教师活动：展示材料，引导学生根据材料和教材分析雅典政治制度的特点。

材料1 我们的制度是别人的模范，而不是我们模仿任何其他人的。我们的制度之所以被称为民主政治，是因为政权在全体公民手中，而不是在少数人手中。解决私人争执的时候，每个人在法律上都是平等的；让一个人担任公职优先于他人的时候，所考虑的不是某一个特殊阶级的成员，而是他们具有真正的才能。任何人，只要他能够对国家有所贡献，绝对不会因为贫穷而在政治上湮没无闻。

——伯利克利《在阵亡将士国葬礼上的演说》

学生活动： 运用材料和教材进行分析。

雅典民主政治的特点：公民主权、直接民主、轮番执政、法律至上。

（2）斯巴达的寡头政治

教师活动： 指导学生根据教材梳理斯巴达国家权力运行的机制。

学生活动： 根据教材，进行梳理。

斯巴达的寡头政治

机 构	产生方式	主要职责
公民大会	由全体成年男性公民组成	名义上的国家最高权力机关
国 王	世袭继承	垄断军事统帅权
长老会	议员仅30人，且终身任职	实际上的国家最高权力机关
监察官	从全体公民中选举产生，一年一任，一般不得连任	主持国民大会、审判国王等

教师活动： 指导学生根据材料分析斯巴达政治制度的特点。

材料2　斯巴达的君王在臣民中享有很高的荣誉，所以他希望城邦长存。贵族们乐于在长老院中有一席之地，平民们安享监察官职位，所有人都有入选的机会。

——亚里士多德《政治学》

学生活动： 根据材料分析斯巴达政治的特点。

斯巴达政治的特点：虽具有一定的寡头色彩，但也有民主因素。

（3）罗马的政治制度

教师活动： 引导学生根据教材梳理罗马共和国的权力运行机制。

学生活动： 根据教材，进行梳理。

罗马共和国的政治体制

机 构	产生方式	主要职责
公民大会	由全体成年男性公民组成	有权立法、宣战、媾和与审判，是罗马最高权力机关，但其召开和表决都受到高级官员和元老院的限制
执政官	由全体公民选举产生两人，一年一任	担任军事统帅，主持公民大会和元老院，并执行相关决议
元老院	由卸任高级官员组成，终身任职	负责向官员提出建议，协调他们的行动

教师活动：引导学生根据材料梳理罗马共和国的政治特点。

材料3 执政官必须出身于贵族，平民无权充任这个最高的职位。……罗马共和国从诞生的日子起，便是贵族专政的一种方式。……早期的罗马官职和早期的雅典官职一样，都是无给职。在实际上能够享受担任公职权利的，只限于那些有足够财产的人。衣食无告的平民，即使被选上了，谁也不能够枵腹从公。

——吴于廑《古代的希腊和罗马》

学生活动：根据材料进行分析。

罗马共和国的基本特点：罗马共和国具有浓厚的贵族寡头特征。

教师活动：引导学生根据材料认识与罗马共和国相比，罗马帝国政治制度最突出的特点。

材料4 屋大维……首先用慷慨的赏赐笼络军队……然后再逐步地提高自己的地位，把元老院、高级长官乃至立法的职权都集于一身。

——塔西佗《编年史》

学生活动：根据材料并结合教材认识。

与罗马共和国相比，罗马帝国政治制度最突出的特点是皇帝掌握国家的权力。

教师活动：引导学生对古代希腊罗马的政治制度进行小结，并且分析其异同。

古雅典、古斯巴达、古罗马政治制度对比

政　体	权力机构	产生方式	主要职责
雅典民主制	公民大会	由全体成年男性公民组成	决定国家法律和政策
	议事会	从公民中抽签产生	为公民大会准备决议草案，并参与国家日常管理
	官　员	由选举产生，大多一年一任	在任职时需要接受监督，随时可以被罢免和审判
	陪审法庭	抽签产生	审理大小案件
斯巴达寡头制	公民大会	由全体成年男性公民组成	名义上的国家最高权力机关
	国　王	世袭继承	垄断军事统帅权
	长老会	议员仅30人，且终身任职	实际上的国家最高权力机关
	监察官	从全体公民中选举产生，一年一任，一般不得连任	主持国民大会、审判国王等
罗马贵族寡头制	公民大会	由全体成年男性公民组成	有权立法、宣战、媾和与审判，是罗马最高权力机关，但其召开和表决都受到高级官员和元老院的限制
	执政官	由全体公民选举产生两人，一年一任	担任军事统帅，主持公民大会和元老院，并执行相关决议
	元老院	由卸任高级官员组成，终身任职	负责向官员提出建议，协调他们的行动

学生活动：根据表格分析其异同。

①相同：A.参加国家政权管理的都是公民；B.公民大会都是最高权力机关；C.部分官员由选举产生，而且有的有任期；D.公民都是少数，由成年男子组成。

②不同：A.国家政体不同，雅典是民主制，斯巴达是寡头政治，罗马共和国是贵族寡头政治；B.公民大会的权力有所不同。

【设计意图】学生对古希腊罗马政治体制缺乏具体的认识，古希腊罗马的政治体制的特点成为本课的难点。在教学过程中采用表格梳理和史料研读的方式，使学生知道雅典和斯巴达以及罗马共和国的国家权力运行机制，从而认识各自政治体制的特点。

导入学习任务二：中古西欧的封建制度

（1）中古西欧国家制度

教师活动：引导学生根据材料和教材，概括中古西欧国家制度的特点。

材料1　查理曼帝国下得到采邑的大贵族和大地主成为公侯伯子男爵，都是皇帝或国王的臣下。这些人又把自己的采邑分封给小贵族，如骑士、乡间的绅士。这些采邑的面积大至一个郡，小至一个村，围绕着采邑，组成了各级贵族的领主附庸网络。

——马克垚《世界文明史》

学生活动：根据教材和材料进行概括。

中古西欧国家制度的特点：以封君、封臣为基本特征；世俗王权和基督教长期并立。国王依靠教会支持获得政权的合法性；教会依靠王权扩展基督教，维护教会权威。

（2）法国等级君主制

教师活动：展示材料，引导学生根据材料并结合教材思考法国等级君主制形成的背景、标志及影响。

材料2　王权和三级代表制的结合在法国政治制度史上乃是一个奇迹。它既强调了王权在决断国家事务上的专断性，又凸显了三级会议限制国王活动的能力。……在此之前，王权式微，大领主掌握着自己领地的权力，封建割据严重，国王无力控制政治局势。在此之后，国王权力大大加强，专制主义成分强化。

——何平立《西方政治制度史》

学生活动：根据材料及教材概括法国等级君主制形成的背景、标志及影响。

①背景：法国国王腓力四世与教皇对抗。

②标志：1302年，召开了由教士、贵族和城市市民代表组成的三级会议。三级会议支持国王，反对教皇，确立了国王有权征税的原则。三级会议的召开，标志着法国进入等级君主制阶段。

③影响：国王与贵族、教会、市民通过三级会议相互合作，有利于进一步强化王权。

（3）英国议会君主制

教师活动：展示材料引导学生根据材料并结合教材思考英国议会君主制形成的背景、过程及影响。

材料3 《大宪章》规定：

（39）任何自由人，如未经其同级贵族之依法裁判，或经国法判决，皆不得被逮捕、监禁、没收财产、剥夺法律保护权、流放，或加以任何其他损害。

……　……

（41）除战时与余等敌对之国家之人民外，一切商人，倘能遵照旧时之公正习惯，皆可免除苛捐杂税，安全经由水道与陆道出入英格兰……

——英国《大宪章》（1215年）

学生活动：根据材料及教材进行概括。

①背景：13世纪初，英王约翰内外政策失败，遭到贵族、骑士和市民的反对。

②内容：肯定了国王的合法地位与人身的神圣不可侵犯，同时保障教俗封建主的特权，并适当照顾骑士和市民的利益。

③形成：13世纪中后期，国王不断召开议会，议会权力逐渐加强。14世纪中期，英国进入议会君主制时期。

④作用：确立了"王在议会"的历史传统；国王通过议会寻求政策支持，议会要求国王改善统治。

【设计意图】 中古西欧政治制度的特点是本课学习的一个难点，学生在纲要中已经学习过部分内容，但还不能深入理解。通过简洁明了的二手史料和原始史料，使学生更加深刻地理解中古西欧政治制度的特点以及法国等级君主制和英国议会君主制形成的过程与影响。

导入学习任务三：西方资本主义政治制度的产生与发展

（1）英国的君主立宪制

教师活动：引导学生根据教材并结合之前所学梳理英国君主立宪制确立的过程。

学生活动：整理归纳。

①奠基：17世纪的资产阶级革命，奠定了英国君主立宪制的基础。

②确立：1689年《权利法案》与1701年《王位继承法》。

③完善：18世纪，逐渐形成内阁制度。

④发展：19世纪，经过三次议会改革，基本实现成年男性的普选权。

教师活动：引导学生根据教材绘制英国政治体制的运行示意图。

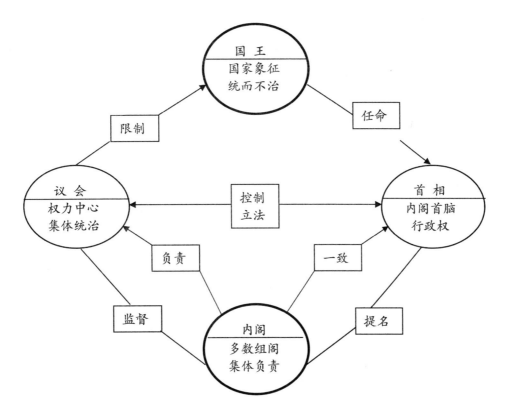

英国政治体制的运行示意图

学生活动： 同桌合作整理绘制。

教师活动： 引导学生根据材料并结合示意图分析英国君主立宪制的特点。

学生活动： 整理归纳。

①国王是国家元首，统而不治，是国家最高权力的象征。

②议会是国家权力的中心，掌握最高立法权。

③内阁是国家最高行政机构，首脑是首相，并且对议会负责。

（2）美国的联邦制共和制

教师活动： 引导学生根据教材以及所学梳理美国联邦制共和制确立的过程。

学生活动： 根据教材进行梳理。

① 1775 年，北美 13 个英国殖民地发起独立战争。1776 年，美利坚合众国建立。

② 1787 年，美国制定宪法，规定美国是联邦制共和国。

教师活动： 引导学生根据材料归纳美国政治体制的主要内容。

材料1　杰斐逊等美国思想家们指出，在美国可以实行"双重分权"机制的"复合的民主制"，概括性地说，就是把联邦的国家权力系统之间的横向分权，与联邦政府和州政府之间的纵向分权有机结合所形成的上中下、左中右的"分权网络"称之为"双重保障"。

——摘编自徐大同《西方政治思想史》

学生活动：根据材料并结合教材进行归纳。

美国政治体制的内容：美国是联邦制共和国，联邦政府对外代表国家主权，拥有宪法明确规定的权力，各州拥有一定的自治权。联邦政府实行三权分立。总统是政府首脑，掌握行政权，兼任陆海军总司令。国会分为众议院和参议院，拥有立法权和批准税收的权力。司法权属于最高法院和国会规定设立的下级法院。

（3）法国的议会共和制

教师活动：引导学生根据教材和所学梳理法国共和制确立的过程。

学生活动：根据教材进行梳理。

① 1792 年，法国首次建立共和国，但共和制度并不稳固。

② 1870 年，法国建立第三共和国，1875 年通过新宪法。

教师活动：引导学生根据材料及教材分析法国共和制的特点。

材料2　1875 年宪法规定，总统为国家元首、政府首脑，由国民议会两院依绝对多数票选出，拥有统率军队、任命内阁各部部长和一切军政要员、解散众议院等权力。总统的命令须经由各部部长副署。国民议会由参议院与众议院组成，众议员由直接普选产生，参议员由间接选举产生。内阁向议会负责，内阁总理须由议会多数党领袖担任，议员可以兼任内阁官职。

——摘编自洪波《法国政治制度变迁：从大革命到第五共和国》

学生活动：结合材料及教材进行分析。

法国政治体制的特点：实行分权制衡；权力中心在议会，立法权控制行政权；实行议会共和制。

教师活动：引导学生根据所学比较英国、美国、法国政治制度的异同。

学生活动：根据教材比较英国、美国、法国政治制度的异同。

英、美、法政治制度比较表

政　体	君主立宪制（英）	总统共和制（美）	议会共和制（法）
国家元首	国王"统而不治"，世袭	总统任期4年	总统任期7年
政府首脑（产生方式）	首相为下议院多数党领袖	总统由民众间接选举	内阁总理由总统任命
权力中心	议会	总统	议会
行政权属	内阁	总统	总统，但须内阁部长副署
立法权属	议会	国会	议会
首脑与议会的关系	内阁对议会负责	总统与内阁不对议会负责，总统与议会相互制衡	总统与内阁部长共同对议会负责，总统经参议院同意可解散众议院
相同点	都是资本主义代议制；都体现了分权制衡原则；都是以法律形式确立的政体；都适应了资本主义发展的需要；部分实现了文艺复兴和启蒙运动的理想，但仍有局限性		

【设计意图】通过对英、美、法政治体制确立过程和主要内容的解读，使学生能够准确分析三国政治体制的特点。通过对英、美、法三国政治体制的比较分析，认识近代西方资本主义国家的政治制度既有共同点，又各具特色。

课堂小结

近代西方政治制度适应了资本主义发展的需要，部分实现了文艺复兴和启蒙运动的思想，但它仍有历史局限性。经过19—20世纪的多次改革和革命，西方政治制度逐渐走向稳定和成熟。

作业拓展

搜集资料，了解西方资本主义政治制度对近现代中国政治制度发展的影响。

学生通过史料的搜集，认识到西方资本主义政治制度对近代中国政治制度选择的重大影响以及西方资本主义政治制度在中国失败的原因。通过历史和人民的选择，人民代表大会制度成为符合现代中国国情并充分体现人民当家做主的政治体制。

 设计反思与讨论

本课内容涉及的概念较多，学生虽然已涉猎相关的内容，但仍处于低层次的理解。因而在教学中选取典型史料，并且使学生在比较分析中认识西方古代和近代不同阶段不同地区的政治制度的特点。

本课以培养和提高学生的历史学科核心素养为教学的出发点、落脚点，体现历史学科特点与魅力。通过对西方国家古代和近代政治制度演变的学习，让学生认识政治制度的选择是经济、政治、思想文化共同作用的产物。西方政治制度既有继承性，又有创新性，既有资本主义的特点，又有别于中国当前的政治制度，从而让学生学会尊重世界的多样性。

由于本课容量大，在实际教学中可能会产生教学时间不够的问题，需要老师适时调整教学内容。

第3课　中国近代至当代政治制度的演变

设计思路

《普通高中历史课程标准（2017年版2020年修订）》要求：了解共和制在中国建立的曲折过程，理解中国政治发展道路的独特性。

根据新课标要求及教材编排，教学过程围绕三部分展开。通过创设情境以史料研读方式，探究南京临时政府、北洋政府、南京国民政府时期共和制的演变和失败；通过了解中国共产党在根据地和解放区的制度探索，理解这些探索与中华人民共和国民主政治建设的关联；通过知识梳理和课堂讨论，使学生认识中国特色社会主义制度的基本内容、特点和优势。

本课主要围绕中国近代至当代政治制度的演变展开，与统编高中历史必修教科书《中外历史纲要（上）》关联度较大，是在其基础上的丰富和补充。学生对本课知识已有一定的了解和积累，有利于引导学生进行探究学习与深度学习，深化历史学科核心素养的培养。

教学目标

1. 能够运用唯物辩证史观及有关理论，从历史发展规律的角度认识理解共和制在中国各时期的曲折发展过程。

2. 认识中国不同时期政治制度的特定时空背景和阶段特征，理解中国政治发展道路的独特性。

3. 通过对历史地图和史料的分析，能够归纳不同阶段中国政治制度的性质与特点，解读中国政治制度探索的曲折性与复杂性，提升学生探究历史问题的能力。

4. 认识中国特色社会主义制度是历史的必然、人民的选择，增强对国家制度的认同感，树立制度自信。

重点难点

1. 重点：了解共和制在中国建立的曲折过程，尤其是中国特色社会主义政治制度的建立和完善。

2. 难点：理解近代以来中国政治发展的独特性。

教学活动过程

导入 ◉◉◉ -

教师展示材料:

倾覆满洲专制政府,巩固中华民国,图谋民生幸福,此国民之公意,文实遵之。以忠于国,为众服务。至专制政府既倒,国内无变乱,民国卓立于世界,为列邦公认,斯时文当解临时大总统之职。谨以此誓于国民。

——孙中山就任临时大总统誓词

教师活动: 1912年1月1日晚10时,在"共和万岁"的欢呼中,孙中山就任中华民国临时大总统。古老的中国迎来了共和民主的曙光。然而,这微弱的共和之光却没能照亮华夏大地,此后,无数仁人志士抛头颅洒热血,只为重新点燃共和的火焰。

【设计意图】 通过展示材料,创设情境,激起学生的探究欲望,引入本课主题。

导入学习任务一:共和之路——曲折反复的民主斗争

1912年1月	1912年3月	1913年春	1915年	1928年	1948年
南京临时政府正式成立,资产阶级共和制度	《临时约法》颁布,第一部具有资产阶级共和国宪法性质的重要文件	宋教仁惨案"二次革命"袁世凯正式就任总统	袁世凯复辟帝制后又取消,军阀混战	国民党通过《训政纲领》,进入训政时期	召开国民大会,建立总统府,推行"宪政"

教师活动: 展示民国初年政治制度发展历程时间轴,并补充讲述各历史事件之间的内在联系,指出共和体制的反复和最终失败。

材料1 第一章"总纲"第二条规定"中华民国之主权属于国民全体"。

第二章"人民"第五条规定"中华民国人民一律平等",第六条规定"人民得享有各项之自由权",包括人身、居住、财产、言论、出版、集会、结社、通信、信仰等权利。

第三章"参议院"第十六条规定"中华民国之立法权以参议院行之"。

第四章"总统"第三十条规定"临时大总统代表临时政府,总揽政务,公布法律"。

第五章"国务员"第四十五条规定"国务员于临时大总统提出法律案公布法律及发布命令时须副署之"。

第六章"法院"第五十一条规定"法官独立审判不受上级官厅之干涉"。

——摘编自《中华民国临时约法》

教师活动: 引导学生思考为什么《中华民国临时约法》是一部具有资产阶级共和国宪法性质的重要文件,具有反专制意义。

学生活动：运用相关史料，思考分析。

《中华民国临时约法》在内容上体现了主权在民的建政原则，确立了三权分立和责任内阁制，体现了资产阶级的民主性和革命性；赋予了公民人权和自由权，充分展现了民主、自由、共和、法治的理念；从法律上宣告了君主专制政体的灭亡和民主共和国的建立，具有里程碑意义。

不过，《中华民国临时约法》所规定的责任内阁制很大程度上是为限制袁世凯而设立的，有"因人设法"之嫌，有违立法公正性；且从后来历史发展进程来看，它并没能阻止袁世凯的复辟独裁，因此未能实现初衷。

材料2　他们看重的只是自己的"政治前途"，搞政治的目的是入朝为官，因此他们并不代表什么阶级。以前入朝为官的快捷方式是参加科举；现在科举没有了，"党"就变成科举的代替品了。入党做官，或组党做官，就成了有志青年的"正途"。这是我们社会政治大转型还未转完的一条大尾巴。……

总之，要搞政治，你就得组党，入党，毁党，造党，分党，合党……一言以蔽之，万变不离其党，才是入朝为官的不二法门。

——唐德刚《袁氏当国》

材料3　民国元年（1912）的民国有民国必须具备的条件吗？当然没有。在上了轨道的国家，政党的争权绝不使用武力，所以不致引起内战。军队是国家的，不是私人的。军队总服从政府，不问主政者属于哪一党派。但是民国初年，在我们这里，军权就是政权。辛亥的秋天，清政府请袁世凯出来主持大政，正因为当时全国最精的北洋军队是忠于袁世凯的。中山先生在民国元年所以把总统的位置让给袁世凯也与这个缘故有关。

——蒋廷黻《中国近代史》

教师活动：引导学生根据材料分析民国初期政党政治失败的原因。

学生活动：民族资本主义发展不成熟，资产阶级具有软弱性和妥协性，政党政治缺乏必要的经济基础和阶级基础；以袁世凯为首的北洋军阀实力强大，破坏政党政治；社会转型尚未完成，缺乏政党文化；政党建设先天不足，后天畸形，且得不到政权的支持；由政争而党争，继而军争，削弱了政党政治本身的力量。

材料4　予之于革命建设也，本世界进化之潮流，循各国已行之先例，鉴其利弊得失，思之稔熟，筹之有素，而后定为革命方略，规定革命进行之期为三：第一、军政时期，第二、训政时期，第三、宪政时期。第一为破坏时期，拟在此时期内施行军法非现行者，以革命军担任打破满清之专制、扫除官僚之腐败……第二为过渡时期，拟在此时期内施行约法非现行者，建设地方自治，促进民权发达……俟全国平定之后六年，各县之已达完全自治者，皆得选举代表一人，组织国民大会，以制定五权宪法。以五院制为中央政府：一曰行政院，二曰立法院，三曰司法院，四曰考试院，五曰监察院。宪法制定之后，各县人民投票选举总统以组织行政院，选举代议士以组织立法院，其余三院之院长由总统得立法院之同意而委任之，但不对总统、法院负责，而五院皆对国民大会负责。……第三为建设完成时期，拟在此时期始施行宪政，此时一县之自治团体，当实行直接民权。

——孙中山《建国方略》

材料5　第一条　中华民国于训政时期开始，由中国国民党代表大会，代表国民大会，领导国民行使政权。

第二条　中国国民党全国代表大会闭会时，以政权付托中国国民党中央执行委员会执行之。

第三条　依照总理建国大纲所定选举、罢免、创制、复决四种政权，应训练国民逐渐行使，以立宪政之基础。

第四条　治权之行政、立法、司法、考试、监察五项，付托于国民政府总揽而执行之，以立宪政时期民选政府之基础。

第五条　指导监督国民政府重大国务之施行，由中国国民党中央执行委员会政治会议行之。

第六条　中华民国国民政府组织法之修正及解释，由中国国民党中央执行委员会政治会议议决行之。

——摘编自《中华民国法规辑要·训政纲领》

教师活动：引导学生对比孙中山"训政"思想与南京国民政府"训政"的区别。

学生活动：运用史料结合所学，思考回答。

孙中山训政思想以"主权在民"理论为基础，旨在通过地方自治、发展民权、开启民智，进而实现宪政。而南京国民政府的"训政"实质是国民党的一党专政和蒋介石的个人独裁。

【设计意图】通过时间轴和研读史料，了解民国共和制的反复，认识资产阶级共和国方案实践的失败及其深层原因。

导入学习任务二：革命之路——因地制宜的民主模式

教师活动：1927年南昌起义后，中国共产党开始独立领导武装反抗国民党反动派统治。在革命实践中，以毛泽东为代表的中国共产党结合中国国情，开创了"农村包围城市、武装夺取政权"的革命道路。随着革命根据地的扩大，1931年，中华苏维埃第一次全国代表大会在江西瑞金召开，大会制定了宪法大纲。

材料1　中华苏维埃政权所建设的是工人和农民的民主专政的国家。苏维埃政权是属于工人、农民、红色战士及一切劳苦民众的。在苏维埃政权下，……只有军阀、官僚、地主、豪绅、资本家、富农、僧侣及一切剥削人的人和反革命的分子是没有选举代表参加政权和政治上自由的权利的。

中华苏维埃共和国之最高政权为全国工农兵会议（苏维埃）的大会，……中华苏维埃政权以消灭封建制度及彻底地改善农民生活为目的，颁布土地法，主张没收一切地主阶级的土地，分配给雇农、贫农、中农，并以实现土地国有为目的。

中华苏维埃政权，以保障工农利益，限制资本主义的发展，更使劳苦群众脱离资本主义的剥削，走向社会主义制度去为目的，……中华苏维埃政权以彻底地将中国从帝国主义榨压之下解放出来为目的，宣布中国民族的完全自主与独立……

——摘编自《建党以来重要文献选编·中华苏维埃共和国宪法大纲》

教师活动：引导学生阅读材料分析宪法大纲的意义。

学生活动：宪法大纲是第一部反映劳动人民当家做主、参与国家管理的宪法性文件，体现了反帝反封建和实现民主自由的愿望，为以后民主建设和制宪工作提供了历史经验。

教师活动：中华苏维埃共和国临时中央政府的成立，是创建人民革命政权的伟大尝试。1937年，随着全面抗战的爆发，为国共合作和全民族团结抗战，苏维埃国家政权形式结束，陕甘宁边区政府随即成立，随着抗日根据地不断扩大，为适应抗日民族统一战线的需要，中共加强了根据地政权建设。

材料2 （五）本党愿与各党各派及一切群众团体进行选举联盟，并在候选名单中确定共产党员只占三分之一，以便各党各派及无党无派人士均能参加边区民意机关之活动与边区行政之管理。在共产党员被选为某一行政机关之主管人员时，应保证该机关之职员有三分之二为党外人士充任，共产党员应与这些党外人士实行民主合作，不得一意孤行，把持包办。

（六）保证一切抗日人民（地主、资本家、农民、工人等）的人权、政权、财权及言论、出版、集会、结社、信仰、居住、迁徙之自由权。

——《陕甘宁边区施政纲领》（1941年5月1日）

教师活动：让学生说说对"三三制"原则的认识。

学生活动："三三制"原则进一步巩固和扩大了抗日民族统一战线，调动了各阶级、各党派的抗日积极性，巩固和发展了根据地人民的团结，促进了全国抗日民主运动的发展，为敌后抗战度过极端艰苦的阶段奠定了重要的政治基础。

教师活动：解放战争爆发后，随着战局变化和解放区的日益扩大，中国共产党在政权建设上采取在解放区设置行政区的方法，这为新中国的政权建设奠定了坚实基础。

材料3 1948年8月，华北临时人民代表大会召开，选举产生了华北人民政府，标志着大行政区制开始实施。随后，中原临时人民政府、华北人民政府等大行政区人民政权相继建立。

——齐鹏飞《中共在新中国成立前夕对于"国家统一"目标和模式理论探索以及历史选择：一种基于历史文献的梳理和阐释》

教师活动：引导学生比较中共在革命各个时期的制度建设。

学生活动：比较并完成表格。

中共在新民主主义革命时期的制度建设

时　期	制度建设	地　区	意　义
土地革命	苏维埃政权	农村革命根据地	创建人民革命政权的尝试，开辟人民政权的重要实践，积累了治国安民的宝贵经验
抗日战争	边区政府、参议会，"三三制"原则	抗日根据地	巩固和扩大了抗日民族统一战线，加强了抗日民主政权建设，为抗战胜利奠定了政治基础
解放战争	行政区	解放区	加速了解放战争的胜利，巩固了人民政权，为新中国政权建设奠定了坚定基础

材料4　中国现在可以采取全国人民代表大会、省人民代表大会、县人民代表大会、区人民代表大会直到乡人民代表大会的系统，并由各级代表大会选举政府。但必须实行无男女、信仰、财产、教育等差别的真正普遍平等的选举制，才能适合于各革命阶级在国家中的地位，适合于表现民意和指挥革命斗争，适合于新民主主义的精神。这种制度即是民主集中制。

——毛泽东《新民主主义论》

材料5　就是这样，西方资产阶级的文明，资产阶级的民主主义，资产阶级共和国的方案，在中国人民的心目中，一齐破了产。资产阶级的民主主义让位给工人阶级领导的人民民主主义，资产阶级共和国让位给人民共和国。

——毛泽东《论人民民主专政》

教师总结： 在抗日战争和解放战争时期，毛泽东相继提出了新民主主义思想和人民民主专政思想，这为人民共和国的建立奠定了理论基础。

【设计意图】通过史料研读，培养学生史料阅读能力和概括能力；通过探究让学生认识到中国共产党将马克思主义理论与根据地和解放区的实际相结合，因地制宜，将民主政治原则真正加以实行，将政权交到人民群众手中，保障了政权的稳定与发展；进一步感悟中国共产党领导中国人民走社会主义道路是历史的选择、人民的选择。

导入学习任务三：发展之路——独具特色的民主制度

教师活动： 让学生结合所学指出新中国政治制度的基本内容，并梳理中华人民共和国成立以来人民代表大会制度和中国共产党领导的多党合作和政治协商制度的发展脉络。

学生活动： 进行梳理。

人民代表大会制度的发展脉络：

| 1949年《共同纲领》规定人民行使国家政权的机关为各级人民代表大会和各级人民政府 | 1954年宪法颁布，以国家根本大法的形式规定了我国实行人民代表大会制度，是其正式建立的标志 | 1957年至1976年人民代表大会制度在国家政治生活中的地位和作用被削弱 | 1982年宪法颁布进一步完善了人民代表大会制度，使我社会主义民主政治建设进入新的阶段 |

中国共产党领导的多党合作和政治协商制度的发展脉络：

| 1949年，中国人民政治协商会议第一届全体会议召开，中国共产党领导的多党合作和政治协商制度确立 | 1956年，中共中央提出"长期共存、互相监督"的方针，进一步确立了社会主义条件下我国多党合作的基本格局 | 改革开放后进一步完善，并提出十六字方针，多党合作和政治协商走上制度化轨道 |

材料1　在政务院确定的全国人口调查登记标准时间（1953年6月30日24时）内，全国人口总数为6.02亿人。选民登记总数为3.24亿人，占选举地区18周岁以上人口总数的97.18%。人民群众焕发出当家做主的热情和民主意识，以主人翁的姿态参加了中国历史上第一次全国性普选。

——当代中国研究所《新中国70年》

材料2　第一章 总纲

第一条 中华人民共和国是工人阶级领导的、以工农联盟为基础的人民民主国家。

第二条 中华人民共和国的一切权力属于人民。人民行使权力的机关是全国人民代表大会和地方各级人民代表大会。全国人民代表大会、地方各级人民代表大会和其他国家机关，一律实行民主集中制。

——《中华人民共和国宪法》（1954年）

教师活动：要求学生根据材料和知识梳理，谈谈对人民代表大会制度优越性的理解。

学生活动：人民代表大会制度体现了真正的、广泛的民主；体现了民主集中制原则，有利于各项工作有效进行；便于实现党对国家事务的领导，有利于国家统一、民族团结、集中力量办大事。

材料3　中国共产党领导的多党合作和政治协商制度是我国的一项基本政治制度，是具有中国特色的社会主义政党制度。中国人民政治协商会议是实行中国共产党领导的多党合作和政治协商制度的重要政治形式和组织形式。中国人民政治协商会议根据中国共产党同各民主党派和无党派人士长期共存、互相监督、肝胆相照、荣辱与共的方针，促进参加中国人民政治协商会议的各党派、无党派人士的团结合作，充分体现和发挥我国社会主义新型政党制度的特点和优势。

协商民主是我国社会主义民主政治的特有形式和独特优势。中国人民政治协商会议是社会主义协商民主的重要渠道和专门协商机构，要聚焦国家中心任务，把协商民主贯穿履行职能全过程，完善协商议政内容和形式，着力增进共识、促进团结，在推动协商民主广泛多层制度化发展、推进国家治理体系和治理能力现代化中发挥不可替代的作用。

——《中国人民政治协商会议章程》（2018年3月修订）

教师活动：让学生通过材料谈谈对中国共产党领导的多党合作和政治协商制度的认识。

学生活动：中国共产党领导的多党合作和政治协商制度具有鲜明的中国特色，不同于西方的两党制或多党制，调动了广大民主人士的参政议政热情，开创了群策群力、共同建设国家的新局面。

教师活动：结合所学知识，引导学生加深对中国特色社会主义民主政治制度独特性的理解，对其进行评价。

学生活动：进行课堂讨论。

中国特色社会主义制度坚持把根本政治制度、基本政治制度以及各方面体制机制等具体制度有机结合起来；坚持把国家层面民主制度同基层民主制度有机结合起来；坚持把党的领导、人民当家做主、依法治国有机结合起来；既坚持了社会主义的根本性质，又借鉴了古今中外制度建设的有益成果，符合我国国情，集中体现了中国特色社会主义的特点和优势。

中国特色社会主义制度和国家治理体系具有强大生命力和巨大优越性，为党和国家事业发展、人民幸福安康、社会和谐稳定和国家长治久安提供了有力制度保障，确保实现"两个一百年"奋斗目标，实现中华民族伟大复兴，使中国特色社会主义制度更加巩固，优越性充分展现。

【设计意图】 通过对人民代表大会制度和中国共产党领导的多党合作和政治协商制度进行梳理，让学生了解中国特色社会主义制度的显著特征，进一步认识中国特色社会主义民主政治制度的独特性和优越性。通过课堂讨论评价其历史意义，使学生加深对中国特色社会主义制度和国家治理体系的认同感。

课堂小结

近代以来中国的政治制度，经历了从学习借鉴西方政治模式到逐步探索适合本国历史传统和国情的政治制度的曲折过程。中国经过长时间的探索，最终选择了符合中国特色的、适应社会主义发展的独特道路，创造性地建立和完善了中国特色社会主义制度。这一制度具有强大生命力和巨大优越性，为党和国家事业发展、人民幸福安康、社会和谐稳定和国家长治久安提供了有力的制度保障。

作业拓展

搜集资料，了解西方的议会制度，并比较人民代表大会制度与西方议会制度的异同。让学生了解中西方政治制度的区别，进一步体会中国特色社会主义制度的特点和优势，培养学生对中国特色社会主义的道路自信、理论自信、制度自信，培养家国情怀。

 设计反思与讨论

本课内容丰富，概念性强，又涉及国体和政体这些概念，学习难度较大。但对本课学习较为有利的是学生对本课知识已有一定的了解和积累，对学生历史学科核心素养的养成具有积淀作用。

本课通过采用史料研读和问题探究的教学方法，最终落脚点是家国情怀的涵养。学生通过学习，了解近代以来共和制取代君主专制、中国特色社会主义政治制度的建立和完善过程，理解中国民主政治发展的艰巨性和独特性，有利于学生增强中国特色社会主义制度自信，坚定为推进社会主义政治文明不懈努力的信念。

第4课　中国历代变法和改革

 设计思路

　　根据《普通高中历史课程标准（2017年版2020年修订）》，本课教学拟达到以下要求：了解从古到今中国历代重要变法和改革，认识改革具有历史必然性，也充满了曲折与艰辛；理解中国政治发展道路的独特性。

　　本课教学过程围绕三部分展开，通过材料创设情境进行主题式探究。古代变法改革中商鞅变法实现了立封建、促统一，适应了春秋战国大变革时代的要求。此后孝文帝改革行汉化、促融合，王安石变法和张居正改革都是在一定时代背景下，固封建、促富强以回应、解决当时的时代问题；中国近代面临"千年未有之变局"，改革者多主张效仿"西法"改革走向近代化，但是改革都失败了；新中国成立，确立了社会主义制度，但也在探索中遇到了挫折，改革开放后，我们探索出了一条符合中国国情的社会主义现代化道路。

　　经过高一《中外历史纲要》的学习，学生对本课知识已有一定的了解和积累，有利于引导学生进行探究学习与深度学习，深化历史学科核心素养的培养。

教学目标

　　1.通过文字、图片等资料，分析中国历代重要变法改革的背景、基本内容、成功或失败的原因及其历史意义。

　　2.通过本节课的学习，让学生认识中国古代、近代至当代变法、改革的历程及其目的；认识改革与时代之间的关系，理解改革既是对时代要求的呼应，又是推动时代变迁的动力。

　　3.通过讲述从古到今中国历代重要变法和改革，引导学生感悟历代改革的艰辛与历史人物的品质，体会改革对中国发展的重要意义，体会中华民族"求变""求新"的历史传统和精神。

重点难点

　　1.重点：历代变法和改革的历程及其作用。
　　2.难点：认识改革与时代之间的关系，理解改革的意义。

教学活动过程

导入 ▶▶▶ --

教师展示材料:

"神农氏没,黄帝、尧、舜氏作,通其变,使民不倦;神而化之,使民宜之。《易》:穷则变,变则通,通则久。"这是《周易·系辞下》中的一段话,意思是主张"变"。后来清末梁启超在《变法通议》中也引用了这段话,强调变法要因时而变,与时俱进,这样才能适应时代的要求,促进社会的发展。"求变""求新"是中国的历史传统,也是中华民族绵延不绝、中华文化传承不息的重要原因。

——《历史 选择性必修 1·国家制度与社会治理》

教师活动: 根据材料指出变法改革与时代之间的密切关系,变法改革既是对时代要求的呼应,又是推动时代变迁的重要动力。

【设计意图】用文本解读的形式导入新课,引入中国历史传统求新、求变的特点,激发学生学习本课的兴趣,同时引导学生思考时代与改革变法的关系,直击本课主题。

导入学习任务一: 中国古代的重要变法与改革

(1)立封建、促统一

材料 1 商鞅之法中,个人私斗是明令禁止的,并且还会受到惩罚;而在战争中勇敢杀敌并取得敌首者,则会受到厚赏。商鞅这一利禄官爵皆出于兵(战争)的政策无疑起到规范人民行为的作用,增强了国家的战斗力。……秦人务实而好利,但这种价值观仅限于个人层面。商鞅在顺应这种价值观的基础上,把它进一步提升为国家层面的价值观,并以此价值观为基本原则,完成了各项变法改革措施的制定……商鞅说:"始秦戎翟之教,父子无别,同室而居。今我更制其教,而为男女之别,大筑冀阙,营如鲁卫矣。"

——邱忠来《商鞅变法与秦文化革新》

教师活动: 引导学生阅读教材并结合材料思考商鞅变法的内容,并指出这次变法是如何立封建、促统一的。

学生活动: 阅读材料并思考归纳。

①变法内容: 废除井田制;奖励耕织;废除世卿世禄制;奖励军功;实行什伍连坐;建立县制等。

②作用: 打击了贵族特权,促进了封建政治、经济、军事的发展,使秦国从一个西部边陲弱国一跃成为虎视群雄的军事强国,为秦成就统一霸业奠定了基础。

教师活动: 引导学生深化对商鞅变法结果的认识。评论变法是否成功,要看它是否能推动生产力的发展,是否顺应历史的发展潮流。春秋战国时期是我国从奴隶社会向封建社会过渡的时期。

商鞅变法维护了新兴地主阶级的利益，取消了奴隶主贵族的特权，以致秦孝公死后，商鞅被"车裂"。尽管如此，商鞅变法的措施顺应了历史发展的潮流，深入民心，在秦国得以延续，故"商鞅虽死，秦法未亡"。

（2）行汉化、促融合

材料2　野蛮的征服者总是被那些他们所征服的民族的较高文明所征服，这是一条永恒的历史规律。

——《马克思恩格斯选集》

材料3　李唐一族之所以崛兴，盖取塞外野蛮精悍之血，注入中原文化颓废之躯，旧染既除，新机重启，扩大恢张，遂能别创空前之世局。

——陈寅恪《李唐氏族推测之后记》

教师活动：指导学生根据材料并结合课本谈谈对北魏孝文帝改革的认识。

学生活动：运用相关史料，思考分析。

当时战乱给各族人民带来了灾难，在长期的冲突与交往中，民族交融成为历史发展的潮流，孝文帝改革顺应了当时历史发展的潮流；有效巩固了北魏政权，促进了北方社会经济的发展；加快了北方各族人民的融合，缓和了民族矛盾，缩小了南北差距，为中国统一的多民族国家的发展做出了重要贡献。

（3）固封建、促富强

材料4　经过神宗与王安石一番变法，朝廷财富急剧增加，财政收支扭亏为盈……在军事上，为了斩断西夏"右臂"，熙宁五年（1072）和六年（1073），王安石力挺王韶率领军队，在甘肃、青海一带攻击吐蕃，获取五州，史称熙河之役。这是北宋少见的对外作战的胜利。

熙宁二年（1069）起，四年间颁布大小新法十一项，青苗法、免役法、方田水利法、保甲法接踵而至。变法固然增加了国家收入，但在实行过程中却加重了贫苦百姓的负担。以青苗法为例，这项措施本是为了抑制兼并，在青黄不接的时候救济百姓，但官吏为了邀功，强行让百姓向官府借贷，随意提高利息，百姓苦不堪言。

——摘编自马立诚《历史的拐点》

材料5　政治方面……从整顿吏治入手，改革因循苟且、遇事推诿的官场作风，用加强考核的办法，提高行政效率……

经济方面是张居正改革的重点，主要内容为清丈土地和推广一条鞭法……一条鞭法旨在均平赋役，主要内容为……改变原先按照户、丁派役的办法，将徭役折成银两，平均摊入人丁和税粮……然后再与夏秋两税以及其他杂税合编为一条，故称一条鞭法。

——摘编自王家范《大学中国史》

教师活动：北宋和明朝的统治曾经一度面临危机，为了巩固封建统治，解决时代问题，实现富国强兵，王安石和张居正针对时弊，锐意改革。引导学生结合材料谈谈对王安石变法和张居正改革的认识。

学生活动：思考并归纳分析。

①王安石变法：变法初期取得显著成效，增加了政府的财政收入，增强了军事力量，在一定程度上改善了积贫积弱的局面；但王安石变法涉及面广、阻力大，有些措施也欠妥当。变法不可能从根本上摆脱封建统治危机。

②张居正改革：国家财政收入增加，社会矛盾相对缓和，严重的封建统治危机得到暂时缓解；他死后，除了一条鞭法，其他改革几乎全部废止。

【设计意图】结合材料，帮助学生提高提取材料信息、概括及分析问题的能力；通过合作探究解决问题，使学生进一步认识到改革是顺应时代要求的，改革具有复杂性和艰巨性。

导入学习任务二：中国近代的改革探索

（1）变法图强

材料1　"能变则全，不变则亡；全变则强，小变仍亡。"这段话出自康有为《上清帝第六书》，代表了维新派的共识。最后两句，批评了惨淡经营30年的洋务运动；同时，又说明了近代社会演变过程中的质、量、度。洋务运动带来的小变并不是坏东西，但那不过是一种量变。……与这种"小变"不同的，是全变。

——陈旭麓《近代中国社会的新陈代谢》

材料2　救亡、革新与革命是近代中国三大急迫而突出的课题，救亡与革新曾激扬起历史的波涛，而启蒙之激发理性，启迪民智，反对迷信，反对愚昧，改造几千年的思维方式和生活方式，是一切变革与革命的前提。

——马洪林《戊戌维新的历史思考》

教师活动：要求学生阅读材料并结合所学，思考戊戌变法的背景，并分析为何说戊戌变法是"全变"呢？

学生活动：合作探究得出结论。

①背景：鸦片战争后，中国陷入内忧外患的严重局面，逐步沦为半殖民地半封建社会。中国面临"数千年未有之大变局"，一些爱国的有识之士求变求新，走上了探索救亡图存之路。甲午中日战争的失败极大地震撼了中国社会。

②"全变"表现：戊戌变法涉及政治、经济、军事、文化、教育等多个领域，一定程度上冲击了封建制度；在变法期间，维新派提倡新学，主张兴民权，对封建思想文化进行了抨击，在社会上起到了思想启蒙作用，促进了中国人民的觉醒。

材料3　百日维新失败之原因，在于依靠皇帝而发动，而皇帝并不可靠。光绪易冲动而机警、严毅不足。

其次是此种变法，并非革命。康有为只是一工部主事小官，无权无位。

另一失败原因是政令太快太速，无按部就班之条理与方案。

而且此时旧势力仍十分顽强，足以阻碍改革新运动之推行。结果康梁逃亡海外，戊戌六君子被杀。

——钱穆、叶龙《中国通史》

教师活动：引导学生思考戊戌变法失败的原因是什么，戊戌变法的失败说明了什么问题？

①原因：维新派在思想上、政治上、组织上、策略上均不成熟。他们没有真正认识到造成民族危机的原因和挽救民族危机的路径，未能提出明确的反帝反封建主张，而是把希望寄托于并未完全掌握实权的皇帝；缺乏可靠的社会基础，也没有严密的组织；缺乏实际的政治操作能力，在推行改革的过程中操之过急，举措失当，也很少做分化、瓦解敌对阵营的工作，使得特权和利益遭到触犯的守旧势力迅速抱团抵制变法。

②戊戌变法最终失败，证明资产阶级改良道路在半殖民地半封建社会的中国是行不通的。

（2）政府自救

材料4　作为清末新政的领导者，是慈禧开启了新政改革的闸门，此时，顽固派的抵制非常微弱，革新派可以放开手来，大刀阔斧地进行改革。1903年10月，慈禧批准了张之洞、袁世凯的会奏，以十年为期，废除科举制。废除科举制度，在当时是一个很大的创举。科举制度在中国延续一千多年，历代封建王朝选拔人才都以科举考试为重要途径，可以说废除科举制度，在当时的影响非常大，它体现了清政府改革的决心。当立宪派向慈禧提出政治体制改革时，也得到了慈禧的积极回应。虽然慈禧准备实行的立宪是保守的二元君主立宪政体，但是，对于统治中国两千多年的专制体制来说，这已经是很大的进步。

——杜以同、刘泽玉《论慈禧的改革与守旧》

教师活动：引导学生思考清末新政的内容有哪些？该如何评价清朝的这场自救行为。

学生活动：根据材料结合教材得出结论。

①内容："新政"内容有改革教育、派遣留学生、编练新军、振兴商务、奖励实业、废除科举、实行预备立宪等。

②评价：清末新政的一些措施，客观上促进了中国民族资本主义的发展；但新政并没有使清政府摆脱内外困境，很快革命爆发了。

（3）民主探索

教师活动：中华民国建立后，无论是南京临时政府，还是后来的国民政府，都陆续推行了一些改革措施，但由于各种原因，这些改革多以失败告终。

材料5　1840年鸦片战争后，中国逐步成为半殖民地半封建社会。那个时代，为了挽救民族危亡、实现民族振兴，中国人民和无数仁人志士孜孜不倦寻找着适合国情的政治制度模式。辛亥革命之前，太平天国运动、洋务运动、戊戌变法、义和团运动、清末新政等都未能取得成功。辛亥革命之后，中国尝试过君主立宪制、帝制复辟、议会制、多党制、总统制等各种形式，各种政治势力及其代表人物纷纷登场，都没能找到正确答案，中国依然是山河破碎、积贫积弱，列强依然在中国横行霸道、攫取利益，中国人民依然生活在苦难和屈辱之中。

——习近平在庆祝全国人民代表大会成立六十周年大会上的讲话

教师活动：请学生结合所学知识，谈谈近代中国各种近代化的尝试和改革为什么都没成功。

学生活动：探讨原因。

由于中国是半殖民地半封建社会的社会性质，近代中国的资产阶级、封建统治阶级及国民党都不是先进的阶级，他们都不能找到挽救中国的正确道路。

【设计意图】通过史料分析和解读，勾勒近代重要的变法和改革线索；通过对近代改革历史作用及失败原因的分析，让学生认识到资产阶级、封建统治阶级及国民党均无法挽救民族危机，需要有一支新的力量领导中国人民进行社会变革。

导入学习任务三：新中国成立以来的重要改革

（1）进入社会主义

材料1 从中华人民共和国成立到基本完成社会主义改造，我国相继实现了从半殖民地半封建的旧社会到民族独立、人民当家做主的新社会，从新民主主义到社会主义两个历史性转变。1949年至1952年，中国共产党领导全国各族人民为巩固人民民主政权而斗争，基本上完成土地制度改革和其他民主改革任务，取得抗美援朝战争的胜利，迅速恢复遭到严重破坏的国民经济，为向社会主义转变进而实现工业化准备了条件。1953年党提出过渡时期的总路线，开始实行第一个五年计划的大规模经济建设。到1956年，基本完成对生产资料私有制的社会主义改造，初步建立起社会主义基本制度。新民主主义革命的胜利，社会主义基本制度的建立，为当代中国一切发展进步奠定了根本政治前提和制度基础。

——中共中央党史研究室《中国共产党的九十年》

教师活动：引导学生思考新中国成立初期的改革有哪些？有何意义？

学生活动：思考并回答。

新中国成立后，中国共产党领导全国人民艰苦奋斗，推行土地改革和各项民主改革，恢复国民经济，巩固新生政权，在短时间内完成了社会主义革命，确立了社会主义制度，成功实现了中国历史上最深刻最伟大的社会变革。

（2）探索社会主义

材料2 《论十大关系》是毛泽东为代表的中国共产党人以苏联东欧国家的经验教训为鉴戒，探索中国自己的社会主义建设道路的起步。刘少奇当时听了高兴地说，《论十大关系》应当成为起草八大政治报告的纲。毛泽东以后多次回顾说，前几年主要学外国，《论十大关系》开始提出自己的建设路线，有自己的一套内容。

——当代中国研究所《新中国70年》

材料3 1956年至1978年是新中国在曲折中艰辛探索的时期。为了尽快实现国家现代化，中国共产党和全国人民不断地探索中国自己的社会主义建设道路，不断地纠正探索中的失误。……党内正确力量领导全国人民坚持抵制错误的斗争，使经济仍然有所发展，外交方面也取得了新突破。1976 年 10 月，中国共产党领导中国人民依靠自己的力量结束了"文化大革命"。

——当代中国研究所《新中国 70 年》

教师活动：让学生说出《论十大关系》和中共八大在中国探索社会主义建设道路上的作用。社会主义建设的探索出现了严重曲折，但也取得了很大的成就，请学生分析这一时期探索社会主义建设的意义。

学生活动：思考分析。

①作用：1956 年，以毛泽东的《论十大关系》和中共八大为标志，中国共产党人努力探索出一条适合中国国情的建设社会主义的道路。

②意义：这一时期探索取得的成就，初步建立起进行现代化建设所必需的物质技术基础，培养了经济文化建设等方面的骨干力量，积累了党领导社会主义建设的重要经验。

（3）走中国自己的路

教师活动：引导学生根据教材梳理中国的改革开放起步和深入发展的历程。

学生活动：列表梳理改革开放 40 年的历程。

改革开放历程表

时 间	会 议	进 程
1978年	中共十一届三中全会	党和国家的工作中心转移到经济建设上来，实行改革开放
2012年	中共十八大	确立了全面建成小康社会和全面深化改革的目标
2013年	中共十八届三中全会	对全面深化改革作出总部署、总动员，提出完善和发展中国特色社会主义制度、推进国家治理体系和治理能力现代化的全面深化改革总目标
2017年	中共十九大	指出中国特色社会主义进入了新时代；将全面深化改革总目标列为习近平新时代中国特色社会主义思想的重要内容并载入党章
2019年	中共十九届四中全会	对新时代全面深化改革工作进一步作出部署； 提出坚持和完善中国特色社会主义制度、推进国家治理体系和治理能力现代化的总体目标：到中国共产党成立100年时，在各方面制度更成熟更定型上取得明显成效；到2035年，各方面制度更加完善，基本实现国家治理体系和治理能力现代化；到新中国成立100年时，全面实现国家治理体系和治理能力现代化，使中国特色社会主义制度更加巩固，优越性充分显现

材料 4　党的十一届三中全会是划时代的，开启了改革开放和社会主义现代化建设历史新时期。党的十八届三中全会也是划时代的，开启了全面深化改革、系统整体设计推进改革的新时代，开创了我国改革开放的全新局面。

——习近平在中央全面深化改革委员会第六次会议上的重要讲话（2019 年 1 月 23 日）

教师活动：结合上述重要论断，让学生谈谈为什么说两次三中全会在中国特色社会主义事业进程中都具有划时代的重大意义。

学生活动：思考回答。

中共十一届三中全会冲破长期"左"的错误的严重束缚，批评"两个凡是"的错误方针，果断结束"以阶级斗争为纲"，重新确立马克思主义的思想路线、政治路线、组织路线，开启了改革开放和社会主义现代化建设的伟大征程。中共十八届三中全会召开，对全面深化改革作出总部署、总动员。这次全会深刻剖析了中国改革、发展、稳定面临的重大理论和实践问题，阐明了全面深化改革的重大意义和未来走向，实现了改革理论和政策的一系列新的重大突破，凝聚了全党全社会关于全面深化改革的思想共识和行动力量，对推动中国特色社会主义事业发展产生了重大而深远的影响。

材料5　经过长期努力特别是改革开放40年来不懈奋斗，中国特色社会主义进入了新时代。党的十九大描绘了决胜全面建成小康社会、夺取新时代中国特色社会主义伟大胜利的宏伟蓝图，进一步指明了党和国家事业前进方向。我们要胜利实现既定战略目标，就要坚定不移坚持中国特色社会主义道路，坚定不移走改革开放这条正确之路、强国之路、富民之路。

——习近平在庆祝海南建省办经济特区30周年大会上的讲话

教师活动：40年来，我国的改革开放取得了巨大成就，让学生谈谈改革开放的伟大意义。

学生活动：结合教材内容回答。

改革开放极大改变了中国的面貌、中华民族的面貌、中国人民的面貌、中国共产党的面貌。改革开放是党和人民大跨步赶上时代的重要法宝，是坚持和发展中国特色社会主义的必由之路，是决定当代中国命运的关键一招，也是决定实现"两个一百年"奋斗目标、实现中华民族伟大复兴的关键一招。

【设计意图】通过学生自主归纳知识和问题探究，让学生掌握改革开放起步和深入发展的历程，理解改革开放和深化改革的必要性，进一步涵养学生的家国情怀，深化学生对改革开放伟大意义的认识，增强学生自信心和责任感。

课堂小结

"苟利于民，不必法古；苟周于事，不必循俗。"中国自古就有的改革传统，推动了社会的进步和中华民族的发展，但改革的过程也充满了曲折与艰辛。中共十一届三中全会开启了改革开放和社会主义现代化建设新时期，改革开放成为实现中华民族伟大复兴的关键一招。随着中共十八大、十九大的召开，新时代改革开放再出发，有科学理论的正确引领，有党的坚强领导，有历史积累的宝贵经验，有人民的鼎力支持，中华民族在前进道路上必定会成功度过暗礁、潜流、漩涡，实现"两个一百年"奋斗目标，实现中华民族的伟大复兴。

作业拓展

学习习近平在改革开放 40 周年大会讲话全文，增强对改革开放的认识。

 设计反思与讨论

　　本课主要讲中国自古以来的重要变法和改革，从战国时期的变法开篇，一直延伸到 21 世纪初，课程容量大。本课设计力求线索明晰，重点突出，主要探讨以下问题：只有顺应历史潮流，积极应变，主动求变，才能与时代同行；社会主义制度的确立是中国历史上最深刻最伟大的改革，中国走社会主义道路是历史的选择、人民的选择；改革开放是实现中华民族伟大复兴的关键一招。

　　本课教学以培养和提高学生的历史学科核心素养为本课教学的出发点、落脚点，体现历史学科特点与魅力。坚持唯物史观，注重时空观念的培养，以材料研读的方式培养学生史料实证、历史解释的能力。通过本课学习，提升学生的家国情怀。

第二单元　官员的选拔与管理

第 5 课　中国古代官员的选拔与管理

 设计思路

《普通高中历史课程标准（2017 年版 2020 年修订）》要求：了解中国古代官员选拔方式的更迭过程和不同阶段的特征，知道中央集权体制下古代中国的官员考核和监察制度。

本课要学习的内容包括中国古代选官制度、中国古代考核制度和中国古代监察制度三大块内容。在教学安排上，通过阅读教材，梳理中国古代选官制度、考核制度和监察制度的历史史实；通过史料研读来了解中国古代选官制度、考核制度和监察制度的发展趋势。

本课内容，学生在初中、高一阶段已学习相关知识并积累了一定的基础，但缺乏深刻的理解。高二学生历史学习兴趣浓厚，探究欲强，思维活跃。教师在教学过程中因势利导，通过学生自主探究，发展学生的历史思维能力，提升学科核心素养。

教学目标

1. 通过本课的学习，了解中国古代官员的选拔与管理发展的概况。

2. 通过史料分析，了解中国古代官员的选拔与管理发展的趋势。

3. 通过本课学习和总结，认识中国古代官员的选拔和管理是随着封建专制的发展而发展，是为君主专制服务的。

 重点难点

1. 重点：各主要历史时期官员选拔与管理的核心内容。

2. 难点：官员选拔与管理制度演变的原因。

教学活动过程

导入 ❯❯❯ -

材料1　人人说做皇帝好，其实皇帝也苦恼；

忠奸难辨睡不好，后宫争宠吃不消；

要是官吏选不好，贪污腐败治不了；

最怕地方造反了，身家性命也难保。

——摘自网络

教师活动：请学生阅读改编版《好了歌》，回答中国古代皇帝的烦恼。

学生活动：阅读思考回答。

①忠奸难辨：君权和相权的矛盾。

②后宫争宠：后宫嫔妃管理。

③管理选择：选官制度。

④贪污腐败：监察制度。

⑤地方造反：中央与地方的矛盾。

教师活动：从中我可以看出，不论是前朝还是后宫，中央或是地方，都涉及一个核心问题，就是官员（人才）的选拔与管理。我们今天就来学习一下中国古代官员的选拔与管理。

【设计意图】以改编的《好了歌》导入，在学生归纳中国古代皇帝烦恼的过程中，引出人才选拔与管理这个知识点，从而进入今天的学习任务。

导入学习任务一：秦汉至魏晋南北朝时期的官员选拔与管理

（1）官员选拔

教师活动：要求学生阅读教材，梳理先秦至魏晋南北朝时期的选官制度。

学生活动：阅读教材回答。

①夏商西周：世官制。

②战国：军功爵制。

③秦朝：以法为教，以吏为师。

④汉朝：察举制。

⑤魏晋南北朝：九品中正制。

材料1　（春秋时期）从王到诸侯、卿、大夫，不论他们是否具有管理国家的才能，不论他们是白痴还是能者，完全凭借着宗法和血统关系，世代霸占高官显职，世代享受着优厚的爵禄，形成一个世袭罔替的特权集团；而出身社会下层或非宗法系统的人，任你本领再大，也无法进身仕途。这自然与客观形势的发展相矛盾，于是改革选官制度的问题被一步步提到议事日程上来。

——黄留珠《中国古代选官制度述略》

教师活动：要求学生阅读材料回答，材料中提到了什么选官制度、有何弊端，秦国又是如何改革此弊端的。

学生活动：阅读教材和材料，思考回答。

①制度：世官制。

②弊端：贵族世代垄断官位，社会阶层无法流动。

③改革：军功爵制。

材料2 这批功臣在文帝之初尚存百分之四十六，但经过文帝统治的23年时间，他们中的绝大多数已经去世，延续到景帝时只剩下五人（北平文侯张苍、襄平侯纪通、慎阳侯乐说、严敬侯许猜、高梁共侯郦疥），仅占原封侯者143人的百分之三点五；逮乎武帝时期，便呈现出"元功宿将略尽"的局面。这些功臣的后代，虽说都承袭了前辈的爵位，身居朱紫之列，但由于骄逸腐化，"忘其先祖之艰难，多陷法禁，陨命亡国"，故当武帝后元之年，也已经"靡有孑遗，耗矣"！因此，武帝时改革选官制度，较文帝时更具有紧迫感（旧臣退出历史舞台，急需选用新人接续），同时阻力也大大减少。

——黄留珠《中国古代选官制度述略》

教师活动：要求学生阅读材料结合所学回答，汉武帝时期实行察举制的原因、具体内容及其影响。

学生活动：阅读教材和材料，思考回答。

①原因：旧臣退出历史舞台，急需选用新人接续；武将功臣所剩无几，选官改革阻力大减；罢黜百家、独尊儒术；汉武帝个人的雄才大略等。

②内容：察举分常科和特科，常科为岁举，有人数规定，有具体标准，如孝廉茂才（秀才）等。特科有具体标准但无固定时间，如贤良方正、贤良文学、明经等。

③影响：为两汉政权选拔了大批人才。

材料3 举秀才，不知书。察孝廉，父别居。寒素清白浊如泥，高第良将怯如鸡。

——赵光勇《汉魏六朝乐府观止·桓灵童谣》

材料4 东汉中后期，由于宦官专权，政治腐败，察举选官名实不符，很难选拔到真正的人才。同时，汉末以来，战乱频仍，社会动荡不安，百姓背井离乡，"人士流移，考详无地"，难以掌握士人的真实情况，使察举制无法实施。

——赵毅、赵轶峰《中国古代史》

教师活动：要求学生阅读材料结合所学回答，察举制在东汉遇到的困境。

学生活动：阅读教材和材料，思考回答。

察举制以官举士，随着政治腐败，逐渐被豪强大族所把控，难以选拔到真正的人才；汉末战乱频繁，百姓流离失所，察举制没有实施的基础。

材料5 （何）夔言于太祖（曹操）曰："自军兴以来，制度革创，用人未详其本，是以各引其类，时忘道德。夔闻以贤制爵，则民慎德；以庸制禄，则民兴功。以为自今所用，必先核之乡闾，使长幼顺叙，无相逾越。显忠直之赏，明公实之报，则贤不肖之分，居然别矣。"

——陈寿《三国志·魏志·何夔传》

教师活动：要求学生阅读材料结合所学回答，曹操实行唯才是举的选官政策出现了什么问题？当时是怎么解决的？

学生活动：阅读教材和材料，思考回答。

①问题：唯才是举的选官容易忽略对人才品德的考察。

②办法：结合门第、品德和才能，创立九品中正制度。

材料6 及法弊也，唯能知其阀阅，非复辨其贤愚。所以刘毅云："下品无高门，上品无寒士。"南朝至于梁、陈，北朝至于周、隋，选举之法，虽互相损益，而九品及中正，至开皇中方罢。

——杜佑《通典》

教师活动：要求学生阅读材料结合所学回答九品中正制的内容和影响。

学生活动：阅读教材和材料，思考回答。

①内容：在各州、郡设置大中正、中正，由本籍在中央任高官的人担任。中正根据家世、道德和才能评定州、郡士人的资品，分为九等，写出评语，称为"状"。获得资品的士人，由吏部授官。

②影响：九品中正制将选官权收归中央，加强了中央集权。后来随着门阀士族势力的发展，中正选人只看家世，不看道德才能，逐渐形成"下品无高门，上品无寒士"的局面。

（2）官员管理

材料7 秋冬岁尽，各计县户口垦田，钱谷入出，盗贼多少，上其集簿。

——范晔《后汉书·百官志》

教师活动：要求学生阅读材料结合所学回答，秦汉时期是如何对官员进行管理的。

学生活动：阅读教材和材料，思考回答。

①官员考核：上计制，每年岁末，各县、侯国将一年来的户口垦田、钱谷入出、盗贼多少等情况汇集到郡国，再由郡国汇总，制成计簿，上报中央，御史参与审核计簿，防止造假。

②官员监察：秦汉时期在中央设御史大夫，监察百官；汉武帝时，设十三州部刺史监察地方官员和豪强。

【设计意图】按时序整理先秦至魏晋南北朝时期的选官制度、考核制度和监察制度，直观明了，符合学生的认知水平。在教学过程中采取史料研读、教材归纳等方式，帮助学生理解选官制度变化的原因。

导入学习任务二：隋唐至两宋时期的官员选拔与管理

（1）官员选拔

材料1　经过隋末农民战争的洗礼，魏晋以来的世家豪强势力进一步被削弱，封建生产关系继续得到调整。新建的唐王朝，社会生产力迅速发展，封建的中央集权统治大大加强。随着封建经济的繁荣，中、小地主阶级力量更为强大，他们迫切要求掌握一部分政治权力来巩固自己的利益。

——黄留珠《中国古代选官制度述略》

教师活动：请学生阅读材料结合所学，回答隋唐科举制发展的原因。

学生活动：阅读思考回答。

隋末农民战争进一步削弱了士族门阀势力；唐代社会生产的恢复和发展壮大了中小地主阶级力量；唐代中央集权的加强也需要大量新人补充进入官员队伍。

教师活动：请学生阅读教材结合所学，回答隋唐科举制内容以及宋代科举制的发展。

学生活动：阅读思考回答。

①隋唐：科举以分科考试选拔人才为特点，分为制举和常举。制举是皇帝自设科目考试选人；常举每年举行，科目有秀才、明经、进士等几十种，其中明经和进士两科最受社会重视，考试合格只是取得为官的资格，还需吏部选拔后方可正式任官。

②两宋：科举制度进一步发展，"取士不问家世"，科举成为选拔官员的主要途径。

（2）官员管理

材料2　大小之官，悉由吏部，纤介之迹，皆属考功。

——《隋书·刘炫》

材料3　（唐代，经过考核）一最四善为上上，一最三善为上中，一最二善为上下；无最而有二善为中上，无最而有一善为中中，职事粗理，善最不闻，为中下；爱憎任情，处断乖理，为下上；背公向私，职务废缺，为下中；居官谄诈，贪浊有状，为下下。

——《新唐书·吏部》

教师活动：学生阅读材料结合教材，回答隋唐至宋是如何对官员进行管理的。

学生活动：阅读整理。

①官员考核：官员考核归属尚书省吏部。隋朝九品以上官员每年要考核，地方官每年要派员向中央报告，或由皇帝遣使到州县巡行考察；唐朝以品德和才能为标准，考核分为九等，依据考核结果确定官员升降。宋代基本沿袭。

②官员监察：中央设御史台，为最高监察机构，其长官为御史大夫。唐太宗将全国分为十道监察区，委派监察官定期或不定期巡回监察，威慑地方。宋代最重要的变化就是台谏合一，御史拥有议事权，谏官拥有监察权。

【设计意图】科举制是中国古代选官制度的重点和难点，通过史料研读，使学生理解科举制的出现和确立是寒门地主崛起、士族门阀衰落的结果，同时也让学生明白官员管理制度的日趋完善。

导入学习任务三：元明清时期的官员选拔与管理

（1）官员选拔

教师活动：请学生阅读教材，按表格梳理明清科举制度的发展。

学生活动：阅读教材，完成表格。

明清科举制的内容

考试程序	分乡试（每三年在各省省城举行，考中者称为"举人"）、会试（由礼部主持，考中者称为"贡士"）与殿试（名义上由皇帝主持，通过者为"进士"）三级
应试人群	主要是国子监和府、州、县学的学生等
出题范围	从四书五经中命题
地域保障	明朝在会试中采用南北卷制度

材料1　八股文唯一用途，仅在于应付科举考试，所以人们把它比作敲门砖，一旦中式，也就弃之不顾了。可怜读书人把毕生的精力都消耗在八股文上，到头来只能变成酸腐迂拙、不学无术的蠢材。……康熙初一度曾因八股文空泛，诏令废止，可是很快便又恢复。乾隆初，兵部侍郎舒赫德曾再次奏请改变八股取士之法，结果遭到保守势力的激烈反对。乾隆皇帝本人实际上完全站在保守派一边。

——黄留珠《中国古代选官制度述略》

教师活动：请学生阅读材料结合所学，概括明清八股取士的弊端，并试着分析统治者认识到其弊端却仍不改变的原因。

学生活动：阅读材料，思考分析回答。

①弊端：成为应付考试的工具，选拔的官员缺乏进取精神和创新意识。

②原因：钳制人民的反抗思想，有利于维护封建统治。

（2）官员管理

材料2　前者三年一考，九年三考，分为称职、平常、不称职三等，以定黜陟。后者按八法（贪、酷、浮躁、不及、老、病、罢、不谨）考察内外官吏。京官六年一考为"京察"，外官三年一考，为"外察"。京官四品以上自陈政之得失，以候上裁。五品以下分别优劣，或降调，或致仕，或闲住为民，具册奏请。

——张晋藩《考课与监察：中国古代职官管理的法律传统》

材料3　为适应封建专制的发展，明代调整了监察机构的设置。改御史台为都察院。又罢谏院，设六科给事中，成为六部的独立监察机构，科道并立；地方设十三道监察御史和各省提刑按察使司，同时设督抚，形成地方三重监察网络。清袭明制，设都察院为其中央监察机关，管理全国的监察工作；设六科给事中分科负责六部的监察工作。清世宗将六部"隶属都察院"，地方监察沿用明制。在立法方面，明代制有《宪纲条例》，清朝则有《钦定台规》，成为我国封建社会最完备的监察法典，标志着我国古代监察制度的发展达到了顶峰。

——摘编自唐海歌《承袭与变异：中国古代监察制度述论》

教师活动：请学生阅读材料结合所学，概括明清官员管理的措施。

学生活动：阅读整理。

①官员考核：明代官员考核分考满和考察。考满是三年一考，九年三考，分为称职、平常、不称职三等，作为官员升降的依据；考察包括外地官员三年一次朝觐考察和京官六年一次京察，重在查处官员的贪、酷和不作为。清代则以三年一次的京察和大计分别考核京官和省官员。

②官员监察：明清时期，制定了完备的监察法规，形成一套严密的从中央到地方的监察体系。在中央，明代改御史台为都察院，清代沿袭；明代创设厂卫制度监视官民。在地方，明代设十三道巡按御史和各省提刑按察司，并设督抚，形成地方三重监察网络，清代基本沿袭。

教师活动：请学生结合所学，分组讨论：在古代中国，官员考核内容日趋细致，官员监察日趋严密，能否保证官吏队伍的廉洁与高效。

学生活动：分组讨论回答。

一定程度上有利于官员尽职尽责，提高行政效率，监督官员规范执政，防止官员贪污腐败，保证政令统一，从而有利于加强君主权力和中央集权。但是专制制度的本质决定了考核制度和监察体制实际效能有限，官员只为皇权服务，考核官员和监察官员贪赃枉法的情形也司空见惯。

【设计意图】通过史料研读和问题探究，理解在封建专制制度下，官员的选拔和管理本质上都是为皇权服务。

课堂小结

中国古代选官制度经历了世官制、察举制、九品中正制和科举制的演变过程，选拔标准由重家世门第到重学识才能，选拔方式由推荐到公开考试，选拔形式逐渐走向制度化，形式日益严密，体现出相对公平、公开、客观的原则；在中国古代官员的管理上，考核内容有针对性，考核与监察相结合，考核与奖惩相配套，考核监察渐归中央。最后，我们要认识到，中国古代官员的选拔与管理始终围绕着强化君主专制而变化，是巩固统治、强化专制的一种手段。

作业拓展

问题：联系本课所学，中国古代的官员选拔制度和管理制度对今天公务员的选拔和管理有何启示。

设计反思与讨论

　　本课内容涉及从先秦至明清整个古代中国的官员选拔和管理制度,在教学中简单的历史知识以学生整理为主,需要理解和拓展的则辅之以材料并加以分析。总的来说,还应该结合学生的实际加以取舍。

　　在教学方法上,采取多种形式,如史料运用、教材梳理、小组合作探究学习等,既凸显了学生主体地位,又活跃了课堂气氛,有利于加深学生对本课知识的理解。

　　体现核心素养理念。本课设计以史料研读的方式提升学生史料实证和历史解释的能力。

　　在实际教学中,由于内容过多,可能出现教师主导与学生主体,预设与生成方面难以找到一个平衡点的问题;如何保证开放性问题评价的客观性和科学性,估计也会存在一定的困难。

第6课　西方的文官制度

设计思路

《普通高中历史课程标准（2017年版2020年修订）》要求：了解中国科举制与西方近代文官制度渊源关系，知道西方近代文官制度的特点。

本课要学习的内容包括西方文官制度出现的背景、西方文官制度确立的过程、文官制度的特点和影响三大块内容。在教学安排上，通过史料研读方式理解西方文官制度出现的背景；通过教材梳理和史料分析了解西方文官制度确立的过程、特点和影响。

对学生来说，本课属于全新内容。因此，西方文官制度这一课的学习，要建立在学生已有知识基础上来进行新问题的探究，激发学生的求知欲和探究欲。教师在教学过程中要因势利导，让学生自主探究，发展学生历史思维能力，涵养学生学科核心素养。

教学目标

1. 通过本课的学习，熟练运用时空定位，了解近代西方文官制度建立的概况。

2. 通过史料分析，从经济基础决定上层建筑这一唯物史观角度解释西方近代文官制度产生的原因。

3. 教师通过鲜活的资料，让学生认识历史是鲜活和丰富的。

重点难点

1. 重点：西方文官制度确立的过程；西方文官制度的特点和影响。

2. 难点：从生产力与生产关系这一角度理解西方文官制度确立的背景。

教学活动过程

 导入 》》》

材料1

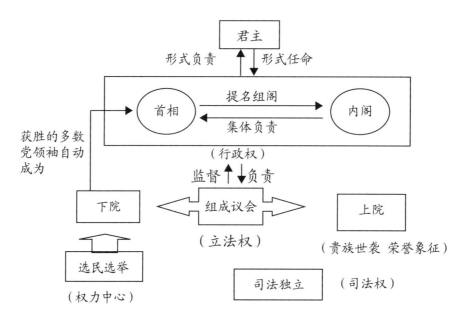

英国中央权力运行图

教师活动: 简述英国内阁诞生的过程。

学生活动: 思考回答。

英国国王任命下议院多数党领袖为首相,首相提名内阁成员,并由国王任命内阁大臣。

教师活动: 我们在之前的学习中已经了解英国内阁诞生的过程,有谁知道英国其他官吏是如何产生的呢?

学生活动: 自由回答。

教师活动: 我们今天就来学习一下西方的选官制度。

【设计意图】以英国内阁的产生为导入,在学生知识的空白处——以英国的选官制度为切入口,既回顾了《中外历史纲要》所学知识,又激发了学生学习本课的兴趣。

导入学习任务一:西方文官制度出现的背景

材料1 西欧国家在十四五世纪以后,由于资本主义生产关系萌芽,市民等级或第三等级的力量随着城市手工业、商业与经济的发展,逐步壮大,他们支持君主力量,要求建立统一的中央集权政府,抑制地方贵族势力,以发展统一的商品经济。中央集权政府的加强,需要建立一套完整的集权组织机构，于是在新的政府中，出现了一类由专制君主直接任命指挥、效忠君主、对君主负责并协助其统治的文职官员。

——周敏凯《比较公务员制度》

教师活动：要求学生阅读材料结合教材回答，中世纪晚期西欧国家社会管理发生了什么变化，变化的原因是什么。

学生活动：阅读教材和材料，思考回答。

①变化：从传教士、封建领主管理到国王直接任命亲信来协助其统治。

②原因：资本主义萌芽的发展，市民阶层的扩大，要求建立、加强统一的中央集权政府；随着中央集权政府（国王）的权力扩大，需要更多的人去处理事务。

材料2　牛津市市长在1768年向市议员们提出，谁付出7500英镑，他就能保证谁继续当选下届议员。甚至连英王乔治三世也干出"贩卖选邑"、聚敛钱财的勾当。18世纪前期，英国辉格党首领、财政大臣沃尔波尔（Robert Walpole，1676—1745年）曾控制国会大权，他以权谋私，给自己儿子在政府中挂上一个官职名衔而领取官俸，而他儿子终日在巴黎挥霍享乐。英国国会议员格伦维尔，甚至将国会掌玺处一秘书职位"预约"留给了他的一个4岁的侄儿。

——周敏凯《比较公务员制度》

材料3　1801年亚当斯竞选连任总统失败，在他卸任前夜，数小时内任命了一大批联邦党人担任政府重要职务，史称"星夜任命"。不日托马斯·杰弗逊当选第三任总统，他本与亚当斯在不少政治问题上有分歧，一上台便着手撤换了这批"星夜任命者"。

——周敏凯《比较公务员制度》

教师活动：中世纪晚期，国王任命的亲信实际上只为国王和权贵服务，类似于奴仆。这种关系到了资产阶级代议制建立时有没有发生改变？又出现了哪些新问题？

学生活动：阅读教材和材料，思考回答。

这种关系并没有发生改变。新问题包括政府与国会将官职作为商品出售，卖官鬻爵现象普遍；在内阁制和政党制形成之后，出现政党分肥的现象。

材料4　工业革命中，工业资产阶级的经济势力逐渐超过土地贵族阶级与金融大资产阶级。尽管他们富埒王侯，但是政治上仍无地位，仍遭贵族阶级的欺压。这种强烈的反差现象，使他们无法容忍，便发出了重新分配政治权利的强烈呼声，……"腐败选区"与世袭特权制度顽固地维护着土地贵族阶级的利益，剥夺了工业资产阶级与无产阶级的政治权利。工业革命后期，不少世袭选区几经变迁仅存几户人家，有的甚至已成为一片汪洋，仍能保留议席，许多新兴工业区却无一个议席。

——周敏凯《比较公务员制度》

教师活动：要求学生阅读材料结合教材回答，工业革命是如何促进文官制度的诞生的。

学生活动：阅读教材和材料，思考回答。

工业革命后，社会分工复杂，国家管理职能扩展，亟须建立职业官僚体系；随着教育程度的提高，人民要求有平等参与政府工作的机会；社会呼吁开放政府公职、改革官员录用制度以建立廉洁高效政府。

【设计意图】西方文官制度建立的背景是本课的难点，在教学过程中采取史料研读、教材归纳等方式，帮助学生从生产力决定生产关系、经济基础决定上层建筑的角度来理解。

导入学习任务二：西方文官制度的建立

材料1　早在1805年，英国政府的财政部曾推行过一种双重官制。财政大臣之下设政务次官与常务次官两种副职，前者辅助大臣处理议会与政党事务，他们与政党内阁共进退；后者主持部内日常行政事务，不参与政党活动，不随内阁进退，并可长期任职，被称为常任文官。1830年以后，其他各部也相继推行双重官制。如果说常任文官的出现，是为了克服政党分赃造成的政府频繁换班的弊病，这一改革产生于英国政府内部的实践；那么英国现代文官制度的基本原则之一公开竞争考试原则，则是借鉴了中国封建社会的科举考试取士的做法。同时也从英属印度殖民地的行政管理实践中汲取了某些有益的经验。

——周敏凯《比较公务员制度》

教师活动： 请学生阅读材料，回答近代以来英国选官制度存在什么弊端，英国政府是如何解决这些弊端的。

学生活动： 阅读思考回答。

①弊端：政党分肥；选官的不公平、不公正。

②解决办法：推行双重官制，常任文官不随内阁进退，负责部内日常事务；借鉴中国古代科举制和东印度公司的行政管理实践，常任文官采取公开竞争考试原则。

教师活动： 学生阅读教材，梳理英国文官制度建立的过程。

学生活动： 阅读整理。

材料1

英国文官制度的建立与发展

18世纪初	19世纪初	1855年	1870年
为防止国王通过任命官员干预议会活动，英国规定除大臣以外，其他官员不得当选为下院议员	开始设立常务次官职位。政府官员分两类：一类是政务官，即大臣、政务次官或政务秘书，随内阁共进退；另一类是事务官，即文官，包括常务次官直至以下的一般政府工作人员，负责具体事务，不受党派影响，可以长期任职	英国政府接受《关于建立常任文官制度的报告》的建议，建立不受党派干涉的文官委员会，对被推荐的候选人进行考试	规定多数重要文官职位必须通过公开竞争考试择优录用，文官委员会有权独立决定文官的基本录用条件

材料2　但是无论是英国还是其他西方国家，它们的现代文官制度都直接或间接地借鉴过中国封建时代的科举制度，汲取过其中某些"精华"，包括科举取士的形式、程序或原则等。中国封建王朝的精致完善的官吏制度，曾经通过各种各样的渠道被介绍到欧美国家，包括英、美、法、

意等，以及亚洲邻国，包括日本、泰国等。当代西方国家不少专家、学者都承认，西方国家现代公务员制度，穷原竟委，乃导源于中国封建时代的官吏制度，尤其是隋唐以后的科举考试取士制度。即使是在 19 世纪中叶率先创立的英国现代文官制度，也莫不如此。美国前总统卡特任内的人事总署署长艾伦·坎贝尔教授曾来我国访问，他认为，"在我们西方所有的政治学教科书中，当谈到文官制度的时候，都把文官制度的创始者归于中国"。

——周敏凯《比较公务员制度》

教师活动：请学生阅读材料，结合所学回答其他资本主义国家何时建立文官制度，他们吸收了中国古代科举制的哪些精华。

学生活动：阅读材料并思考回答。

① 1883 年，美国国会通过《美国文官法》，建立了文官制度；"二战"以后，法国、德国、日本等国也相继建立起文官制度。

②吸收：公开考试、公平竞争、择优录取、机会均等。

【设计意图】按时序整理英国文官制度的发展历史，直观明了，符合学生的认知。通过史料研读了解西方文官制度对中国古代科举制度的借鉴，使学生理解不同文明之间的吸收和发展，明白近代以来的历史是各民族国家在碰撞、交流、借鉴中向前发展的历史。

导入学习任务三：西方文官制度的特点和影响

材料 1　英国文官制度的这种纯粹的职业性还是非常有理由值得其他实行不同制度的国家妒忌的——它能让政府在交替过程中产生的脱节减到最小并保持最高的效率。

——玛格丽特·撒切尔《唐宁街岁月》

材料 2　资产阶级议会制的国家的全部历史表明，资产阶级立宪国家的历史也在相当大的程度上表明，更换部长意义极小，因为实际的管理工作掌握在一支庞大的官吏队伍手中。这支官吏队伍浸透了反民主的意识，同地主和资产阶级有千丝万缕的联系，在各方面都依附他们。这支队伍被资产阶级关系的气氛所笼罩，他们呼吸的就是这种空气，他们凝固了，变硬了，僵化了，摆脱不了这种空气，他们的思想、感情、行为不能不是老样子的。对上司毕恭毕敬的习气和某些"公"务特权把他们拴住了，通过股票和银行，这支队伍的上层分子完全成了金融资本的奴才，在某种程度上也是它的代理人，它的利益的代表者和影响的传播者。

——列宁《列宁全集·革命的一个根本问题》

教师活动：请学生阅读材料和教材，分析西方文官制度的特点和影响。

学生活动：分析总结。

①特点：A.在文官选用上，凡是符合相关法律规定的公民，都可以参加文官考试，成绩优异者得到录用。B.在文官职责上，在资产阶级各政党之间严格保持中立，不得公开参与政治活动。政府部长等政务官负责制定政策，对政策的正确与否负政治责任，文官必须忠实执行政策，在政务官的领导下完成自己的本职工作。C.在文官任期上，文官只要没有严重过错，便可任职到退休。

同时，文官根据工作成绩得到晋升或惩罚。

②影响：A.进步性。规范了西方国家政府行政部门事务官的选用和管理；实现了政治和管理的分离，有利于政府工作的稳定性和持续性，促进了国家治理水平的提高。B.局限性。容易滋生官僚习气和僵化现象；文官人数急剧膨胀，增加了国家财政负担；文官层次越来越多，推诿扯皮、争权夺利，影响了政府工作效率。

【设计意图】通过史料研读和问题探究，了解本课重点西方文官制度的特点，理解文官制度在西方政治生活的双重影响。

课堂小结

西方文官制度的发展，是资产阶级革命、工业革命背景下，为适应新形势的变化，革除传统选官制度的弊端，吸收中国科举制度精华，结合英国东印度公司用人实践而发展起来的选官制度。在此制度下，政务官是经过选举产生的、有政治地位、和政党内阁共进退的非政府公职人员；事务官则是经过公平竞争、择优录取的文官考试选拔出来的在政治上中立、任期不受党派转换影响的政府公职人员。

作业拓展

问题：比较古代中国科举制度和近代西方文官制度的异同。

 设计反思与讨论

在教材处理上，根据《普通高中历史课程标准（2017 年版 2020 年修订）》的要求，选取西方文官制度确立的过程、西方文官制度的特点和影响，从生产力与生产关系这一角度理解西方文官制度确立的背景为本课教学重难点。

对学生而言，本课涉及的内容是全新的，因此，教学设计中尤其注重利用学生已知的知识来进行迁移，结合实际再加以取舍。

在教学方法上，运用史料分析、探究学习等方法突破本课的重难点，加深学生对本课知识的理解。

在教学设计上体现核心素养理念。本课设计以史料研读的方式来涵养学生的史料实证、历史解释和唯物史观等历史学科核心素养。

第 7 课　近代以来中国的官员选拔与管理

 设计思路

　　《普通高中历史课程标准（2017 年版 2020 年修订）》要求：知道西方近代文官制度对近现代中国公务员制度的影响。

　　本课要学习的内容包括晚清选官制度的变迁、民国官员的选拔制度以及中华人民共和国的干部制度和公务员制度。在教学安排上，通过史料研读理解近现代选官制度变迁的背景；通过教材梳理和史料分析了解近代以来中国选官制度的发展历程、特点；通过梳理教材和史料分析，了解中华人民共和国干部制度和公务员制度及其特点。

　　对学生来说，本课属于全新内容，但其相关背景在初中及高一的学习中已经有所了解。因此，本课的学习要迁移已有知识，激发学生的求知欲和探究欲。教师在教学过程中要因势利导，让学生自主探究，发展学生的历史思维能力，涵养学生的学科核心素养。

 教学目标

　　1.通过本课的学习，了解近代中国选官制度发展的历程和新中国干部管理制度的发展。

　　2.通过史料分析，理解近代中国选官制度变化和近代化进程的必然联系，理解现代中国公务员制度的推进是改革开放和时代发展的必然要求。

 重点难点

　　1.重点：近现代中国公务员制度。

　　2.难点：中华人民共和国的干部制度。

教学活动过程

（导入）❯❯❯ ─────────────────────────────────

　　材料 1　　天子重英豪，文章教尔曹。万般皆下品，唯有读书高。

　　　　　　　少小须勤学，文章可立身。满朝朱紫贵，尽是读书人。

学问勤中得，萤窗万卷书。三冬今足用，谁笑腹空虚。

自小多才学，平生志气高。别人怀宝剑，我有笔如刀。

朝为田舍郎，暮登天子堂。将相本无种，男儿当自强。

——汪洙《神童诗》选段

教师活动：要求学生阅读材料结合所学，评价中国的科举制。

学生活动：思考回答。

①积极：冲破了世家大族垄断官场的局面；提高了官员的文化素质；提高了行政效率；扩大了官吏来源；有利于社会阶层的流动；有益于专制主义政治体制的稳固；促成了普遍持久的读书风尚，推动社会的重学风气等。

②消极：科举考试的科目及内容，大多不出儒学经义的范围，特别是明清八股取士，被选拔的多是缺乏进取精神和创造意识的人，成为专制政权的奴仆和工具；导致古代中国专心从事科学技术研究的人才力量相对薄弱。

教师活动：科举制度在明清暴露出越来越多的弊端，到了近代被废止。这经历了怎样的过程？此后的中国政府，又是如何选拔官员的？今天就来学习一下近代以来中国的官员选拔与管理。

【设计意图】以学生已掌握的知识"科举制度的评价"为导入，从学生已知的晚清废除科举制处设问：此后的中国政府，又是如何选拔官员的？这样既能回顾《中外历史纲要》所学知识，又能通过设问激发学生学习本课的兴趣。

导入学习任务一：晚清选官制度的变革

（1）科举变革

材料1　八股文在中国走过了500余年的历史行程后，在清末终于退出了历史舞台。四书、五经不再是唯一的考试内容，"圣人"的地位得以动摇。考试的"经世致用"的功能，引起了人们对西学、新知的热爱，同时体现了在新知面前的平等竞争。科举制度改革，选拔了一批经世济时人才，对于改变官员队伍的知识结构，提高办事效率，促进教育的发展和社会的进步不无裨益。

改革之路艰难。很多改革措施，经过四五十年的努力，才得以付诸实施。例如，算学列入科举考试，自1843年两广总督奏请，直到1887年才获得批准，1888年才付诸实施，历经道光、同治、直到光绪年间，皇帝换了好几位，其时间已超过50年。科举制度改革和政治制度改革连在一起。百日维新的改革失败了，皇太后一声令下，科举制度改革又回到原点。科举制度的真正改革是在清末新政时期，还是"老佛爷"一声令下，被她废除的科举制度改革，才得以恢复。其改革之路，非光绪皇帝所能左右。真正的"金口玉言"，不是皇帝，而是"老佛爷"。

——房列曙《中国近现代文官制度》

教师活动："经济"，是经世济时之意；特科，是常科之外，经皇帝特诏临时开设的考试。开设经济特科，是晚清科举变革的重要标志。请结合教材，梳理晚清科举制度的发展变化。

学生活动：阅读教材和材料，思考回答。

①1898年维新变法：设立经济特科，选拔经时济变之才；废八股，改试策论，以时务策命题。

②变法失败后，慈禧太后恢复旧制。

③1901年，清政府实行新政，通令各省书院一律改为大学堂，各府州县学改为中小学堂，并多设蒙养学堂。

④1905年，清政府决定废科举，并将育人、取才合于学校一途。

材料2　算学列入科举考试，自1843年两广总督奏请，直到1887年才获得批准，1888年才付诸实施，历经道光、同治直到光绪年间，皇帝换了好几位，其时间已超过50年。科举制度改革和政治制度改革连在一起。百日维新的改革失败了，皇太后一声令下，科举制度改革又回到原点。科举制度的真正改革是在清末新政时期……科举制度改革，是在"中学为体、西学为用"方针指导下的改革。开设算学科、艺学科，也不是清末的创造，而是古已有之。这也不能算作西学的内容。且录取的人数少，考试的难度大，即不但要考算学科、艺学科，还要考传统的科举考试的内容。考试内容的设置，对算学科、艺学科的考生很不公平。……经过50多年努力，算学列入科举考试，仅录取1人。1903年，经济特科考试，也是清末唯一的一次，仅录取27人。皇太后并未重用这27人，只是"赏以饭碗"。

——房列曙《中国近现代文官制度》

教师活动：阅读材料，分析清末科举制改革的特点。

学生活动：阅读材料，思考回答。

特点：改革之路艰难曲折；改革内容不彻底；改革收效甚微。

（2）选官制度变化

材料3　1905年以前，（学堂）学生最多不过258873人（不含军事、教会学堂），1912年跃为2933387人。此外，加上未经申报立案的公私立学堂、军事学堂以及教会所办学校的学生，估计辛亥时国内学生数在300万人左右，几乎是1905年的12倍。……（新政期间）清政府颁布《鼓励游学毕业生章程》，通过考试，按照考生的不同成绩，授以不同的科名与官职。该章程规定奖励的科名分为拔贡、举人、进士、翰林四种。章程公布后，清末留学奖励才真正有章可循，留学生身价百倍，"各督抚顶而戴之，如获拱璧"。

——房列曙《中国近现代文官制度》

教师活动：阅读材料，概括其反映的社会现象。结合教材，梳理清末选官制度的变化。

学生活动：阅读材料与教材，整理并思考回答。

①现象：学堂规模扩大，学堂学生增多；留学生受到各地督抚的偏爱。学堂选官、留学毕业生选官成为晚清废科举后官员选拔的主要方式。

②变化：新政期间，裁减冗官冗署，改总理衙门为外务部，设农工商部、巡警部、学部等，瓦解传统六部建制；废科举后，学堂选官制和留学生选官制成为选拔官员的主要途径。

材料4　鸦片战争之后，科举任官制度的弊端显而易见，并受到各界人士的抨击。魏源曾言科举制度自身的局限使得选拔人才的范围十分有限，无法适应鸦片战争之后大量的人才需求，而且"贤者不得用，用者未必贤"，"举天下人才尽出于无用之一途，此前代所无也"。

——房列曙《中国近现代文官制度》

教师活动：阅读材料，结合所学分析清末变革选官制度的原因，说说你是如何认识选官制度和国家管理的关系的。

学生活动：阅读材料，思考回答。

①原因：甲午战争和八国联军侵华战争之后，民族危机加深；西学的传入和洋务运动的开展。

②认识：符合实际的选官制度能够提升国家管理的水平。

【设计意图】晚清选官制度的变化是本课的一个重点，在教学过程中采取史料研读、教材归纳等方式来理解晚清选官制度变革的历程。

导入学习任务二：民国时期的官员选拔制度

材料1　1902年，孙中山在日本就曾对革命志士程家柽谈起过五权分立的设想。1906年，他在西方资产阶级"三权分立"的基础上，把我国历史上考试制度和监察制度分立出来，"创建破天荒的政体"，成为"五权分立制度"。同年11月15日，孙中山在东京会见俄国社会革命党领袖该鲁学尼等时指出："希望在中国实施的共和政治，是除立法、司法、行政三权外还有考选权和纠察权的五权分立的共和政治。"并说："考选制和纠察制本是我中国固有的两大优良制度，但考选制度被恶劣政府所滥用，纠察制度又被长期埋没而不为所用，这是极可痛惜的。我期望在我们的共和政治中复活这些优良制度，分立五权。"

——房列曙《中国近现代文官制度》

教师活动：请学生阅读材料，结合教材回答孙中山的建国思想及其特点和影响。

学生活动：阅读思考回答。

①建国思想：行政权、立法权、司法权、考试权、监察权五权共和。

②思想特点：吸收中国传统政治和西方近代民主政治的优点。

③影响：对民国政治建设产生了深远影响。

材料2　在孙中山的督促下，法制局很快提出了《文官考试委员官职令》《文官考试令》《外交官及领事官考试委员官职令》《外交官及领事官考试令》《法官考试委员官职令》《法官考试令》等6个考试法令草案，提交参议院审议。为尽快推行文官考试制度，选拔急需人才，孙中山又在3月下旬咨文参议院，要求"提前议决"。……由于南京临时政府存在的时间短暂，以上几份法令草案虽已拟定，有的因参议院未完成立法程序，有的随着孙中山的离职未能颁布实施。但这几份法令草案，是民国时期最早提出的文官考试、文官铨叙的法案。这些草案形成了南京临时政府文官制度的基本框架，在中国现代文官制度史上仍有重要意义。

——房列曙《中国近现代文官制度》

教师活动：请学生阅读材料，结合教材回答孙中山文官考试思想的内容、结果和影响。

学生活动：阅读思考回答。

①内容：官员选拔应以考试制度为主，也就是在"五权宪法"框架之中，国家建立考试院主管人才的选拔和任用；完善国家政治制度，建立文官的培养、任用、监察等方面的运行机制。

②结果：出台了官员选拔方面的一系列法规草案，但因为南京临时政府存在时间短，基本停留在纸面上。

③影响：进一步奠定了近代中国文官制度的基础，对日后民国文官制度产生了重要影响。

教师活动：请学生阅读教材，梳理北洋政府时期和南京国民政府时期的文官制度，完成表格。

学生活动：阅读思考，完成表格。

北洋政府和南京国民政府时期的文官制度比较表

		北洋政府	南京国民政府
不同点	法律基础	1913年初，北洋政府颁布《文官考试法草案》等法案，标志着文官考试制度的建立	重新设计颁布了政府的人事制度，相继颁布《公务员任用条例》《考试法》和《公务员任用法》。"官吏"称谓逐渐被"公务员"替代
	选拔机构	政事堂铨叙局	最高考试机关：考试院
	选拔对象	男子年满21岁可以参加文官考试，女子不得参加	允许女子参加考试，更具开放性和平等性
相同点	思想基础	都以孙中山文官考试思想为基础	
	人事制度	都采用甄别审查措施，将前政府留任官吏与通过考试任用新吏相结合	

【设计意图】通过阅读教材，培养学生分析材料、解读材料的能力。通过本环节的教学，使学生明白孙中山的"五权分立"思想对民国制度建设的深远影响；通过比较，感受北洋政府和南京临时政府文官制度的异同。

导入学习任务三：中华人民共和国的干部制度和公务员制度

材料1 中国当代公务员制度的产生和形成，与西方公务员制度演进有着不同的原因、背景和过程，具有鲜明的中国特色。……中国当代公务员制度的产生是中国经济、政治和社会发展的内在需要，并且经过较长的时间酝酿。

——姜海如《中外公务员制度比较》

材料2 中国共产党领导的根据地政府，为了适应革命战争年代的需要，形成了一套高度集中的干部人事制度。

新中国建立后，沿用的革命战争时期的干部人事制度的弊端逐渐暴露，例如，管理方式落后，人治色彩浓厚，缺乏科学分类与正常录用、淘汰，能进不能出，能上不能下等，不利于人才的成长与管理效率的提高。改革开放以后，邓小平及时提出改革不合时宜的干部人事制度，与"革命化、年轻化、知识化、专业化"的干部培养方针。1980年8月18日邓小平在中央政治局扩大会议上作《党和国家领导制度的改革》的讲话，开始了中国现代公务员制度的立法与建设工作。

1984 年党中央制定《国家机关工作人员法》，次年改名为《国家行政机关工作人员条例》，后经修改草案 10 稿，1986 年改名为《国家公务员暂行条例》，以后又修改 5 稿，1992 年经国务院、中央政治局讨论通过，1993 年 8 月 14 日颁布，10 月 1 日开始实施。《国家公务员暂行条例》与《国家公务员暂行条例实施方案》的实施，标志着中国现代公务员制度初步建立。

——周敏凯《比较公务员制度》

教师活动：请学生阅读材料和教材，梳理中国干部制度的历史及根本原则。

学生活动：阅读梳理回答。

①历史：干部制度发端于新民主主义革命时期，是为了适应革命战争年代的需要，形成的一套高度集中的干部人事制度。

中华人民共和国成立后，是新政府政治制度的重要组成部分，包含国家干部人事管理体制、原则、机构，以及干部选拔、任用、考核、监督、交流、培训等内容。后发展为在中共中央及各级党委组织部门统一领导、统一管理下的分类管理的干部制度。

改革开放后，逐步实现了干部管理的科学化、民主化、法制化、现代化。1993 年开始实行公务员制度。十八大以来，干部队伍建设更加规范化、制度化，在廉政建设方面不断完善，并取得很大成效。

②根本原则：党管干部。

教师活动：请学生阅读材料，并结合所学分析中华人民共和国公务员制度诞生的背景。

学生活动：阅读材料，思考分析。

①干部人事制度暴露出管理方式落后，人治色彩浓厚，缺乏科学分类与正常录用、淘汰，能进不能出，能上不能下等，不利于人才的成长与管理效率的提高等弊端。（直接原因）

②社会主义市场经济体制的逐渐建立，要求政府机关转变职能，改革机构，精干队伍，提高素质等。（根本动力）

③对外开放和国际关系的重大调整，为中外往来、互相学习和借鉴提供了有利的外部环境和条件。（有利的环境和条件）

材料 3　第四章　录用

第二十三条　录用担任一级主任科员以下及其他相当职级层次的公务员，采取公开考试、严格考察、平等竞争、择优录取的办法。

——《中华人民共和国公务员法》（2018 年 12 月 29 日修订）

教师活动：请学生阅读材料和教材，梳理中华人民共和国公务员制度的发展历史和考录方式，并分析其影响。

学生活动：阅读分析回答。

①历史：1993 年推行公务员制度；2005 年，全国人大常委会通过《中华人民共和国公务员法》。

②方式：公开考试、严格考察、平等竞争、择优录取。

③影响：公务员考录进入法制化轨道；公务员的政治、文化素质不断提高，增加了国家管理人员队伍的活力。

【设计意图】通过知识梳理，学生了解干部制度和公务员制度的发展历程；通过史料研读，加深对经济基础决定上层建筑、制度要随社会发展而发展等唯物史观的认识。

课堂小结

符合实际的选官制度能够提升国家管理的水平。随着民族危机的加深、西学的传入和洋务运动的开展，传统的科举制已经不适应新形势的需要，经过一番波折，被学堂选官制和留学生选官制所取代。民国成立之后，孙中山文官考试思想影响了北洋政府和南京国民政府的文官制度。新中国成立之后，继续沿用发端于新民主主义革命时期的高度集中的干部人事制。改革开放之后，随着社会主义市场经济体制的逐步建立，改革开放的进一步深入，干部制度弊端凸显，被采取公开考试、严格考察、平等竞争、择优录取的公务员制度所取代。

作业拓展

试寻找你身边的公务员，了解其考录过程，更清楚直观地理解中华人民共和国公务员制度。

 设计反思与讨论

在教材处理上，根据《普通高中历史课程标准（2017 年版 2020 年修订）》的要求，选取教学重难点——近现代中国公务员制度、中华人民共和国的干部制度。

在教学方法上，采取多种形式，既凸显学生主体地位，使学生获得成功体验，又加深其对课程内容的理解与掌握。在核心素养的渗透上，本课教学设计不论从课程导入、新课教学，还是作业拓展，都注重学生历史学科核心素养的培养。教学过程既体现教师的主导性，又突出学生的主体性，使课堂有序又不时发生思想的碰撞。

但是因为本课知识对学生政治、历史等基础知识储备要求高，教学中难免会出现学生参与度不高的现象。这就要求教师在课前摸底、导学设计和课堂应变上要有一定的"机智"。

第三单元 法律与教化

第8课 中国古代的法治与教化

《普通高中历史课程标准（2017年版2020年修订）》要求：知道中国先秦时期成文法的产生过程，以及这一时期思想家对于德治、法治关系的讨论；知道自西汉起历代王朝法律、礼教并用的统治手段。本课教材由先秦时期的德治与法治、秦汉至隋唐时期的法律与教化、宋元至明清时期的法律与教化三个子目组成，勾勒了中国古代法律与教化发展的脉络，并从中得出礼法结合是中华法系的重要特点。

本课教学设计以礼法结合为主题，以中国古代法治与教化的发展为线索，分为先秦时期的德治与法治之争、汉唐时期的法律儒家化、明清时期的礼教法律化三个中心环节，在梳理中国古代法治与教化发展脉络基础上，分析中国古代法治与教化的逻辑关系，探究中国古代法治与教化发展原因与影响，突出本课主题并认识礼法结合对当代中国依法治国的启示。

学生在初中和高一阶段已学习过本课的部分内容，了解法律和教化都是国家治理的工具，但知识相对零碎且有较多缺失，无法形成中国古代法律和教化发展的完整线索，可能较难理解中国古代法律与教化发展的逻辑关系。教师在教学中需要帮助学生构建完整的知识体系，发展学生的历史思维能力，全面提升学生的历史学科核心素养。

教学目标

1. 通过小组合作研读教材，按时间顺序整理中国古代各个时期法律与教化的发展历程，概括中国古代法律与教化发展的阶段特征。

2. 通过补充典型史料，培养学生史料实证素养，并加深对德治与法治、法律儒家化、教化法律化等历史概念的理解。

3. 引导学生用唯物史观分析中国古代法律与教化发展的原因与影响。

4. 全面认识中华法系"礼法结合"的特点以及对当代中国依法治国的启示，树立弘扬优秀传统文化和建设社会主义法治国家的使命感。

 重点难点

1. 重点：先秦时期德治与法治之争；自西汉起历代王朝法律与礼教并用的统治手段。
2. 难点：法律儒家化；礼教法律化；礼法结合。

 教学活动过程

 导入 ▶▶▶

教师展示材料：

材料 1

孟子拜见梁惠王

材料 2　今王发政施仁，使天下仕者皆欲立于王之朝，耕者皆欲耕于王之野，商贾皆欲藏于王之市，行旅皆欲出于王之涂，天下之欲疾其君者，皆欲赴诉于王。其若是，孰能御之？……

若民，则无恒产，因无恒心。苟无恒心，放辟邪侈，无不为已。及陷于罪，然后从而刑之，是罔民也。焉有仁人在位，罔民而可为也？

——《孟子·梁惠王章句上》

王曰："善哉言乎！"

（孟子）曰："王如善之，则何为不行？"

曰："寡人有疾，寡人好货。"

——《孟子·梁惠王章句下》

教师活动：要求学生根据材料并结合所学知识思考，说出孟子的政治、法律思想，这些主张有没有被当时的统治者接受？会不会被以后的统治者接受呢？

【设计意图】学生对图片和文字材料的信息比较熟悉，贴近学生最近发展区，有助于激发学生学习的兴趣，直接导入本课的学习。

导入学习任务一：德治与法治之争

（1）德治与法治的内涵

材料1　故明主使其群臣不游意于法之外，不为惠于法之内，动无非法。……故以法治国，举措而已矣。法不阿贵，绳不挠曲。法之所加，智者弗能辞，勇者弗敢争。刑过不避大臣，赏善不遗匹夫。故矫上之失，诘下之邪，治乱决缪，绌羡齐非，一民之轨，莫如法。属官威民，退淫殆，止诈伪，莫如刑。

——《韩非子·有度》

材料2　道德仁义，非礼不成；教训正俗，非礼不备；分争辨讼，非礼不决；君臣、上下、父子、兄弟，非礼不定；宦学事师，非礼不亲；班朝治军，莅官行法，非礼威严不行；祷祠祭祀，供给鬼神，非礼不诚不庄。是以君子恭敬、撙节、退让以明礼。

——《礼记·曲礼》

教师活动：指导学生阅读材料，结合教材列表整理战国时期儒家和法家关于德治与法治之争的主要代表人物及其思想主张。

学生活动：阅读教材和材料，设计、填写表格。

春秋战国时期儒家和法家关于德治与法治之争

派　别	代表人物	思想主张	争论焦点
儒家	孔　子	为政以德；节用爱民	用德、礼治理国家
	孟　子	人性善；施仁政；省刑罚；薄税敛	
	荀　子	人性恶；隆礼重法	
法家	商　鞅	颁行法令	用刑、法治理国家
	韩　非	法、术、势；赏罚分明；以法为教、以吏为师	

（3）德治与法治的关系

材料3　子曰："道之以政，齐之以刑，民免而无耻；道之以德，齐之以礼，有耻且格。"

——《论语》

材料4　夫圣人之治国，不恃人之吾善也，而用其不得为非也。恃人之为吾善也，境内不什数；用人不得为非，一国可使齐。为治者用众而舍寡，故不务德而务法。

——《韩非子·显学》

材料5　以礼治、德治和人治为基本特征的先秦儒家法律思想，在春秋战国这一社会大变革时期，整体上表现为保守的改良主义，而与时代格格不入。……对于急于夺取政治权力的新兴统治集团来说，强调恪守等级名分的礼治，不啻是阻碍他们野心实现的藩篱……省刑薄赋、反对聚敛等德治主张，这与新兴统治集团残暴、贪婪本性是矛盾的。……但儒家法律思想却是与传统农业社会相契合的，它的各种主要法律论点，经过改造，基本上为后世统治者所继承，成为正统法律思想的核心。

——李贵连、李启成《中华法史三千年：法律思想简史》

教师活动： 指导学生阅读材料，并结合所学，分析儒家和法家对德治与法治关系的不同主张，并指出其历史命运及对后世法律制度制定的影响。

学生活动： 阅读教材，思考回答。

①主张：儒家，德主刑辅；法家，刑主德辅。

②历史命运：儒家思想在春秋战国时期不被统治者所接受，在汉武帝时期被确立为正统思想；法家思想被春秋战国时期统治者所推崇，并成为秦朝的统治思想，在秦朝以后衰落。

③影响：为后世法律制度的制定和中华法系的形成奠定思想基础。

（4）先秦时期德治与法治的发展历程及时代背景

材料6　三月，郑人铸刑书。叔向使诒子产书，曰："始吾有虞于子，今则已矣。昔先王议事以制，不为刑辟，惧民之有争心也……夏有乱政而作《禹刑》，商有乱政而作《汤刑》，周有乱政而作《九刑》，三辟之兴，皆叔世也。今吾子相郑国，作封洫，立谤政，制参辟，铸刑书，将以靖民，不亦难乎？……民知争端矣，将弃礼而征于书。锥刀之末，将尽争之。乱狱滋丰，贿赂并行，终子之世，郑其败乎！"……复书曰："若吾子之言，侨不才，不能及子孙，吾以救世也。既不承命，敢忘大惠？"

——《左传·昭公六年》

教师活动： 指导学生根据材料与教材，分组整理先秦时期德治与法治的发展历程，并结合春秋战国时期的历史背景，分析两者不同命运的原因。

学生活动： 阅读教材和材料，分组合作探究。

①德治组：夏商，君王及贵族随意残害奴隶；西周，建立以宗法制为核心的礼制，提出"敬天保民"的思想；春秋时期，叔向写信反对子产刊布法律；春秋战国时期，儒家主张德治，但难以落到实处。

②法治组：夏商周，文献记载可能有法律；春秋时期，郑国子产铸刑书，制定了中国历史上最早的成文法；春秋战国时期，法家主张法治，并付诸实践。

③原因：政治上，分封制开始瓦解，诸侯纷争；经济上，铁犁牛耕，井田制开始瓦解；文化上，学术下移，出现百家争鸣；各国为了实现富国强兵，开展变法运动，法家的法治思想适应了新兴地主阶级的需要，而儒家的德治思想并不能满足当时统治阶级的需要。

【设计意图】德治与法治之争是本课的重点内容，同时，儒家与法家的代表人物及其思想主张在初中和高一的必修课程中都有出现。因此，在这个学习任务的设计中，先从学生相对熟悉的儒家和法家关于德治与法治的内涵入手，明确德治与法治之争的实质，再进一步分析两者之间的关系，探讨两者的发展历程及出现不同命运的历史背景。这不仅符合学生的认知规律，而且符合历史发展的逻辑，使学生有兴趣进行深度学习。

导入学习任务二：法律儒家化

材料1　故胶东（西）相董仲舒老病致仕，朝廷每有政议，数遣廷尉张汤亲至陋巷，问其得失。于是作《春秋决狱》二百三十二事，动以经对，言之详矣。

——范晔《后汉书》

材料2　叔孙宣、郭令卿、马融、郑玄诸儒章句，十有余家，家数十万言。凡断罪所当由用者，合二万六千二百七十二条，七百七十三万二千二百余言。

——《晋书·刑法志》

材料3

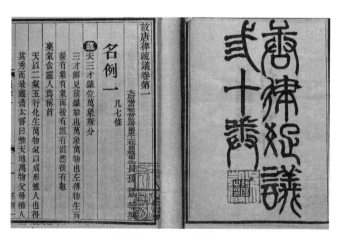

《唐律疏议》书影

材料4　唐朝法律体系包括律、令、格、式。律是定罪量刑的刑法典，令是行政制度与规则，格是相对律令而言的补充意义的法典，式是关于实施律令的细则法规。

——《历史 选择性必修1·国家制度与社会治理》

材料5　《晋律》大概是将汉朝的律、令、比等，删除重复，加以去取，依条例系统编纂而成的。这不过是一个整理之业，但还有一件事可注意的，则儒家的宗旨，在此时必有许多掺入法律之中，而成为条文。……《晋律》订定以后，历代都大体相沿。……《唐律》是现尚存在的，体例仍沿袭旧观。……明太祖定《大明律》，又是一准《唐律》的。《清律》又以《明律》为本。所以从《晋律》颁行以后，直至清末采用西法以前，中国的法律实际无大改变。

——吕思勉《中国通史》

教师活动：指导学生阅读教材和材料，整理汉朝以后法律儒家化的过程，从中概括出中华法系的重要特点。

学生活动：阅读材料和教材，回答。

①过程：汉朝，法律儒家化开始，儒家知识分子以经注律，还引用儒家经典进行断案；魏晋时期，魏明帝设置律博士，还以亲属之间的尊卑亲疏作为量刑的重要原则，进一步推动法律儒家化；唐朝，制定的《唐律疏议》，是我国现存最早、最为完整的封建法典，法律儒家化进程基本完成；宋元至明清，历代王朝在法律制定上基本沿袭唐律。

②特点：礼法结合。

【设计意图】本课教学设计以汉朝以后法律的发展为主要内容，对教材第二目和第三目内容进行整合，能够更清楚地看出法律儒家化的发展过程，并得出礼法结合是中华法系的重要特点。

导入学习任务三：礼教的法律化

材料1　先秦至南北朝家训是家训史上的重要时期，经历了形成、发展和成型的过程。中国古代家国一体的社会结构，决定了古代家训重视家庭、家族的传承与发展，将修身、齐家与治国、平天下视为一体。由于训诫者的修养不同、家族的家风不同，训诫内容也有差异。这一时期的家训主要集中于王室或皇室、士人阶层。……由于传统社会家庭、家族结构的稳定性与延续性，先秦至南北朝家训作为一个整体，具有重视血缘亲情，重视读书治学，重视孝悌礼仪，重视仕途，重视家族传承的特点。

——张丽萍《先秦至南北朝家训研究》

材料2　一、德业相劝；二、过失相规；三、礼俗相交；四、患难相恤。

——《吕氏乡约》

材料3　孝顺父母，尊敬长上，和睦乡里，教训子孙，各安生理，毋作非为。

——明太祖"六谕"

材料4　举凡敦孝弟以重人伦，笃宗族以昭雍睦，和乡党以息争讼，重农桑以足衣食，尚节俭以惜财用，隆学校以端士习，黜异端以崇正学，讲法律以儆愚顽，明礼乐以厚风俗，务本业以定民志，训子弟以禁非为，息诬告以全善良，诫窝逃以免株连，完钱粮以省催科，联保甲以弭盗贼，解仇忿以重身命等项……

——《圣祖仁皇帝谕礼部》

教师活动：指导学生阅读教材和材料，梳理汉代以后中国历代教化的发展过程，并指出其主要趋势。

学生活动：阅读材料并结合所学，思考并回答问题。

①过程：汉武帝以后，儒家思想成为主流思想；魏晋南北朝以来，重视家训和基层教化；唐朝，提倡礼治，政府颁布了《大唐开元礼》，是秦汉以来封建礼仪制度的集大成，并推广家训，强化基层教化；宋朝，儒学发展出理学，更加重视基层教化，以乡约教化乡里；明朝后期，乡约改为宣传明太祖的"六谕"，使乡约逐渐带有强制力；清朝，乡约基本延续了明朝的模式，宣讲康熙

帝"圣谕十六条"和雍正帝《圣谕广训》，也常常引用《大清律例》，乡约具有约束力，并与法律合流。

②趋势：教化法律化、普及化。

【设计意图】本课教学设计以汉朝以后教化的发展为主要内容，对教材第二目和第三目内容进行整合，能够更清楚地看出教化法律化、普及化的发展过程，并能和法律儒家化结合，从而得出法律与礼教并用是自西汉起历代王朝的统治手段。

导入学习任务四：法律与礼教并用

材料1　汉家自有制度，本以霸王道杂之。

——《汉书·元帝纪》

材料2　君之养民，五教、五刑焉，去五教、五刑而兴者，未之有也。所以五教育民之安曰：父子有亲，君臣有义，夫妇有别，长幼有序，朋友有信。五教既兴，无有不安者也。民有不循斯教者……五刑以加焉。五刑既示，奸顽敛迹，鳏寡孤独、笃废残疾、力弱富豪安其安，有其有，无有敢犯者，养民之道斯尽矣。

——朱元璋《大诰·民不知报第三十一》

材料3　《大明律例》，一部礼经。礼法立教，出礼入刑。人知守礼，自不非为。非为不作，刑法何拘？

——颜钧《箴言六章》

教师活动：指导学生阅读材料，概括材料体现的共同思想，并结合所学解释这种思想产生的原因。

学生活动：阅读材料，并结合所学，回答问题。

①思想：材料1的"王道"是指仁义、教化，"霸道"是指武力、刑罚；材料2的"教"就是伦理教化，"刑"就是刑罚；材料3的礼教与刑法，概括起来就是法律与教化并用。

②原因：汉代，儒家思想成为主流思想，向政治、法律、文化等各方面渗透，把儒家礼的精神注入法律之中，就出现了法律儒家化；明朝，儒学发展而来的理学成为官方哲学，注重基层教化，将法律内容注入教化中去，就出现了教化法律化。两者具体表现虽有差异，实际上都是礼法结合，法律与教化并用。

【设计意图】本课教学设计通过引用教材中问题与探究的几则材料，结合汉朝法律儒家化和明朝礼教法律化的具体措施与背景，分析法律与儒学结合的原因，加深学生对课文中统治者实行法律与教化并用两种手段的理解。

课堂小结

习近平总书记指出："法律是成文的道德，道德是内心的法律，法律和道德都具有规范社会行为、维护社会秩序的作用。"治理国家、治理社会必须一手抓法治、一手抓德治，既重视发挥法律的规范作用，又重视发挥道德的教化作用，实现法律和道德相辅相成、法治和德治相得益彰。

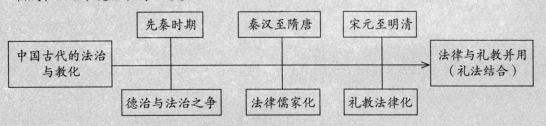

作业拓展

问题："法律是成文的道德，道德是内心的法律。"中国古代法律与教化的发展对于今天的法治与精神文明建设有什么启示？

从国家治理层面来讲，依法治国和以德治国相辅相成，相得益彰。从个人发展角度来看，提升个人道德修养和法律意识也是相辅相成、相得益彰的。把个人发展与国家命运结合起来，才能实现我们的梦想。

 设计反思与讨论

本课教学设计遵循中国古代法律与教化发展的历史逻辑，从先秦时期的德治与法治之争到秦汉以后历代法律与教化的发展，从中提取法律儒家化和礼教法律化两个趋势，最后概括出中华法系礼法结合的特点和法律与教化并用的统治手段。整体架构清晰、立意深远。

本课教学以培养和提高学生的历史学科核心素养为出发点、落脚点，坚持唯物史观的统领，注重时空观念的培养，以材料研读的方式培养学生史料实证、历史解释的能力。通过理论联系实际，使学生体会到我国当前法治和精神文明建设的重要性，提升学生的家国情怀。同时因为历史久远，所以存在史料难找、史料难读等问题。

第 9 课　近代西方的法律与教化

设计思路

《普通高中历史课程标准（2017 年版 2020 年修订）》要求：了解近代西方法律制度的渊源和基本特征，知道宗教伦理在西方社会发展进程中的作用。本课教材由近代西方法律制度的渊源及发展、近代西方法律制度的基本特征、宗教伦理与教化三个子目组成，叙述了近代西方法律制度的渊源及发展历程，总结了近代西方法律制度的基本特征，分析了基督教的宗教伦理的影响。

本课教学设计以近代西方法律与教化在资本主义兴起与发展过程中的作用为主题，以西方古代至近代法律制度和基督教的发展为线索，分为近代西方法律制度的形成过程、近代西方法律制度的基本特征和宗教伦理与西方社会发展三个环节，围绕近代西方法律制度和宗教伦理形成与发展的原因、过程、特征及西方社会的影响展开教学，突出本课主题。

对学生来讲，本课内容基本上是全新的，而且涉及一些法学和宗教方面的专门知识。教师在教学过程中要落实教材的基础知识，同时还需要补充一定的史料，激发学生的学习兴趣，发展学生的历史思维能力，全面提升学生的历史学科核心素养。

教学目标

1. 通过对西方法律制度和宗教伦理发展进程的梳理，形成较为完整和清晰的历史时空序列。

2. 通过对西方法律制度在古罗马、中古时期和近代发展的分析，解释近代西方法律制度确立的原因及作用。

3. 通过阅读教材和典型史料，归纳近代西方法律制度的基本特征，并能补充相应的史实说明近代西方法律制度的性质及作用。

4. 通过对中古时期基督教伦理和宗教改革后新教伦理作用的比较分析，学会历史地、辩证地看问题。

5. 通过对近代西方法律制度与宗教伦理发展过程及作用的分析，结合中国古代法律与教化的发展，树立为当今中国法治和精神文明建设做贡献的理想，培育学生的家国情怀。

重点难点

1. 重点：近代西方法律制度的渊源和基本特征。

2. 难点：西方宗教伦理的教化作用和社会影响。

教学活动过程

导入 ❯❯❯ -

教师展示材料：

材料 1

《新教伦理与资本主义精神》封面　　　　　　马克斯·韦伯（1864—1920）

材料 2　在所有的数种宗教并存的国度，只要稍稍看一下其职业人群的统计数据，就会发现这样一种状况：工商界领导人、资本拥有者、近现代企业中的高级技术工人，尤其是受过高等技术培训和商业培训的管理人员，绝大多数都是新教徒，很少有例外……除了德国，根据统计数据，天主教与新教之间这一显著差距在其他地区也广泛存在。

——马克斯·韦伯《新教伦理与资本主义精神》

要求学生根据材料提取观点，并结合所学谈谈自己的看法。思考促进资本主义发展的因素还有哪些？法律又起到怎样的作用呢？

【设计意图】从经典名著和知名观点导入新课，既能引发学生深度的思考，又能切合本课的主题。

导入学习任务一：近代西方法律制度的确立过程

（1）**渊源：罗马法**
材料1

《十二铜表法》在罗马颁布时人们围观的情形

材料2　市民法与万民法有别，任何受制于法律和习惯的民族都部分适用自己特有的法律，部分则适用全人类共同的法律。每一民族专为自身治理制定的法律，是这个国家所特有的，叫作市民法，即该国本身特有的法。至于出于自然理性而为全人类制定的法，则受到所有民族的同样尊重，叫作万民法，因为一切民族都适用它。

——查士丁尼《法学总论：法学阶梯》

教师活动：指导学生阅读材料，结合所学，列举罗马法的主要成就，并分析罗马法为什么会成为近代西方法律制度的渊源。

学生活动：阅读教材和材料，思考分析。

①成就：《十二铜表法》是古罗马第一部成文法；《罗马民法大全》古罗马法律的最高成就。

②原因：古罗马统治区域大，存在时间长；古罗马法律制度完善，体系完整；部分罗马法的制定出于自然理性，适合所有民族。

（2）**基础：日耳曼法、教会法、普通法**
教师活动：指导学生阅读教材，列表整理比较中古时期西方法律发展的概况，并思考它们与罗马法及近代西方法律制度的关系。

学生活动：阅读教材，结合所学，填写中古时期欧洲的法律。

中古时期欧洲的法律

法律类别	制定者	法律依据	适用范围	关系及影响
日耳曼法	日耳曼王国	部落习惯法、罗马法	日耳曼国内的日耳曼人	它们或多或少地保存了罗马法的内容和法律精神，为近代西方法律的兴起奠定了基础
教会法	罗马天主教会	基督教神学	教会及许多世俗事务	
罗马法	古罗马	罗马法	欧洲国家	
普通法	英　国	习惯法、法官审判	全国普遍适用	

（3）确立与发展：英美法系、大陆法系

材料3

英国《权利法案》　　　　　　　　　《法国民法典》书影

材料4　1688年，发生"光荣革命"，革命成果获得巩固。1689年，英国议会通过《权利法案》，扩大议会权力，限制王权；1701年又通过《王位继承法》，规定此后国王不得为天主教徒，也不能与天主教徒结婚。"光荣革命"后，英国君主立宪制逐步形成……1789年7月14日，法国民众攻占了象征专制的巴士底狱，法国大革命由此爆发。革命猛烈冲击了专制制度，资产阶级控制的制宪议会逐渐掌握了政权。8月，议会颁布了《人权与公民权宣言》，即《人权宣言》，明确提出了人权、自由、平等、法治、人民主权和保护私有财产等原则。1791年，议会颁布宪法，确立新制度的基本框架。

——《中外历史纲要（下）》

材料5　英美法系以判例法为主要法律渊源，以遵循先例为基本原则；法官的地位突出，当无先例可循时，法官可以创立先例，也可以对先例作出新的解释。因此，英美法系国家的法律也被称为"法官制定的法律"。英美法系主要涵盖英国、美国、加拿大、澳大利亚、印度等国家和地区。

大陆法系以成文法为主要法律渊源，强调宪法的根本法地位，法律体系比较完整，一般不承

认判例的效力；明确立法和司法的分工，法官的作用不太突出。大陆法系国家的代表是法国、德国、意大利、日本等。

——《历史 选择性必修 1·国家制度与社会治理》

教师活动：指导学生根据材料，结合书本，思考英法资产阶级革命与法律制度建立的关系，并比较英美法系和大陆法系的异同。

学生活动：阅读教材和材料，概括回答。

关系：英法资产阶级革命推动了两国资产阶级法律制度的确立和发展完善；资产阶级法律制度巩固和捍卫了资产阶级革命的成果。

相同点：都是近代西方资产阶级的法律；都与罗马法有着或多或少的联系；都受到中古时期日耳曼法、教会法的影响。

不同点：英美法系更多地继承了日耳曼人的法律，有遵循先例原则的特点，法官在审判中权力较大，注重法官的作用，从英国扩展到美国等国家；法国更多地受到了罗马法复兴运动的影响，法律体系比较完备，条文严谨，法官必须按照法律条文审判，从法国扩展到德国等国家。

【设计意图】本课教学主要是梳理近代西方法律制度确立过程，一方面继承了西方古代和中古时期法律的传统，另一方面是近代资产阶级革命的成果，并随着资本主义世界体系的形成扩展到世界其他地区。从中可以得出本课的主题：近代西方法律制度是资本主义发展的产物，同时也顺应了资本主义的发展。

导入学习任务二：近代西方法律制度的基本特征

材料 1　陪审团制度最早可以追溯到古希腊罗马时期，但当时只适用于奴隶主和自由民。古代的日耳曼人也留有"同侪裁决"的遗风。11 世纪，英国确立了陪审团制度。陪审团在法庭上聆听证据，就事实作出决定；法官决定法律问题，判断某项证据是否可以被引入审判。律师制度的起源也可以追溯到罗马时期。资产阶级革命后，各国纷纷颁布法律，支持被告自己或聘请律师辩护。1878 年德国颁布的《国家律师法》，奠定了近代律师制度的基础。

——《历史 选择性必修 1·国家制度与社会治理》

材料 2　1764 年 7 月，意大利人贝卡里亚提出：在法官判决之前，一个人是不能被称为罪犯的。只要还不能断定他已经侵犯了给予他公共保护的契约，社会就不能取消对他的公共保护。

——贝卡里亚《论犯罪与刑罚》

材料 3　法律始终把它的作者的世界图景包含在抽象的形式中，而每一历史的世界图景都包含一种政治——经济的倾向，这种倾向依据的不是这个人或那个人所想的事物，却依据的是事实上掌握政权并因之掌握立法的阶级所实际打算造成的事物。每一种法律都是由一个阶级以大多数的名义建立起来的。

——斯宾格勒《西方的没落》

材料4　在西方社会秩序的构成诸元中，具有毋庸置疑重要地位的无疑是法律和行政机关的理性结构。因为近代的、理性的资本主义不仅需要便于组织劳动生产的可计算的技术手段，而且需要一个可靠且可供信赖的法律制度以及照章办事的行政机关。没有这种类型的法律和行政，冒险性的和投机性的资本主义以及各种受政治制约的资本主义也可以产生并存在下去，但是，现在广泛存在并早已成为西方资本主义重要构成的私人经济领域却不可能生存下去，原因前已述及：缺乏保障。

——马克斯·韦伯《新教伦理与资本主义精神》

教师活动：指导学生阅读材料与教材，分组讨论，归纳近代西方法律制度的基本特征，并作简要的评价。

学生活动：阅读材料和教材，小组讨论，回答问题。

①基本特征：在国家权力结构层面上，坚持分权和制衡原则；在法律内容上，注重保护个人权利；在司法实践层面上，强调程序公正和无罪推定。

②评价：近代西方法律制度是资产阶级的法律制度。它继承了罗马法的传统，融合了启蒙运动的思想主张，体现了资产阶级的要求，有利于维护资产阶级的统治，促进资本主义的发展；同时存在着许多局限性，它确认了私有财产制度，法律地位高低通常由个人财产的多少来决定，并且对个人权利的认定也有逐渐改进的过程。

【设计意图】通过阅读课本正文及四则材料，学生对近代西方法律制度的特征有比较全面的了解，然后通过课堂讨论和探究，深入理解近代西方法律制度的性质及其影响，从而进一步深化本课的主题。

导入学习任务三：宗教伦理与西方社会发展

（1）中古时期的基督教伦理

材料1　中世纪完全是从野蛮状态发展而来的，它把古代文明、古代哲学、政治和法学一扫而光。它从古代世界接受的唯一事物就是基督教和一些残破不全而且丧失文明的城市。其结果，僧侣获得了知识教育的垄断地位，教育渗透了神学的性质。在僧侣手中，政治和法学同其他一切科学一样，不过是神学的分支，一切都按照神学中适用的原则来处理。教会的教条同时就是政治信条，圣经词句在各个法庭都具有法律效力。

——恩格斯《德国农民战争》

材料2　基督教宣扬"十诫"：1.除耶和华（上帝）外不可信仰别的神；2.不可造、拜偶像；3.不可妄称耶和华的名；4.当受安息日为圣日；5.当孝敬父母；6.不可杀人；7.不可奸淫；8.不可偷盗；9.不可做假证；10.不可贪恋他人的财物。

——范立民《基督教与中世纪教育》

教师活动：指导学生阅读材料及课文，历史地、辩证地分析基督教在中古时期欧洲发挥的作用。

学生活动：根据材料结合课文，思考并回答问题。

①总体：中古时期，基督教渗透欧洲社会的各个方面，对欧洲的政治、经济、文化和社会生活等各个方面产生了重要影响。

②积极影响：保存了一些宝贵的古典文化；促进教育文化事业的发展；规范人们的言行习惯和道德品行，具有一定的社会教化作用；推动了西方法律的发展。

③消极影响：强化了教会对人们的控制；禁锢了人们的思想；束缚了人性的发展。

（2）宗教改革后的新教伦理

材料3　路德战胜了虔信造成的奴役制，是因为他用信念造成的奴役制代替了它。他破除了对权威的信仰，是因为他恢复了信仰的权威。他把僧侣变成了世俗人，是因为他把世俗人变成了僧侣。他把人从外在的宗教笃诚解放出来，是因为他把宗教笃诚变成了人的内在世界。他把肉体从锁链中解放出来，是因为他给人的心灵套上了锁链。

——马克思《〈黑格尔法哲学批判〉导言》

材料4　禁欲主义强烈谴责把追求财富作为其行为的目的本身；但是，如果这种财富的获得是在履行天职的劳动中结出的果实，那么它就成为上帝赐福的象征。更为重要的是：在一项世俗天职中不辞劳苦、锲而不舍地系统劳动，会赢得这样的宗教评价——它是践行禁欲主义最高级别的方法，同时也是获得新生和笃信天主最为确凿而显著的证明；对于我们称之为资本主义精神的生活态度而言，这种宗教评价对它的发展壮大必定起到了无与伦比的杠杆作用。……比起仅仅鼓励资本积累的作用，更为重要的意义在于，它有助于培育一种理性的资产阶级经济生活。

——马克斯·韦伯《新教伦理与资本主义精神》

材料5　文艺复兴和人文主义的特点是"我怎么做就怎么说"，它们要尽可能地把基督教的神圣理想拉回到人间来，让它多一点儿人情味儿。但是宗教改革运动却恰恰相反，它主张"我怎么说就怎么做"，主张真正地弘扬基督教的圣洁理想，坚持一种信仰主义的高端路线。

——赵林《基督教与西方文化》

教师活动：指导学生阅读教材与课文，分析新教伦理对资本主义发展的影响。

学生活动：根据材料结合课文，思考并回答问题。

①积极影响：反映了资产阶级政治、经济诉求，鼓励人们追求财富，反对奢侈浪费，有利于资本原始积累；尊重人和人性，促进思想解放，为资本主义的发展提供精神武器。

②消极影响：仍然坚持基督教的基本教义，继续麻醉人们的思想；排斥其他教派，引起宗教冲突，造成宗教迫害。

（3）如何看待新教与旧教在资本主义发展中的作用

教师活动：介绍不同的学术观点，指导学生用历史的、辩证的观点分析问题。

学生活动：相互讨论，畅所欲言。

天主教和新教都是当时社会经济基础的反映，都在不同历史时期顺应了当时社会的发展，从而在一定程度上促进了历史的进步；同时，它们也都存在严重的历史局限性。

【设计意图】先是通过对中古时期基督教和宗教改革后新教伦理的作用进行具体分析，然后进一步比较两者作用的异同点，从而使学生学会历史地、辩证地分析西方宗教伦理在社会发展中的作用，进一步深化本课主题。

课堂小结

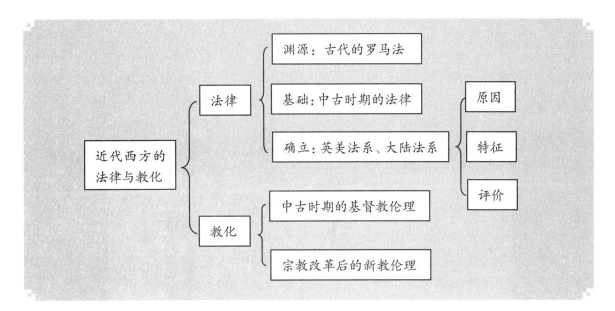

作业拓展

问题：每个国家都有自己的法律制度，中国古代有中华法系，近代西方有英美法系和大陆法系，结合所学内容，谈谈当今如何建设中国特色社会主义法治体系。

运用本课和上一课的学习内容，解决当前的实际问题，培养学生用唯物史观分析解决问题的能力，培育学生的家国情怀，既升华了本课的主题，又为下一课时的学习做了铺垫。

 设计反思与讨论

本课教学设计以近代西方法律制度和宗教伦理对资本主义发展的作用为主题，因此重点突出近代西方资产阶级革命与法律制度形成的关系、近代西方法律制度的基本特征及新教伦理的作用等相关内容，同时又要兼顾古代罗马法、中古时期法律和宗教伦理等内容，因为它们不仅对近代西方法律制度和新教伦理发展产生影响，而且也推动了当时社会的发展进步。这可能会造成课堂容量过大，课时紧张等问题。

　　本课教学设计注重培养和提高学生的历史学科核心素养，用唯物史观历史地、辩证地分析近代西方法律制度和宗教伦理的作用，按时空序列整理西方法律制度和宗教伦理的发展线索，以教材提供的史料为主，教师适当补充或由学生收集材料，归纳近代西方法律制度的基本特征，并解释其性质和作用，培养学生史料实证、历史解释素养，把古代、近代中西方法律和教化的发展与当今中国的法治建设和精神文明建设相结合，使学生体会到我国当前法治建设和精神文明建设的重要性，培育学生的家国情怀。具体到学生个体，由于基础、能力和觉悟的差异，历史学科的核心素养可能无法全部落实。

第10课　当代中国的法治与精神文明建设

设计思路

《普通高中历史课程标准（2017年版2020年修订）》要求：了解当代中国的法治建设和精神文明建设成就。本课教材由新中国的法治建设进程、社会主义精神文明建设两个子目组成，叙述了新中国的法治建设历程和社会主义精神文明建设的突出成就，较详细地介绍了全面依法治国和社会主义核心价值观等内容，凸显其重要性。

本课教学设计以法治建设和精神文明建设不可偏废为主题，以新中国的法治建设和精神文明建设进程为线索，分别设计改革开放前法制初创与精神传承、新时期"两手抓、两手都要硬"和新时代"五位一体""四个全面"这三个中心环节。在突出新中国法治与精神文明建设逐渐发展并取得的重大成就的同时，分析两者之间以及与其他建设的关系，凸显本课主题。

本课内容学生在初中和高一学习中有所了解，而且与社会现实和学生实际联系比较紧密，学生对部分内容比较熟悉，但没有形成新中国法治与精神文明建设发展进程的完整线索，不能充分认识到两者的关系及对整个社会主义现代化建设的重大意义，也就无法认识到自己在其中的责任与使命。

教学目标

1. 通过对当代中国法治与精神文明建设发展过程的梳理，形成较为完整和清晰的历史时空序列。

2. 通过对当代中国法治与精神文明建设成就的分析，用唯物史观解释两者之间以及与社会主义现代化建设的关系。

3. 通过社会实践，鼓励学生收集所在社区当代中国法治与精神文明建设的相关史料，并在课堂上进行展示，提升其史料实证素养，增强认同感，培育家国情怀。

重点难点

1. 重点：当代中国法治建设与精神文明建设的历程与成就。

2. 难点：当代中国法治建设与精神文明建设的相互关系及重要性。

教学活动过程

 导入 ▶▶▶ --

教师展示材料：

材料1

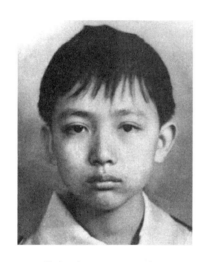 

赖宁（1973—1988）　　　　　　　《中华人民共和国未成年人保护法》
（1991年颁布，2020年修订）

材料2　扑灭山火的小英雄——赖宁。

——《100位新中国成立以来感动中国人物》

材料3　第一条　为了保护未成年人身心健康，保障未成年人合法权益，促进未成年人德智体美劳全面发展，培养有理想、有道德、有文化、有纪律的社会主义建设者和接班人，培养担当民族复兴大任的时代新人，根据宪法，制定本法。

——《中华人民共和国未成年人保护法》（2020年修订）

要求学生根据材料，就如何发扬赖宁精神与未成年人保护谈谈自己的看法。

【设计意图】通过少年英雄赖宁可以拉近学生与本课学习内容的距离，通过学生对如何发扬赖宁精神与保护未成年人两者之间关系的思考导入本课学习，引发学生对如何处理好法治建设与精神文明建设关系问题的思考，比较切合本课主题。

导入学习任务一：改革开放前的法制和精神文明建设

（1）改革开放前法制建设的成就

材料1

中国人民政治协商会议第一届全体会议会场

材料2　土地改革，是以反封建为基本任务之一的新民主主义革命的一个基本内容。它的根本目的，是将封建剥削的土地所有制，改变为农民的土地所有制，以解放农村的生产力，为国家的工业化开辟道路。

——1950年6月30日《人民日报》社论《为实现全中国土地改革而斗争》

材料3

第一届全国人民代表大会第一次会议的代表举手表决

教师活动：指导学生阅读材料，结合教材，列举20世纪50年代我国法制建设取得的成就，并分析其主要意义。

学生活动：阅读教材和材料，整理分析。

①成就：1949年中国人民政治协商会议第一届全体会议通过了《中国人民政治协商会议共同纲领》等法律文件；1950年制定了《中华人民共和国婚姻法》《中华人民共和国土地改革法》等法律；1954年第一届全国人民代表大会第一次会议制定了《中华人民共和国宪法》《中华人民共和国国务院组织法》《中华人民共和国人民法院组织法》《中华人民共和国人民检察院组织法》等法律。

②意义：中国人民政治协商会议第一届全体会议开始了中华人民共和国法治建设的历程；《中华人民共和国土地改革法》等法律把人民从封建制度的束缚中解放出来，为巩固人民政权、恢复国民经济及开展工业化建设扫除了障碍；《中华人民共和国宪法》等法律初步创立了中国社会主义法制，确立了社会主义中国的政治制度、立法制度、司法制度，初步奠定中国法治建设的基础。

（2）改革开放前的时代精神

材料4

《人民日报》刊登的"双百"评选活动公告

材料5　20世纪60年代初，大庆工人吃大苦，耐大劳，坚持"三老四严""四个一样"（即对待革命事业，要当老实人，说老实话，办老实事。对待工作，要有严格的要求、严密的组织、严肃的态度、严明的纪律。对待革命工作要做到：黑天和白天一个样，坏天气和好天气一个样，领导不在场和领导在场一个样，没有人检查和有人检查一个样）和"爱国、创业、求实、奉献"的精神风貌，出色地完成石油会战，摘掉了中国贫油的帽子。

——《中外历史纲要（上）》

教师活动：指导学生阅读课文与材料，根据课前收集的资料，评选改革开放前让你感动的英雄模范，概括那个年代的时代精神并简要说明其意义。

学生活动：展示自己收集的资料，介绍英雄模范的生平事迹，归纳其精神。

①人物：王进喜、焦裕禄、雷锋、李四光、钱学森、邓稼先、华罗庚等。

②精神：自力更生、艰苦奋斗、奋发图强、无私奉献、崇尚劳动、敬业守信、精益求精、敢于创新等。

③意义：极大地激发了全国人民的热情和干劲；促使我国的现代化建设取得伟大成就；至今仍然有激励作用。

（3）改革开放前法制和精神文明建设出现的问题

材料6

三面红旗宣传画

材料7　种种历史原因又使我们没有能把党内民主和国家政治社会生活的民主加以制度化、法律化，或者虽然制定了法律，却没有应有的权威……对于党和国家肌体中确实存在的某些阴暗面，当然需要作出恰当的估计并运用符合宪法、法律和党章的正确措施加以解决，但决不应该采取"文化大革命"的理论和方法。在社会主义条件下进行所谓"一个阶级推翻一个阶级"的政治大革命，既没有经济基础，也没有政治基础。它必然提不出任何建设性的纲领，而只能造成严重的混乱、破坏和倒退。

——《中国共产党中央委员会关于建国以来党的若干历史问题的决议》

教师活动：指导学生根据材料，并结合所学，指出改革开放前我国的社会主义建设出现了哪些错误，从中可以得到什么启示。

学生活动：阅读教材和材料，概括回答。

①表现：出现了"大跃进"、人民公社化运动、"文化大革命"这样的错误，使我国的社会主义建设经历了严重曲折。

②启示：健全社会主义民主；加强社会主义法制；坚持以经济建设为中心；遵循客观的经济规律。

【设计意图】改革开放前我国社会主义建设取得的伟大成就，当然离不开法制的保障和全国人民的努力奋斗，同时改革开放前我国的社会主义建设也经历了严重曲折，这也与当时法制不健全以及过于强调精神作用有关。本课的教学设计正是从正反两方面说明了法制建设和精神文明建设的重要性。

导入学习任务二：改革开放后至中共十八大前的法治和精神文明建设

（1）法治建设历程

材料 1

中共十一届三中全会通过会议公报

材料 2 为了保障人民民主，必须加强社会主义法制，使民主制度化、法律化，使这种制度和法律具有稳定性、连续性和极大的权威，做到有法可依，有法必依，执法必严，违法必究。从现在起，应当把立法工作摆到全国人民代表大会及其常务委员会的重要议程上来。检察机关和司法机关要保持应有的独立性；要忠实于法律和制度，忠实于人民利益，忠实于事实真相；要保证人民在自己的法律面前人人平等，不允许任何人有超于法律之上的特权。

——《中国共产党第十一届中央委员会第三次全体会议公报》

材料 3

中国共产党第十五次全国代表大会会场

材料 4 发展民主必须同健全法制紧密结合，实行依法治国。依法治国，就是广大人民群众在党的领导下，依照宪法和法律规定，通过各种途径和形式管理国家事务，管理经济文化事业，管理社会事务，保证国家各项工作都依法进行，逐步实现社会主义民主的制度化、法律化，使这种制度和法律不因领导人的改变而改变，不因领导人看法和注意力的改变而改变。依法治国，是党领导人民治理国家的基本方略，是发展社会主义市场经济的客观需要，是社会文明进步的重要标志，是国家长治久安的重要保障。党领导人民制定宪法和法律，并在宪法和法律范围内活动。依法治国把坚持党的领导、发扬人民民主和严格依法办事统一起来，从制度和法律上保证党的基本路线和基本方针的贯彻实施，保证党始终发挥总揽全局、协调各方的领导核心作用。

——《中国共产党第十五次全国代表大会报告》

教师活动：指导学生阅读教材和材料，列举 1978—2010 年中国法治建设的主要成就，并比较"建设社会主义法制国家"与"建设社会主义法治国家"的区别。

学生活动：阅读材料与课文，思考并回答问题。

①成就：1978 年中共十一届三中全会提出加强社会主义法制建设；1982 年通过了《中华人民共和国宪法》，在此前后，还制定了《中华人民共和国刑法》《中华人民共和国经济合同法》等一批基本法；1997 年中共十五大提出"依法治国，建设社会主义法治国家"；1999 年和 2004 年，《中华人民共和国宪法修正案》先后将"依法治国，建设社会主义法治国家"和"国家尊重和保障人权"写入宪法；到 2010 年底，中国特色社会主义法律体系形成。

②区别：法制是法律制度的简称，任何国家都存在法制，建设社会主义法制国家就是要建立完备的法律制度，使各项工作都法律化、制度化；法治是法律统治的简称，相对于人治而言，只存在于民主国家，建设社会主义法治国家要求一个国家任何机关、团体和个人都严格遵守法律和依法办事，强调法律的至上性、权威性和强制性。

（2）精神文明建设历程

材料5　开展爱国主义教育的目的，是要振奋民族精神，增强民族凝聚力，树立民族自尊心和自豪感，巩固和发展最广泛的爱国统一战线，把人民群众的爱国热情引导和凝聚到建设有中国特色的社会主义伟大事业上来，引导和凝聚到为祖国的统一、繁荣和富强作贡献上来，做有理想、有道德、有文化、有纪律的社会主义公民，为实现四化、振兴中华的共同理想团结奋斗。

——《爱国主义教育实施纲要》（1994 年）

材料6　发展社会主义市场经济有利于解放和发展社会主义社会的生产力，增强社会主义国家的综合国力，提高人民的生活水平，也有利于增强人们的自立意识、竞争意识、效率意识、民主法制意识和开拓创新精神，使社会主义的优越性进一步发挥出来。同时，市场自身的弱点和消极方面也会反映到精神生活中来。建立和完善社会主义市场经济体制，必须紧密结合改革和发展的实践，健全社会主义法制，加强精神文明建设，引导人们正确处理竞争和协作、自主和监督、效率和公平、先富和共富、经济效益和社会效益等关系，反对见利忘义、唯利是图，形成把国家和人民利益放在首位而又充分尊重公民个人合法利益的社会主义义利观，形成健康有序的经济和社会生活规范。

——《中共中央关于加强社会主义精神文明建设若干重要问题的决议》（1996 年）

教师活动：指导学生阅读材料，结合课文，列举新时期到中共十八大前我国精神文明建设的主要成就。

学生活动：阅读课文，回答问题。

1982 年中共十二大提出我国在建设社会主义物质文明的同时，加强社会主义精神文明建设；20 世纪 80 年代中共中央颁布加强社会主义精神文明建设指导方针的决议，"五讲四美三热爱"成为群众性精神文明建设最响亮的口号；20 世纪 90 年代，我国开展创建文明城市、文明村镇、文明行业为主要内容的三大系列创建活动；1994 年，颁布《爱国主义教育实施纲要》《关于进一步加强和改进学校德育工作的若干意见》，把爱国主义教育作为精神文明建设的基础工程；1996 年，通过了《中共中央关于加强社会主义精神文明建设若干重要问题的决议》；2001 年，颁布《公民道德建设实施纲要》，从以德治国的高度进一步规划思想道德建设；2006 年，第一次提出建设社会主义核心价值体系的战略任务；2007 年中共十七大提出"社会主义核心价值体系是社会主义意识形态的本质体现"。

（3）"两手抓、两手都要硬"

材料 7 民主和法制，这两个方面都应该加强。要制定一系列法律，这是建立安定团结的政治局面的必要保障。民主要坚持下去，法制要坚持下去。这好像两只手，任何一只手削弱都不行。

———邓小平《民主和法制两手都不能削弱》（1979 年）

材料 8 搞四个现代化一定要有两手，只有一手是不行的。所谓两手，即一手抓建设，一手抓法制。

———邓小平《在中央政治局常委会上的讲话》（1986 年）

材料 9 建国以来我们一直在讲艰苦创业，后来日子稍微好一点，就提倡高消费，于是，各方面的浪费现象蔓延，加上思想政治工作薄弱、法制不健全，什么违法乱纪和腐败现象等等，都出来了。我对外国人讲，十年最大的失误是教育，这里我主要是讲思想政治教育，不单纯是对学校、青年学生，是泛指对人民的教育。

———邓小平《在接见首都戒严部队军以上干部时的讲话》（1989 年）

材料 10 要坚持两手抓，一手抓改革开放，一手抓打击各种犯罪活动。这两只手都要硬。打击各种犯罪活动，扫除各种丑恶现象，手软不得。

———邓小平《在武昌、深圳、珠海、上海等地的谈话要点》（1992 年）

教师活动：指导学生阅读材料与课文，分析邓小平"两手抓，两手都要硬"思想的具体表现并概括其内涵，谈谈法制和精神文明建设两者的关系。

学生活动：根据材料与课文，讨论发言。

①表现：一手抓民主建设，一手抓法制建设；一手抓改革开放，一手抓打击各种犯罪尤其是经济犯罪；一手抓经济建设，一手抓教育特别是思想政治教育；一手抓经济建设，一手抓法制和精神文明建设。

②内涵：在建设物质文明的同时，加强精神文明建设。

③关系：法制建设同精神文明建设必须紧密结合，同步推进。

【设计意图】在改革开放后至中共十八大前，中国法治和精神文明建设更加制度化和系统化，成就也更加突出，是本课的重点内容之一。本课教学设计中，以"两手抓、两手都要硬"为主题，补充一些材料，使学生对法治和精神文明建设的重要性及两者的关系和取得的成就有了更深刻的认识。

导入学习任务三：中共十八大以来的法治和精神文明建设

（1）全面依法治国

材料1 依法治国，是坚持和发展中国特色社会主义的本质要求和重要保障，是实现国家治理体系和治理能力现代化的必然要求，事关我们党执政兴国，事关人民幸福安康，事关党和国家长治久安。

——《中共中央关于全面推进依法治国若干重大问题的决定》（2014年）

材料2 我宣誓：忠于中华人民共和国宪法，维护宪法权威，履行法定职责，忠于祖国、忠于人民，恪尽职守、廉洁奉公，接受人民监督，为建设富强民主文明和谐美丽的社会主义现代化强国努力奋斗！

——《宪法宣誓誓词》

材料3

《中华人民共和国民法典》

教师活动： 指导学生阅读材料与课文，分析新时代全面依法治国的措施及取得的重大成就。

学生活动： 阅读材料与课文，思考并回答问题。

①措施：坚持党的领导；加强依宪治国；完善立法、执法、司法、守法各个环节；提出科学立法、严格执法、公正司法、全民守法的方针。

②成就：2018年第十三届全国人大第一次会议通过的《中华人民共和国宪法修正案》，把

习近平新时代中国特色社会主义思想载入国家的根本大法；2020年第十三届全国人大第三次会议通过的《中华人民共和国民法典》，是新中国第一部以法典命名的法律，在法律体系中居于基础性地位。

（2）社会主义核心价值观

材料4

社会主义核心价值观海报

材料5　习近平总书记对黄大年的先进事迹作出重要指示，他强调，我们要以黄大年同志为榜样，学习他心有大我、至诚报国的爱国情怀，学习他教书育人、敢为人先的敬业精神，学习他淡泊名利、甘于奉献的高尚情操，把爱国之情、报国之志融入祖国改革发展的伟大事业之中，融入人民创造历史的伟大奋斗之中，从自己做起，从本职岗位做起，为实现"两个一百年"奋斗目标、实现中华民族伟大复兴的中国梦贡献智慧和力量。

——《历史 选择性必修1·国家制度与社会治理》

教师活动：指导学生阅读材料与课文，列表整理社会主义核心价值观形成的过程、内涵及意义。

学生活动：阅读教材，填写表格——社会主义核心价值观。

社会主义核心价值观

形成过程	2006年中共十六届六中全会第一次提出建设社会主义核心价值体系的战略任务
	2007年中共十七大提出社会主义核心价值体系是社会主义意识形态的本质体现
	2012年中共十八大提炼、概括、形成社会主义核心价值观
内涵	国家层面的价值目标：富强、民主、文明、和谐
	社会层面的价值取向：自由、平等、公正、法治
	个人层面的价值准则：爱国、敬业、诚信、友善
意义	是当代中国精神的集中体现，凝结着全体人民共同的价值追求；
	涌现出杨善洲、黄大年等一大批全国道德模范；
	为实现中华民族伟大复兴的中国梦凝聚起强大的精神力量

（3）"五位一体""四个全面"

材料6　"五位一体"总体布局，即建设中国特色社会主义的总体布局，是经济建设、政治建设、文化建设、社会建设、生态文明建设五位一体。

"四个全面"战略布局，即建设中国特色社会主义的战略布局，是全面建成小康社会、全面深化改革、全面依法治国、全面从严治党。

——《中外历史纲要（上）》

材料7 这个新时代，是承前启后、继往开来、在新的历史条件下继续夺取中国特色社会主义伟大胜利的时代，是决胜全面建成小康社会、进而全面建设社会主义现代化强国的时代，是全国各族人民团结奋斗、不断创造美好生活、逐步实现全体人民共同富裕的时代，是全体中华儿女勠力同心、奋力实现中华民族伟大复兴中国梦的时代，是我国日益走近世界舞台中央、不断为人类作出更大贡献的时代。

——习近平《决胜全面建成小康社会 夺取新时代中国特色社会主义伟大胜利》

教师活动：指导学生阅读材料，结合教材分析新时代依法治国和精神文明建设的相互关系及重要地位。

学生活动：阅读教材与材料，思考回答问题。

关系：法治和精神文明都属于上层建筑，法治属于政治上层建筑，精神文明属于观念上层建筑。全面依法治国是属于政治建设，精神文明建设属于文化建设，都是建设中国特色社会主义总体布局下的组成部分。

地位：依法治国是坚持和发展中国特色社会主义的本质要求和重要保障，是实现国家治理体系和治理能力现代化的必然要求；社会主义精神文明建设是社会主义社会的重要特征，是现代化建设的重要目标和重要保证。

【设计意图】本课教学设计围绕新时代全面依法治国和社会主义核心价值观两个重点内容展开，并结合《中外历史纲要》的"五位一体""四个全面"相关内容，从而形成从改革开放后的"两手抓，两手都要硬"到新时代"五位一体""四个全面"的完整链条，使学生对法治和精神文明建设的相互关系及重要性有了新的认识。

课堂小结

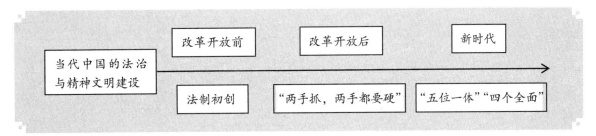

作业拓展

问题：法治和精神文明建设要从每个人做起，从小做起，结合本校实际，谈谈学校应如何加强法治和精神文明建设。

设计反思与讨论

　　本课教学设计以法治建设和精神文明建设不可偏废为主题，以改革开放前、改革开放新时期和新时代三个阶段的法治和精神文明建设为主要内容，对教材内容进行了重组，融入了《中外历史纲要（上）》的相关内容，使学生对新中国的法治和精神文明建设经历了从无到有、从"两手抓，两手都要硬"到"五位一体""四个全面"的过程有了更清晰的认识，对法治和精神文明建设的相互关系及重要作用有了更深刻的认识。

　　本课教学设计注重联系实际，收集的史料较为丰富，但更多地突出了教师的主导作用，而学生的主体作用没有充分发挥出来。可以让部分的课堂教学环节变为社会实践，让学生走进社会，通过社会调查等收集相关素材，然后在课堂内外进行展示、汇报、交流、分享。

第四单元　民族关系与国家关系

第11课　中国古代的民族关系与对外交往

 设计思路

《普通高中历史课程标准（2017年版2020年修订）》要求：了解中国古代的民族政策和边疆管理制度，认识中国作为统一的多民族国家的发展历程，以及中国古代处理对外关系的机制。根据课标要求，结合教材的框架，教学过程开展的前提是确定本课的教学立意，概括如下：

因本课内容容量较大且纵向跨度很大，故将本课分为古代的民族关系和对外关系两个篇章，分别采取比较新颖的两个角度切入来统领教学。第一篇章通过气候变化影响民族关系这样一个全新的视角阐释古代民族关系的发展演变，但不局限于气候这个单一的思路，认识古代王朝处理民族关系的智慧和国家治理水平的提升能突破气候这个单一思路的限制，有利于形成中华民族命运共同体。充分利用历朝疆域图，重要的措施、机构直接在地图上按大致方位注明，强化学生的空间概念。第二篇章拟从传统的夷夏观切入来探讨其内容，引导学生认识在这一观念影响下，古代中国逐渐建立起一套基于自身对世界认识基础之上的对外交流制度——朝贡制度。

✎ 教学目标

1. 了解秦汉时期国家对少数民族地区的管理政策，认识处理民族关系对"大一统"局面的影响。

2. 了解隋唐时期中央的民族政策，认识隋唐时期开明的民族政策对统一的多民族国家发展的影响，培养学生的家国情怀。

3. 了解明清时期的民族政策，认识其对进一步巩固统一的多民族国家的意义。

4. 了解不同时期中国对外政策的相关史实，认识中国对外体制的变化，理解对外政策的变化与国家发展的关系。

重点难点

　　1.重点：历代王朝对少数民族的管理政策和不同时期对外交往的史实。

　　2.难点：民族关系的处理与统一的多民族国家发展之间的关系；认识中国古代对外体制的发展。

 教学活动过程

 导入 ▶▶▶ ‒‒‒

　　教师活动：出示何尊及其内底铭文图片。

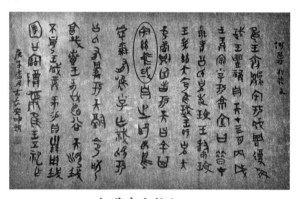

何尊　　　　　　　　　　　　何尊内底铭文

　　教师活动：何尊作为中国首批禁止出国（境）展览文物、国家一级文物，是西周早期一个名叫何的宗室贵族铸造的祭器。在何尊内底有铭文12行122字，记述了周成王继承周武王遗志营建成周（今河南洛阳）之事。引导学生识别图中圈出来的铭文（宅兹中国）。

　　学生活动：观察图片，思考回答。

　　教师活动："中国"的概念虽然是近代才出现的，但"中国"一词在三千多年前就已经出现了，这里"宅兹中国"就是"中国"一词最早的文字记载。中国这个民族国家是如何发展演变的呢？在这个过程中我们是如何处理民族关系和对外关系的呢？今天，就让我们一起来学习。

　　【设计意图】利用文物图片导入，能较快地吸引学生，激发他们的学习兴趣，同时培养他们的史料实证意识。

　　教师活动：近年来，学术界越来越重视从天地生（天文、地理、生物）综合研究视角来解读历史。著名历史地理学家蓝勇教授认为，一到历史上的寒冷时期，北方游牧地区往往会发生草荒等各种灾荒，使人们难以生存下去。在这种情形下，游牧民族往往利用自己强悍善战的优势，趁中原地区内乱贫弱时，南下向农耕民族进攻，争夺财富和更有利于生存的地盘。出示材料，过渡到学习任务一。

材料1　特别是西周后期，大寒、大旱不断，有的地方发生封冻、河川枯竭。在这种环境压力下，北方游牧戎狄民族纷纷南下，对西周王朝的压力特别大，所谓"王事多难"。到了周宣王时，西戎败周于千亩。到了平王时，只有"东迁洛邑，避戎寇"。到春秋时期，北方游牧民族更是大批南下，形成"南夷与北狄交侵"的局面。

——摘编自赵文林《从中国人口史看人口流动律》

导入学习任务一：秦汉时期的民族关系

教师活动：出示秦朝疆域图。

教师活动：引导学生观察图片，思考从边疆来看，秦的威胁主要来自哪个方向。

学生活动：观察图片，思考回答。

秦的威胁主要来自北方匈奴。

教师活动：引导学生回答秦应对匈奴威胁采取的措施并将相关措施在疆域图上的相应方位标出。

学生活动：阅读教材回答，将措施呈现在地图中。

北击匈奴，收回河套地区。

教师活动：出示材料。

材料1　秦汉时期，因为统一多民族国家建设的需要，具体到操作层面，就是在汉族之外的圈层，将边疆的"夷"纳入统一的多民族中国国家疆域。

——谢翔《中国古代民族思想与处理族际关系的智慧研究》

教师活动：引导学生结合教材，思考秦朝将南方之"夷"纳入版图的措施并将相关措施在疆域图上相应方位标出。

学生活动：阅读材料并结合教材回答，将措施呈现在地图中。

南抚夷越，设置行政机构（三郡）。

【设计意图】通过地图识读与材料阅读，培养学生的分析能力，从而总结出秦朝时期的民族关系特征，将相关措施在地图上呈现，培养学生的时空观念素养。

教师活动：出示漠北之战示意图。

漠北之战示意图

教师活动：讲述霍去病"封狼居胥"的故事。引导学生比较秦汉两个朝代在处理与匈奴关系上的主要共同点。

学生活动：思考回答。

战和防。

教师活动：引导学生思考，民族碰撞之后，从治国的长远角度看，中央王朝对边疆地区还要采取的措施。出示材料。

材料2　元鼎元年（公元前116年），张骞再次出使西域，西汉与乌孙联姻成功。元鼎二年（公元前115年），西汉设立酒泉、武威两郡，并移民实边。……元封三年（公元前108年），从票侯赵破奴带属国骑兵及郡兵数万攻姑师、楼兰，破姑师国，俘虏楼兰王。……在河西开设四郡，肃清东西交通的大道后，西汉便开始在西域的中心地带屯田，确定经营西域的根据地。

——郭丽《西汉时期的西域开发及其民族关系》

学生活动：根据材料思考回答，并将相关措施在汉代疆域图相应位置上呈现。

派遣使臣、通婚、设郡县、征伐、屯田、开辟丝绸之路。

【设计意图】教师呈现史料，引导学生分析、理解秦汉时期实行的和亲政策和屯田制度，培养学生史料实证和历史解释核心素养。

教师活动：出示材料，过渡到学习任务二。

材料3　魏晋时期其地"霜""八月大雪""八月大寒"的记载甚多。这个时期，我国沙漠南进，一些城镇消失，丝绸之路南路湮灭……这个时期往往中原自然灾害频繁，天灾人祸相连，这从自然环境上给游牧民族的南下又造成了一个机遇。

——蓝勇《从天地生综合研究角度看中华文明东移南迁的原因》

导入学习任务二：隋唐时期的民族关系

教师活动：出示隋文帝和唐太宗画像图。

隋文帝　　　　　　　　　　唐太宗

教师活动：引导学生阅读教材，从机构设置和治理智慧角度，概括隋唐两代边疆治理的相同点。

学生活动：思考回答。

机构：礼部和鸿胪寺。智慧：因地制宜。

教师活动：出示唐朝疆域图和史料。

材料1　自古帝王虽平定中夏，不能服戎、狄。朕才不逮古人而成功过之，……自古皆贵中华，贱夷、狄，朕独爱之如一，故其种落皆依朕如父母。

——司马光等《资治通鉴》

教师活动：引导学生观察地图，根据材料并结合教材，概括唐朝对各民族采取的管理措施并按照方位落实在地图上。

学生活动：思考回答。

和亲、羁縻府州、都护府、都督府等。

【设计意图】以学生熟悉的"圣人可汗"和"天可汗"切入，吸引学生的兴趣。通过比较教学法，让学生理解隋唐两代处理民族关系的特色。

教师活动：出示材料，过渡到学习任务三。

材料2　公元1200—1300年的寒冷期正是我国的宋辽夏金时期，在这个寒冷期内，内蒙古地区三百年间有13次特大的冻灾，有13年奇寒，远比隋唐时期多……宋代辽的地方政权东丹南迁辽东，其中一个重要的原因便是原居地寒冷异常。

——摘编自周琳《东北气候》

导入学习任务三：宋元时期的民族关系

教师活动：出示北宋、辽、西夏对峙图。

教师活动：引导学生观察地图思考，面对少数民族的压力，宋统治者主要采取的应对方式。

学生活动：观察地图，思考回答。

战与和。

教师活动：引导学生思考这个时期政权分布呈现的特点。

学生活动：观察地图，思考回答。

政权并立。

教师活动：出示材料，引导学生思考政权并立的特点对当时民族关系产生的影响。

材料1　北面官制是以契丹等游牧民族为治理对象而设立的制度。在北面官制中，包括契丹本族原有的官职，还有契丹沿袭唐朝以来的中原政权的官职，以及契丹建国后又吸收的一部分中原政权的官职……南面官制是以燕云十六州、辽五京所居汉人为治理对象，基本上沿袭中原政权（唐、五代）的官制。地方上实行府、州、县制和契丹部族制。

——武玉环《辽制研究》

学生活动： 阅读材料，思考回答。

民族融合、文明延续。

【设计意图】以问题链的形式厘清宋辽夏金时期民族关系的逻辑，培养学生历史解释的素养。

教师活动： 出示元朝形势图。

教师活动： 引导学生观察地图，思考面对如此辽阔的版图，元朝统治可能会产生的主要问题。

学生活动： 观察地图，思考回答。

疆域管理、民族关系。

教师活动： 引导学生思考元统治者解决这些问题的措施。

学生活动： 思考回答。

行汉法、设行省。

教师活动： 出示材料，过渡到学习任务四。

材料2　明清时期是历史时期最寒冷的一个时期，明代蒙古草原地区便"时冬寒草枯马饥"，许多游牧民族不断进入鄂尔多斯高原地区抢掠和定居，元明时期东北农业大衰退，特别是东北的北部地区尤为明显，在这个时期东北的许多民族纷纷南迁。

——摘编自景爱《历史时期东北农业的分布与变迁》

导入学习任务四：明清时期的民族关系

教师活动： 出示明朝九边军镇的视频，引导学生根据视频内容回答明朝治理边疆的重要举措。

学生活动： 观看视频，思考回答。

修筑长城、布置军镇。

教师活动： 引导学生阅读教材，列举明朝在东北、西北、西南这三个方向的边疆治理举措。

学生活动： 阅读教材，思考回答。

①东北：设都司、卫、所。

②西北：设卫。

③西南：设土司、都司、敕封。

教师活动： 出示明朝、清朝疆域图。

教师活动： 引导学生观察地图，指出两个朝代疆域的主要差异。

学生活动： 观察地图，思考回答。

差异主要在西北和蒙古地区。

教师活动： 引导学生思考产生差异的主要原因。

学生活动： 结合教材，思考回答，并将清朝治理边疆的相关举措在地图中按方位呈现。

【设计意图】元明清时期是中国统一多民族国家进一步巩固和发展时期，对边疆的管辖进一步加强，版图最终奠定，民族分布相对固定下来，各民族成为不可分割的整体。通过教师提供的史料，分析明清时期治边政策的变化和特点。

小结：各民族就要像石榴籽一样紧紧抱在一起，我们都是中华民族共同体的一分子。我国56个民族都是中华民族大家庭的平等一员，共同构成了你中有我、我中有你、谁也离不开谁的中华民族命运共同体。

导入学习任务五：中国古代的民族关系

教师活动：请学生阅读教材第64—65页，列表梳理中国古代对外交往的史实。

中国古代的对外交往

时　期	交　　通	政治交往	经济文化交往
秦　汉	开通海陆两条商路	东汉光武帝赐倭国"汉委奴国王"金印；甘英出使西亚	丝织品传向中亚、西亚、欧洲和北非
隋　唐	西域丝绸之路畅通，海路交流进一步发展	日本多次派遣唐使到华	造纸术西传阿拉伯；留学生和学问僧来华；中华文化圈形成
宋	陆路交通阻隔，海路交通发达，明州、泉州成为重要港口	—	—
元	海陆交通通畅	—	马可·波罗来华
明　清	—	郑和下西洋；清朝对外交往缓慢转型：与俄国签署《尼布楚条约》；马戛尔尼访华	极力维护朝贡体制和朝贡贸易；郑和下西洋；海禁政策；民间贸易和走私猖狂

学生活动：阅读教材，完成表格。

教师活动：引导学生注意表格中两处时间间隔久远但却相互关联的地方：一是东汉时期日本的倭奴国王派使臣到洛阳，得到东汉王朝赐予一枚金印——"汉委奴国王"印，这其实就是朝贡体制的反映，即中原王朝将一切外交关系都视为"来朝""来王"的朝贡关系。二是在明清时期，政府极力维护朝贡体制和朝贡贸易。这就涉及我国古代对外交往中的主要制度——朝贡体制。基于传统夷夏观和大一统观，中原华夏统治者不但将民族关系，也将一切外交关系视为"来朝""来王"的朝贡关系，这其实是先秦时代中央与地方之间、天子与诸侯之间朝贡制度的延伸和发展。随着中原王朝与周边民族、国家在政治、经济与文化领域的交流不断深入，汉代以后，中原王朝周边的民族、国家被一个一个地纳入朝贡体系之中。从总体上看，这一体系不断发展完善，并最终形成了一个以"天朝"为中心的国际体系。

教师活动：出示材料。

材料1　洪武四年，朱元璋曾跟他的大臣们说："海外蛮夷之国，有为患于中国者，不可不讨；不为中国患者，不可辄自兴兵。"……并将朝鲜、日本、安南等国列为不征国。

——摘编自南炳文、汤纲《明史》

教师活动：引导学生根据材料概括明初推行的外交原则。

学生活动：阅读材料，思考回答。

明初推行了和平友好的外交原则，只要不为患中国，则不会进行讨伐，中国在国际关系中不欺寡、不凌弱。

教师活动：出示材料，引导学生根据材料和所学知识，说明郑和对促进中外交流所做的贡献。

材料 2 明太祖建国之初，……宣称："朕仿前代帝王治理天下，惟欲中外人民各安其所。"郑和在下西洋过程中，对所经的各国进行"厚往薄来"的贸易活动，甚至无偿援助，以争取其归服之心；对信奉宗教的东南亚和南亚诸国如锡兰等，组织树碑布施等仪式，以密切感情，增进友谊；对西洋属国因误会而导致的"犯上作乱"之举，采取忍辱负重的克制态度，化干戈为玉帛；对周边诸国之间的矛盾和纠纷，实行开诏领赏、互相调和的策略，促使其和好如初，平等相处……当然，这种和平友好也是有原则的，是建立在互相尊重基础上的，对极少数"蛮王之梗化不恭者"和"寇兵之肆暴掠者"，郑和也毫不留情地诉诸武力。

——摘编自萧季文《郑和下西洋的外交启示》

学生活动：阅读材料，思考回答。

开展贸易往来；尊重他国宗教信仰；理性对待中外纠纷；对敌视行动进行反击；调解周边国家间矛盾，彰显大国形象。

教师活动：明朝中期之后，随着新航路的开辟，西方国家开始积极地殖民扩张，建立了殖民制度。根据材料 1、材料 2 及所学知识，比较中国朝贡制度与西方殖民制度的差异。

学生活动：阅读材料，思考回答。

朝贡制度是以文化的吸引与认同为前提，开展经济、文化交流，中原王朝对朝贡国家不存在政治控制和军事征服，而西方殖民制度则强调殖民国家以各种方式控制被殖民国家，弱肉强食；从两种制度的经济基础来看，朝贡制度建立在自然经济基础之上，西方殖民制度则建立在商品经济发展和世界市场逐步形成的基础之上；从影响上看，朝贡制度强化和巩固了朝贡体制，没有促成中国社会的转型，但客观上有利于周边国家与中国开展经济与文化的交流；而殖民制度促进了欧美殖民国家资本主义的发展，客观上将被殖民国家和地区纳入资本主义世界市场，推动了这些国家和地区的社会转型。

教师活动：从目的与推行手段来看，朝贡制度与西方的殖民扩张形成鲜明对比，它是和平主义的，它反映了中国传统的天下观。在"普天之下莫非王土，率土之滨莫非王臣"观念影响下，中国人认为天下一家、四海之内皆兄弟，追求世界大同，这使中国文化具有了包容非华夏民族的文化基因，讲求"和而不同"，形成了中华民族特有的向心力，在对外交往中更多强调和平交往而非武力征服、政治控制。这种独具特色的思想观念，对正处于重新构建世界格局的今天具有非常重要的现实意义。

教师活动：出示材料。

材料 3 汉唐虽然也有边患，但魄力究竟雄大，人民具有不至于为异族奴隶的自信心，或者竟毫未想到，凡取用外来事物的时候，就如将彼俘来一样，自由驱使，绝不介怀。

——鲁迅《看镜有感》

材料 4 与外界完全隔绝曾是保存旧中国的首要条件，而当这种隔绝状态在英国的努力之下被暴力所打破的时候，接踵而来的必然是解体的过程，正如小心保存在密闭棺木里的木乃伊一接触新鲜空气便必然要解体一样。

——马克思《中国革命和欧洲革命》

教师活动：引导学生根据材料3、材料4，指出汉唐与清朝对待外来事物时心态上存在的差别及这种差别反映的问题。

学生活动：阅读材料，思考回答。

汉唐时期对待外来事物持开放心态；清朝则对外来事物持抗拒的态度。汉唐的开放心态使中国积极学习外来优秀文化，成就了汉唐时期中国的强盛；清朝对外来事物的抗拒阻碍了明清之际的西学东渐，使中国日渐保守，让中国在明清之际丧失向近代社会转型的机遇，逐渐落后。

教师活动：汉唐时期中国人对于外来事物所持有的宏阔开放心态来自强盛的国力，同时也体现了对自身主体文化的高度自信；而明清时期对于外来事物的抗拒，并随之逐渐强化的闭关锁国，表面上看是主体文化的极端自负导致的，实则是封建制度逐渐衰落、对自身实力不自信的表现。这也预示了中国以衰败的面貌步入近代。

【设计意图】通过本环节学习，引导学生首先从知识上了解朝贡制度的产生和发展过程，然后将朝贡制度和西方的殖民制度进行对比，认识中国传统文化对中国外交的影响。

课堂小结

通过古代中央对边疆的管理，我们要知道中国古代疆域的变迁以国家实力为基础，国力强盛，疆域则宽广。纵观中国古代民族关系，我们发现既有阶段性的和平，也有阶段性的战争。总体而言，民族友好、民族融合是古代民族关系发展的主流，为今天的统一多民族国家的发展奠定了基础。在不同时期，统治者也采取了不同的对外政策，国家经历了从开放到封闭的过程。了解古代的民族关系和对外交往的史实，可以为今天的我们提供相应的借鉴。

作业拓展

《咏史》
〔唐〕戎昱
汉家青史上，计拙是和亲。
社稷依明主，安危托妇人。
岂能将玉貌，便拟静胡尘。
地下千年骨，谁为辅佐臣？

《昭君》

〔明〕孙蒉

莫怨婵娟堕虏尘，汉宫胡地一般春。

皇家若起凌烟阁，功是安边第一人。

这两首诗都涉及昭君出塞，诗人对昭君出塞的评价存在怎样的差异？你认为应该如何评价历史事件？

通过比较两首有关昭君出塞的诗歌，让学生辨析其内容、观点，归纳对历史事件的评价方法，培养学生利用史料实证进行具体历史解释的方法。

 设计反思与讨论

本节课内容比较多，教学过程中分为两个篇章，分别设计了不同的主线加以统领，落实了对学生历史解释素养的培养。本课教学设计在内容的纵向处理上比较巧妙，但是对同时代的民族关系和对外关系的横向联系上关注不够。另外，气候的变迁与民族关系的发展历史也并不能完全吻合，所以，在教学中要着重加以说明，避免让学生产生误解。

第12课 近代西方民族国家与国际法的发展

设计思路

《普通高中历史课程标准（2017版2020年修订）》要求：了解近代西方民族国家的形成情况，以及国际法的发展。根据课标要求，结合教材的框架，教学过程开展的前提是分析本课内在的逻辑关系，概括如下：

本课内容重点讲述近代以来西欧在专制王权国家发展的历程中，具有独立主权的民族国家形成；在此基础上，形成了以主权国家为基础的国际法体系；随着当时以西欧为主导的世界格局演变，国际法也在经历不断完善和发展的过程。作为第四单元《民族关系与国家关系》的第二课，上承中国古代的民族关系与对外交往，下接现代中国的民族政策与外交，暗含了近代中国在接受国际法的规范、结合自身历史选择的世界背景。

教学过程中，可以为学生提供必要的阅读文本、历史图片、历史典故和视频片段等作为辅助，搭建起历史与现实之间的桥梁，激发学生的学习兴趣和求知欲望，再由此引导学生学习民族国家形成过程中的内在动因和现实基础，认识近代外交制度与国际法的作用和影响。

教学目标

1. 通过对民族国家建构的时代背景综合分析，理解历史发展的复杂性和必然性。

2. 借助国际法发展时间轴的梳理内化时间观念。

3. 分析《战争与和平法》《国际联盟盟约》《非战公约》《联合国宪章》等材料，锻炼学生提取史料信息能力和解释历史能力。

4. 穿插近代中国在西方影响下外交转型的相关代表性事件，感悟近代中国社会转型的艰难曲折，涵养学生的家国情怀。

重点难点

1. 重点：国际法的形成和外交制度的建立；世界格局变化下国际法的演变。

2. 难点：从专制王权国家到民族国家的演变；国家主权和国际法的关系处理。

教学活动过程

导入 ▶▶▶

教师活动： "民族""国家""王朝""政府"，这几个词虽耳熟能详，但若要给它们各自下一个确切的定义还是十分困难的。要理解这些概念，需要从中世纪的社会形态入手。出示材料。

材料1 封建西欧……像英格兰、法兰西这些概念，基本上是一种地域上的概念……现代人脑子里的"民族"概念，在中世纪西欧是很模糊的。同时，"国家"的概念也一样模糊……因此，人们说在中世纪西欧，只有领地，没有"国家"……事实上，如果说中世纪西欧有什么共同点，那就是它是个天主教大世界，天主教是所有人共同的身份认同。

——钱乘旦《世界现代化历程：总论卷》

学生活动： 阅读材料并结合所学知识，思考中世纪西欧缺乏国家观念的原因。

罗马天主教认同的普遍存在；各地经济文化交流相对较少；封建领主制的盛行；尚未形成独立而强大的世俗王权。

教师活动： 那么，近代西方人是怎样从模糊的国家和民族概念中，以及对自己所处群体的不确定性中，找到现代意义上的身份认同——民族国家？引导学生带着问题进入本课学习。

【设计意图】从"民族国家"等重要概念切入，引出现代国家形态形成的大致过程，直面本课的核心内容之一——西方民族国家的形成。抓住本课重点概念，有助于进一步培养学生的整体思维，引导学生认识到历史发展的完整性、延续性、关联性。

导入学习任务一：从专制王权国家到民族国家

教师活动： 出示材料，引导学生根据材料并结合所学知识，分析"七星诗社"在建构法国民族国家中的贡献。

材料1 1549年，法国人文主义团体——"七星诗社"形成……入社的诗人们抵制拉丁语以及用拉丁语创作的各种作品。他们断言法语也可以像拉丁语一样，表达任何学术知识和人类的思想。但是，他们也提出了既要向古希腊和罗马的语言借用一些词汇和表达方式；同时也要对旧词进行改造，使它们成为符合时代发展需要的新词；还应该依据现实的社会生活，创造新的词汇。

——姚介厚、李鹏程等《西欧文明》

学生活动： 阅读材料并结合所学知识，思考回答。

抵制拉丁语；保卫和弘扬法语；开发和丰富法语；弘扬法兰西民族文化，有助于民族文化主义的发展，有助于构建法兰西文化认同。

教师活动： "七星诗社"代表了一种强烈的、世俗的民族主义情绪，他们提倡使用法兰西民族语言，写作法兰西文学，而反对用拉丁语写作，这反映了世俗的民族意识的觉醒。"七星诗社"

为法兰西民族语言的形成起到了重要作用。不仅如此,同一时期的法国作家拉伯雷和蒙田也通过法语发表了大量的作品,成为文艺复兴的标志性人物。16世纪,法王弗朗索瓦一世签署敕令,确定法语为官方语言,判决书和公证书等官方文件必须用法语撰写。出示材料,引导学生分析博丹提出主权理论的目的。

材料2　国王拥有绝对的权力,这是一项铁律……一个主权的君主必须将法律掌控于手中,并根据情势变更来改变和修正它们……主权性权威和绝对权力的精义就是不经臣民的同意可以颁行对全体臣民都适用的法律。

——让·博丹《主权论》

学生活动:阅读材料,思考回答。

博丹为法国专制王权的建立提供了法理基础,他塑造了一个高于一切的权威——国家主权,并提出国家主权属于君主,痛陈绝对王权捍卫国家统一和秩序的必要性。

教师活动:在此基础上法国建立了专制王权国家,出示教材凡尔赛宫图片,引导学生概括专制王权国家的特点。

学生活动:阅读教材,回答问题。

国王就是国家,国家版图常常因国王的婚姻或继承关系发生改变。

教师活动:专制王权在当时也有一定的进步意义,出示材料。

材料3　在这种普遍的混乱状态中,王权是进步的因素,这一点是十分清楚的。王权在混乱中代表着秩序,代表着正在形成的民族而与分裂成叛乱的各附庸国的状态对抗。

——恩格斯《论封建制度的瓦解和民族国家的产生》

学生活动:阅读材料,思考回答。

教师活动:伴随着疆域的统一和专制王权的增强,经济的发展和交往的日益频繁,民族语言的盛行以及文化交流的展开,民族观念的进一步加强,共同的民族文化以及价值系统的传承、传播,至此,早期民族国家的基本形式得以完成。

【设计意图】以"七星诗社"和"路易十四"为切入口,选取法国作为专制王权国家的典型代表,让学生提炼专制王权国家的重要特征,便于学生较直观地认识弘扬法语和专制王权在建构早期民族国家中的重要作用,让学生理解"早期民族国家"的内涵。

教师活动:然而到了17—18世纪,随着启蒙运动的兴起,法国的启蒙思想家开始重新思考个人与君主、国家的关系。出示材料:

材料4　启蒙思想家们把民族主义和民主主义结合在一起,提出了系统的民族主义思想,批判君主专制毫不考虑民族和国家的利益,剥夺了民众的自由和平等,否认君主是民族和国家的象征……指出只有当臣民成为公民,民族共同体才会存在,祖国才会存在。在启蒙思想指导下,法国大革命爆发,标志着……法国民族主义的形成。

——杨宁一《世界历史视野中的民族主义》

学生活动:阅读材料,思考启蒙思想以及法国大革命对法国民族主义形成的作用。

教师活动:出示法国大革命过程中颁布的《人权宣言》的内容,阐述启蒙思想影响下的主权在民思想，进而再展示李宏图教授的一段话，引导分析法国民族意识的觉醒。

材料5 整个主权在根本上存在于国民之中。任何团体或个人不得行使主权所未明确授予的权力。

——《人权宣言》（1789年）

材料6 革命摧毁着旧的封建王朝国家，也引起了欧洲各国封建君主的恐慌，他们联合一致向法国进攻，妄图镇压革命，重新恢复旧的封建王朝。在这场民族危机之中，法兰西民族以英勇的革命精神，奋起保卫革命，保卫民族，终于打退了外敌进攻。在这场斗争中，法兰西人民表现出高昂的民族热情和爱国精神。

——李宏图《"民族万岁"：十八世纪法国大革命中的民族主义》

学生活动：阅读材料，结合课件上法国大革命过程中法国国歌以及国旗的出现，再加上百年战争后法国的领土基本确立、1539年以巴黎方言为主形成的法语成为官方语言等信息，整体概述民族国家的特征。

国家主权独立；界线明确的地理范围（领土）；一个或多个族群有共同的语言、文化、意识（民族共同体）。

【设计意图】以"启蒙运动和法国大革命"为切入口，进一步激发学生的兴趣。借助图片、文字等史料，综合分析民族国家的特征。

教师活动：在专制王权国家向民族国家的演变过程中，随着国家主权意识的加强，各国都强调国家利益至上，国家之间的争夺日益激烈。

导入学习任务二：国际法形成和外交制度建立

教师活动：出示材料，引导学生认识国际法诞生的必要性。

材料1 1530年以后，欧洲进入所谓"宗教战争"时代。这种以军政革命为诱因而爆发的战争成为早期近代欧洲国际政治的核心，各国新兴君主为广开财源以宗教信仰为借口对土地和黄金等财富展开激烈争夺。面对和平的丧失，法律思想家们对战争根源及其正义性展开讨论，他们企图创造一整套规范指导新兴君主国之间关系。

——陶永新《从万民法到国际法》

学生活动：阅读材料，思考回答。

世界需要秩序，时代呼唤思想。

教师活动：出示《战争与和平法》的内容，引导学生提炼核心思想。

材料2 根据一般规则：本人是处理自己事务的最佳裁断者，因而拥有发动战争之权力的人，乃是唯一拥有缔结和约之权力的人。由此推导，公战能够由各方主权者单独发动，在王权政制下的这种权力理所当然属于君主。

——格劳秀斯《战争与和平法》

学生活动：阅读材料，思考回答。

君主应该制定条约并接受条约的约束，明确了国家主权的对外独立权，确定了国际法的主体是主权国家。

教师活动：1618年欧洲各国为争夺领土、王位和霸权进行了三十年战争，1648年交战各方签署了《威斯特伐利亚和约》，形成了威斯特伐利亚体系，出示和约内容：

材料3　所有罗马帝国的选侯、邦君和各邦，应根据本协议确定和确认享有他们自古以来的权利、特权、自由、优惠、自由行使领土权，不论是宗教的，还是政治的或是礼遇性的权利，因而他们永远不能，也不应受到任何人以任何借口进行的骚扰……参加协议的所有各方应有义务保卫和保护本和约的每一项条款不受任何人的侵犯，不论其信奉何宗教……

——《威斯特伐利亚和约》（1648年10月）

学生活动：阅读材料，依据教材总结和约的内容。

确立了国际关系中的国家领土、主权与独立等原则，开创了用国际会议的形式解决国际争端的先例，确认了缔约国必须遵守条约、各缔约国可以对违约国集体制裁的国际法基本原则。

教师活动：在此基础上，欧洲国家的君主不再满足仅仅派遣临时使者与他国保持联系，而是派遣常驻外交使节和外交使团，近代外交制度逐渐建立起来，出示材料：

材料4　每一个得到承认的独立国家，都有权派遣外交人员驻在其他国家，以代表本国的利益，同时，也应该接受其他国家的外交人员，使节权已被普遍认为是主权的一个属性。

——戈尔·布思《萨道义外交实践指南》

学生活动：阅读材料，根据课本内容得出认识。

17世纪近代外交制度逐渐建立起来，为国际关系确立了一些规则，为用和平方式解决国与国之间的争端、减少战争行为开辟了新的途径。

【设计意图】借助材料解读让学生理解国际法的诞生与时代的需求息息相关，体会历史发展的必然。材料的解读方便学生能够回到当时的历史情景下思考问题，同时培养学生提取史料信息的能力。

教师活动：1815年，拿破仑战争后，以英、俄等战胜国召开维也纳会议，出示维也纳会议的油画。

维也纳会议

学生活动：在教师引导下分析在维也纳体系下，外交人员的衔级制度逐渐建立起来，国际法的应用范围也逐渐从欧洲扩大到美洲、亚洲等其他地方。

教师活动：出示图片以及相关的文字材料，与中国近代史相联系，引导学生解读国际法在近代中国的发展。

1793年马戛尔尼使华事件，当时的中国是有皇朝无外交，坚守天下观而无世界观。

1861年，清政府设总理各国事务衙门，负责办理外交事务，该机构的设置是旧式外交体制应对外来挑战的反应，也表明中国在外交上逐步与国际接轨。

1864年，美国人丁韪良将《国际法原理》一书翻译成中文，名为《万国公法》，清政府拨款将其刊印发行，标志着源自西方的国际法被正式介绍到中国。

1876年，郭嵩焘率随员出使英国，在伦敦设立使馆，成为中国首位驻外使节。

学生活动：在教师引导下能够结合近代中国的时代背景去认识：近代中国外交的失当与尝试，正是中国蹒跚走向世界、融入世界的写照，反映了近代中国社会转型的艰难曲折。

【设计意图】中外历史相互联系和对比，加强学生纵向和横向认识历史的能力。

教师活动：出示过渡材料。

材料5　19世纪末，欧洲国际法学家……将世界上的国家被划分为"文明""野蛮"和"蒙昧"等不同类别，不同类别的国家获得不同的国际承认，具有不同的法律人格和法律地位，在国际法上享有不同的权利和义务。"野蛮"和"半野蛮"（"半文明"）国家被排除在国际法适用范围和西方国家主导的"国际社会"之外，从而建构出一种国际法意义上的等级性世界秩序。

——刘文明《19世纪末欧洲国际法中的"文明"标准》

教师活动：19世纪西方列强对外不断侵略扩张，在国际法应用中实行双重标准，为了谋取各自利益经常违反国际法，国际冲突不断，最终在20世纪初引发第一次世界大战。

导入学习任务三：两次世界大战与国际法发展

教师活动："一战"后在凡-华体系框架下成立了世界上第一个由主权国家参加的政治性国际组织——国际联盟，出示《国际联盟盟约》材料，分析国际联盟的性质，结合教材内容引导学生探讨国际联盟的局限性。

材料1　缔约各国，为增进国际间合作，并保持其和平与安全起见，特允承受不从事战争之义务，维持各国间公开、公正、荣誉之邦交，严格遵守国际公法之规定，以为今后各国政府行为之规范，在有组织之民族间彼此关系中维持正义并恪遵条件上之一切义务……

——《国际联盟盟约》（1919年6月）

学生活动：阅读材料与教材，思考回答。

国际联盟被英法控制，美国始终不是其成员，苏联加入较晚，缺乏普遍性和权威性，其形成决议的"全体一致"原则，使之难以履行制止战争、维护世界和平的国际责任。

教师活动：此后，以美、法为主导，《非战公约》签署，为维护战后的和平再次做出尝试，出示相关材料。

材料 2　缔约各国谴责用战争解决国际争端，并废弃以战争作为在其相互关系中实施国家政策的工具；缔约国之间的一切冲突或争端，不论性质和起因如何，只能用和平方式解决；所有成员国若用战争谋取利益，则不得享受公约给予的益处。

——《非战公约》（1928 年 8 月）

学生活动：依据材料并结合所学回答《非战公约》的积极意义。

废弃以战争作为实行国家政策的工具，和平解决国际争端，但公约并未真正得到施行。

【设计意图】通过材料的解读，锻炼学生分析史料的能力，进行迁移模仿，逐渐学会自主分析材料。

教师活动："二战"期间法西斯国家的侵略使国际法再次遭到极大破坏，为了保障和平，1945 年《联合国宪章》签订，联合国成立，后又成立国际法院，发展了国际司法制度，出示材料，引导学生分析《联合国宪章》的进步性。

材料 3　联合国之宗旨为：

一、维持国际和平及安全；并为此目的：采取有效集体办法，以防止且消除对于和平之威胁，制止侵略行为或其他和平之破坏，并以和平方法且做正义及国际法之原则，调整或解决足以破坏和平之国际争端或情势……

——《联合国宪章》（1945 年 6 月）

学生活动：依据材料思考分析。

宪章确定了和平解决国际争端和制裁侵略的机制，并赋予安理会制裁的权力，确定了"大国一致"原则。

教师活动："二战"后随着更多的民族国家纷纷独立，各类国际组织数量激增，推动了国际法的发展。出示图片。

联合国海洋法公约　　2015 年巴黎会议标识　　世界卫生组织会标

学生活动：观察图片。

教师活动：虽然国际法大大推动了主权国家的外交空间，但其实施仍然有很多局限性，一些大国为了一己之私，不惜退出国际条约，甚至不经联合国授权就进行制裁或发动战争，严重威胁着世界和平。

【设计意图】通过图片和文字材料展示，让学生看到国际法领域的扩展以及辩证看待国际法所遇到的挑战，培养学生历史思维能力。

课堂小结

14、15 世纪以来，民族主义逐渐成为世界各国的主流思潮，并在其指导下，民族国家纷纷建立。民族国家同时也是独立的主权国家，这就需要创设国际法和国际体系以协调彼此之间的国际关系。20 世纪以来，历经两次世界大战，世界发生了深刻变化，其中《联合国宪章》的签署和联合国的成立，是人类历史上具有划时代意义的历史事件，是人类在全球治理问题上的一座重要里程碑。而"人类命运共同体"正是为 21 世纪以来的全球治理提供的中国方案。

作业拓展

（如今）西方很多学者提出了后主权的理论，他们从政治、经济和科技等诸多方面论证了当今的世界已经进入了一个全球化的新时代，国际秩序中的主权特性正在逐步褪色，一个无主权的世界社会即将到来。

——高全喜《理解博丹〈主权论〉的三重视角》

问题：对于这种说法，你是怎么看的？

 设计反思与讨论

1.本课教学内容第一篇章以法国为例切入，运用历史典故串联，教学效果较好，大多数同学对本课的主干内容都能保持一定的兴趣。但对《威斯特伐利亚和约》的内容、国际体系的发展等重要概念的认识和理解存在困难，需补充一些形象化的素材来加深理解。

2.本课处理方法以小见大，还需依靠学案建构完整的知识体系。

3.由西方的历史发展为基础进行中外联系并上升到"人类命运共同体"的立意，有助于提升学生的家国情怀。

第 13 课　当代中国的民族政策

设计思路

　　本节课是《历史 选择性必修 1·国家制度与社会治理》第四单元"民族关系与国家关系"中第 13 课的内容。在中国漫长的历史进程中，各民族迁徙汇聚，交流互补，冲突交融，推动了中国统一多民族国家的发展。新中国成立后，中国共产党运用马克思主义解决中国民族问题，建立了民族区域自治的基本政治制度。因此，将本课教学主题确定为：了解当代中国解决民族问题的道路，认识新中国处理民族问题的智慧。

　　本课内容对大多数学生来说并不陌生，学生在初中社会课程及高一《中外历史纲要（上）》已学习过，但没有形成系统的认识。因此，基于学生已经积累的知识，整体来说学习难度不大。高中阶段，学生的求知欲更为强烈，理性思维逐渐形成，在教学过程中以学生自主探究为主，教师适当引导，通过各种史料并借助现代化教学手段，展现当代中国解决民族问题的智慧所在，并在这个过程中培养学生的核心素养。

教学目标

　　1.通过分析文字及图片史料，梳理归纳民族区域自治制度的发展过程，培养学生史料实证、历史解释以及时空观念等核心素养。

　　2.通过了解制度对其经济发展的影响，渗透历史唯物史观素养。

　　3.通过古今民族政策对比，认识到中国共产党在马克思主义民族观中国化过程中的创新与探索。

　　4.以内蒙古自治区发展历程为例，设置真实情境，加深对民族区域自治制度意义的理解，形成正确的民族观、国家观，增强制度自信和时代责任感。

重点难点

　　1.重点：实施民族区域自治制度的意义。

　　2.难点：实施民族区域自治制度的背景。

 教学活动过程

导入 >>>

教师播放歌曲《爱我中华》：五十六个星座，五十六枝花，五十六族兄弟姐妹是一家。五十六种语言汇成一句话，爱我中华。

教师活动：歌曲中表达了什么样的主题？

【设计意图】这首广为传唱的《爱我中华》，是第四届全国少数民族传统体育运动会会歌，反映了中华民族大家庭的团结和兴盛。全国少数民族传统体育运动会是我国级别最高、影响力最大的民族传统体育赛事，在弘扬民族体育文化、增强人民身体素质、促进民族团结等方面做出了积极贡献。

导入学习任务一：民族区域自治制度的建立

材料1 民族区域自治制度是指在国家统一领导下，各少数民族聚居的地方实行区域自治，设立自治机关，行使自治权的制度。民族区域自治制度是我国的基本政治制度之一，是建设中国特色社会主义政治的重要内容。民族区域自治制度就是在统一的祖国大家庭里，在国家的统一领导下，以少数民族聚居的地区为基础，建立相应的自治机关，行使自治权，自主地管理本民族、本地区的内部事务，行使当家做主的权利。

——摘编自《历史 选择性必修1·国家制度与社会治理》

材料2 中国是统一多民族国家。各民族在分布上交错杂居、文化上兼收并蓄、经济上相互依存、情感上相互亲近，在长期的历史发展过程中，逐渐形成了你中有我、我中有你，谁也离不开谁的多元一体格局。

——《历史 选择性必修1·国家制度与社会治理》

材料3 在旧中国，许多少数民族长期遭受统治阶级的压迫和歧视，几乎完全被排除在国家政治生活之外，加之地处边陲，交通闭塞，经济社会发展水平相对落后……中国共产党历来重视民族问题，逐步明确提出了符合中国国情的民族区域自治，作为解决中国民族问题的基本政策。

——《历史 选择性必修1·国家制度与社会治理》

材料4 解决民族问题，中国采取的不是民族共和国联邦的制度，而是民族区域自治的制度。我们认为这个制度比较好，适合中国的情况。我们有很多优越的东西，这是我们社会制度的优势，不能放弃。

——邓小平《邓小平文选》

材料5 我们党遵循马克思主义关于国家和政权建设的总原则以及各民族一律平等的基本原则，充分考虑我国是统一多民族国家的基本国情，创造性地在单一制国家内实行民族区域自治，

使马克思主义解决民族问题的基本构想变成生动现实。

——《人民日报》2017年8月8日文章《坚持好完善好落实好民族区域自治制度》

教师活动：根据材料，分析我国在处理民族问题上实行什么制度及为什么要实行？

学生活动：阅读材料，思考回答。

制度：民族区域自治制度。

原因：①中国是一个统一多民族国家，各民族共同创造了灿烂的中华文明，形成了相互依存、不可分离的关系。②各民族人口分布呈现大杂居、小聚居、相互交错的格局。③在旧中国，许多少数民族长期遭受统治阶级的压迫和歧视，经济社会发展水平严重落后。④中国共产党重视民族问题，总结解决民族问题的成功经验，根据中国国情，决定在各少数民族聚居地区实行民族区域自治制度。⑤近代以来，中国各民族在共御外敌，争取民族独立和解放的长期斗争中，建立了休戚与共的亲密关系，形成了互相离不开的政治认同。⑥马克思主义普遍原理和原则提供了理论来源。

【设计意图】通过阅读教材，培养学生分析材料、解读材料的能力。通过本环节的教学，使学生明白民族区域自治制度实行的必要性。

材料6　我们党遵循马克思主义关于国家和政权建设的总原则以及各民族一律平等的基本原则，充分考虑我国是统一多民族国家的基本国情，创造性地在单一制国家内实行民族区域自治，使马克思主义解决民族问题的基本构想变成生动现实。

——《人民日报》2017年8月8日文章《坚持好完善好落实好民族区域自治制度》

教师活动：引导学生根据材料概括民族区域自治制度的理论来源。

根据材料并结合教材完成下列表格。

内蒙古自治区发展演变情况

时　间	演变情况
1937年5月	陕甘宁豫海县回族自治政府成立
1938年10月	毛泽东发表《论新阶段》，对民族自治问题做了探索思考
1945年	党中央派出以乌兰夫为首的大批共产党员到内蒙古地区开展工作，成立内蒙古自治运动联合会
1946年4月	内蒙古自治运动联合会和东蒙自治政府在承德举行了统一内蒙古自治运动的会议
1947年3月	中共中央东北局起草了《内蒙古自治政府施政纲领》等文件
1947年4月23日至5月3日	内蒙古自治政府成立大会在王爷庙（今乌兰浩特）召开。有来自内蒙古大部分盟旗的蒙古、达斡尔、鄂温克、汉、满、回、朝鲜等各民族代表，包括工人、农民、牧民、知识分子、革命干部、军人，以及部分工商界人士、地方士绅和民族、宗教上层人士

学生活动：根据教材及教师呈现的资料，完善表格。根据史料并结合所学知识，概述内蒙古自治区建立的主要条件和意义。

【设计意图】通过表格的呈现形式，使学生更加直观清晰地掌握内蒙古自治区建立的概况。

导入学习任务二：民族区域自治制度的发展

材料1　1984年，《中华人民共和国民族区域自治法》正式颁布实施，以基本法律的形式把民族区域自治制度固定下来，标志着民族区域自治制度从此纳入法制轨道。

——《中外历史纲要（下）》

材料2　1990年，中共中央提出"三个离不开"，即"汉族离不开少数民族，少数民族离不开汉族，各少数民族之间也相互离不开"，深刻阐述了中国各民族休戚相关、命运与共的血肉关系。

——《历史 选择性必修1·国家制度与社会治理》

材料3　1997年，中共十五大明确把民族区域自治制度确立为建设有中国特色社会主义政治的基本政治制度之一。

——《历史 选择性必修1·国家制度与社会治理》

学生活动：根据材料并结合所学知识，思考民族区域自治制度的发展概况。

材料4　历届全国人大代表的少数民族代表比例都高于少数民族人口比例。全国55个少数民族都有本民族的全国人大代表，人口超过100万的少数民族都有本民族的全国人大常委会委员；在155个民族自治地方的人民代表大会常委会中，都有实行区域自治民族的公民担任主任或者副主任。各少数民族与汉族以平等地位参与国家事务和地方事务管理，民族区域自治制度有效地保障了各少数民族人民当家做主的权利。

——《2019年西藏自治区经济发展报告》

材料5　脱贫攻坚取得决定性进展。深入实施精准脱贫。统筹整合各级各类财政涉农资金167.3亿元，25个县（区）达到脱贫摘帽标准，2100个村（居）达到退出标准，18万人达到脱贫标准……极高海拔地区生态搬迁完成1102人。建设产业扶贫项目707个。培训贫困农牧民3.6万人，转移就业6.7万人。新增4.7万个生态岗位。全面完成中央扶贫专项巡视阶段性反馈问题的整改。

——《2019年西藏自治区经济发展报告》

教师活动：引导学生根据材料并结合所学知识，思考民族区域自治制度建立和发展的意义。

学生活动：阅读材料，思考回答。

①有利于维护国家的集中统一，保障少数民族合法权益，巩固和发展社会主义民族关系，筑牢中华民族共同体思想基础；

②有利于实现少数民族当家做主的愿望，调动各族人民的积极性和创造性，推动社会主义现代化建设事业的发展；

③有利于民族地区经济社会事业的发展。

教师活动：引导学生分析材料，思考概括《中华人民共和国民族区域自治法》的颁布使自治区获得了哪些自治权？

材料6　第十九条　民族自治地方的人民代表大会有权依照当地民族的政治、经济和文化的特点，制定自治条例和单行条例。

第二十条　上级国家机关的决议、决定、命令和批示，如有不适合民族自治地方实际情况的，自治机关可以报经该上级国家机关批准，变通执行或者停止执行；该上级国家机关应当在收到报告之日起六十日内给予答复。

第二十五条　民族自治地方的自治机关在国家计划的指导下，根据本地方的特点和需要，制定经济建设的方针、政策和计划，自主地安排和管理地方性的经济建设单位。

第三十七条　招收少数民族学生为主的学校（班级）和其他教育机构，有条件的应当采用少数民族文字的课本，并用少数民族语言讲课；根据情况从小学低年级或者高年级起开设汉语文课程，推广全国通用的普通话和规范汉字。

——《中华人民共和国民族区域自治法（修正）》节选

学生活动：制订自治条例；自治机关有权变通执行或停止执行不适合本民族实际情况的决议；制订经济建设方针的权利；利用本民族语言讲课的权利。

导入学习任务三：民族区域自治制度的完善

材料1　中共十八大以来，党和国家要求坚持各民族"共同团结奋斗，共同繁荣发展"的民族工作主题，全面贯彻落实党的民族政策，坚持和完善民族区域自治制度，不断增进各族群众对伟大祖国、中华民族、中华文化、中国共产党和中国特色社会主义的认同。

——《历史 选择性必修1·国家制度与社会治理》

材料2　中共十九大报告提出，全面贯彻党的民族政策，深化民族团结进步教育，铸牢中华民族共同体意识，加强各民族交往交流交融，促进各民族像石榴籽一样紧紧抱在一起，共同团结奋斗、共同繁荣发展。

——《历史 选择性必修1·国家制度与社会治理》

材料3　铸牢中华民族共同体意识被写入新修订的《中国共产党章程》，赋予民族工作新的内涵和重大历史使命，是习近平新时代中国特色社会主义思想在民族工作领域的具体体现。

——《历史 选择性必修1·国家制度与社会治理》

教师活动：引导学生根据材料并结合所学知识，思考民族区域自治制度的完善过程。

材料4　今天，我国少数民族各个方面虽然已经发生了根本性的变化，但由于原有基础太薄弱，生态环境很恶劣，存在许多不利因素和困难，社会经济发展水平仍然比较落后和脆弱，物质生活水平的提高仍然较慢，而且很不平衡，科学教育文化事业的发展仍严重不足。

——杨建新《论我国民族问题的"变"与"不变"》

教师活动：引导学生根据材料并结合所学知识，思考当前我国存在的民族问题。

学生活动：阅读材料，思考回答。

①社会经济发展水平仍然比较落后和脆弱。

②科学教育文化事业发展仍严重不足。

③社会经济发展不平衡。

材料5　1984年5月，第六届全国人民代表大会第二次会议通过了《中华人民共和国民族区域自治法》；2001年2月，根据第九届全国人大常委会第二十次会议决定，对《中华人民共和国民族区域自治法》作出了修改；2005年5月，国务院第八十九次常务会议通过了《国务院实施〈中华人民共和国民族区域自治法〉若干规定》；2017年10月，党的十九大对党章作出部分修改，其中就包括增写"铸牢中华民族共同体意识"。

——张来明等《坚持和完善民族区域自治》

教师活动：引导学生根据材料并结合所学知识，思考我们应该如何应对存在的民族问题。

学生活动：阅读材料，思考回答。

加强各民族的团结；加强国家法制建设。

课堂小结

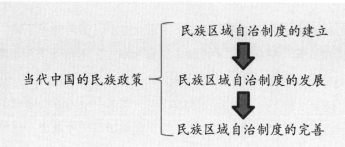

作业拓展

问题：概括中华民族多元一体格局形成的过程。

秦汉时期建立了统一多民族国家；魏晋南北朝时期，各民族大迁徙、大交融；隋唐时期，各民族在大一统条件下大交融、大发展；宋辽夏金时期，政权并立，各民族的交往交流交融也并未中断；元明清三代是统一多民族国家得到巩固和发展时期，多元一体格局渐渐稳定。

设计反思与讨论

　　在教材处理上，因本课涉及的内容非常多，在教学过程中不可能做到面面俱到，因而选取重点、难点加以突破，如实施民族区域自治制度的意义，实施民族区域自治制度的背景等。在教学方法上，采取多种形式，如小组合作探究学习，既凸显了学生的主体地位，又使学生体验了自主探究、合作学习的快乐，活跃了课堂氛围，加深了其对知识的理解与掌握。课本是重要的教学资源，它既是学生学习历史的重要资源，也是学生获得历史认识的重要依据。本课教学中，教师根据课程标准的规定，结合学生学习实际，应充分用好教科书即学生手中的课本。

　　"当代中国的民族政策"一课注重学生史学核心素养的培养。执教教师用一则史料导入，课堂中也有大量史学材料的运用，既能培养学生提取信息、分析概括的能力，又把史料实证、历史解释两个核心素养的落实贯穿其中。教师以问题为导引，环环相扣，既能体现教师的主导性，又能充分发挥学生的主体作用，使课堂有序又不时发生思想碰撞。

第 14 课　当代中国的外交

 设计思路

本节课是《历史 选择性必修 1·国家制度与社会治理》第四单元"民族关系与国家关系"中第 14 课的内容。近代以来，西方民族国家形成，规范国家与国家之间交往的国际法也逐渐形成并成熟。中国积极参与国际事务，提倡独立自主的和平外交。因此，将本课教学主题确定为：了解当代中国的外交政策及成就，认识新中国处理外交问题的智慧。

本课内容对大多数学生来说并不陌生，学生在初中社会课程及高一《中外历史纲要（上）》已学习过，但没有形成系统的认识。因此，基于学生已经积累的知识，整体来说学习难度不大。高中阶段，学生的求知欲更为强烈，理性思维逐渐形成，在教学过程中以学生自主探究为主，教师适当引导，通过各种史料并借助现代化教学手段，展现当代中国处理外交问题的智慧所在，并在这个过程中培养学生的核心素养。

教学目标

1. 通过分析文字及图片史料，梳理全面分析新中国外交方针的含义和制定的背景，培养学生史料实证、历史解释以及时空观念等核心素养。

2. 通过了解新中国外交方针及其特点和影响，和平共处五项原则的具体实践和作用，渗透历史唯物史观培养。

3. 体会国家综合实力对国际地位的决定性作用，以此培养学生的爱国情怀。

 重点难点

1. 重点：了解新中国外交方针的制定及取得的主要成就，20 世纪 50—70 年代为重点部分。

2. 难点：认识影响国家外交方针政策制定的主要因素；理解这一时期外交在新中国历史上的开创性和奠基性意义。

教学活动过程

导入 ▶▶▶ --

《共同纲领》：中华人民共和国的外交政策原则，为保障本国独立、自由和领土主权的完整，拥护国际的持久和平和各国人民间的友好合作，反对帝国主义的侵略政策和战争政策。

教师活动：引导学生根据材料并结合所学知识，思考我国的外交方针是什么？

学生活动：阅读材料，思考回答。

独立自主的和平外交方针。

【设计意图】通过阅读教材，培养学生分析材料、解读材料的能力。通过本环节的教学，使学生明白我国始终奉行独立自主的和平外交政策。

导入学习任务一：　开创独立自主的和平外交

材料1　《共同纲领》规定："对于国民党政府与外国政府所订立的各项条约和协定，中华人民共和国政府应加以审查，按其内容，分别予以或承认，或废除，或修改，或重订。"正如周恩来所说："这另起炉灶的方针，使我国改变了半殖民地的地位，在政治上建立起了独立自主的外交关系。"

——谢益显《中国当代外交史（1949—2009）》

材料2　帝国主义总想保留一些在中国的特权，想钻进来。有几个国家想同我们谈判建交，我们的方针是宁愿等一等。先把帝国主义在我国的残余势力清除一下，否则就会留下它们活动的余地。帝国主义的军事力量被赶走了，但帝国主义百余年来的经济势力还很大，特别是文化影响还很深。这种情况会使我们的独立受到影响。因此，我们要在建立外交关系以前把屋子打扫一下，打扫干净屋子再请客。

——周恩来《我们的外交方针和任务》

材料3　新中国建国初期，中国外交实行"一边倒"方针。首先，这是从美苏主导的冷战对峙格局出发做出的一种战略选择。早在新中国成立以前，以美国为首的西方阵营与以苏联为首的东方阵营已经展开激烈对抗，这是中国发展对外关系最重要的国际条件。

——王逸舟、谭秀英《中国外交六十年（1949—2009）》

教师活动：引导学生根据材料并结合所学知识，分析新中国成立初期我国的外交方针及其主要内容和意义。

学生活动：完成表格内容。

新中国成立初期的外交方针

三条方针	解决的问题	含　义	意　义
"另起炉灶"	国民政府的外交	不承认国民党政府同各国建立的外交关系，要在新的基础上经过谈判同外国建立新的外交关系	改变了半殖民地的地位，独立自主
"打扫干净屋子再请客"	以美国为首的资本主义国家	有步骤地彻底地摧毁帝国主义在中国的控制权，不承认国民党时代的一切卖国条约	巩固了新生政权
"一边倒"	以苏联为首的社会主义国家	中国坚定地站在社会主义和世界和平民主阵营一边	使新中国在保障人民革命胜利成果、捍卫和平以及维护独立与主权的斗争中不致处于孤立地位

【设计意图】通过阅读教材，培养学生分析材料、解读材料的能力。通过本环节的教学，使学生明白建国初期的三大外交方针的含义及其意义。

材料 4　新中国建立后，以苏联为首的社会主义阵营国家迅速与中国建交，形成了新中国外交史上的第一次建交高潮。中苏建交之后，保加利亚、罗马尼亚、匈牙利、朝鲜民主主义人民共和国、捷克斯洛伐克、波兰、蒙古、阿尔巴尼亚和越南民主共和国也相继与新中国建立了外交关系并互派大使。

——夏莉萍等《当代中国外交十六讲》

材料 5　20 世纪 50 年代中期，国际形势也出现了有利于和平的变化。在这种大背景下，中国与印度、缅甸共同倡导了和平共处五项原则；派出代表团参加了日内瓦会议，促成了印度支那停战协议的达成；在"求同存异"原则的指导下，参加了万隆会议，促进了中国与亚非国家关系的发展。中国外交进入了一个新的阶段。

——夏莉萍等《当代中国外交十六讲》

教师活动：引导学生根据所学知识，概括梳理新中国初期取得的外交成就。

学生活动：完善表格。

新中国成立初期外交成就

时　间	外交成就
新中国成立之初	与苏联建交，接着与保加利亚、朝鲜、越南等10个人民民主国家，以及印度、印度尼西亚、缅甸、巴基斯坦、瑞典、丹麦、瑞士、芬兰等国建交
1954年	倡导以和平共处五项原则作为国际关系准则
1955年	万隆会议提出"求同存异"方针
1956年	与挪威、南斯拉夫、阿富汗、尼泊尔、埃及、叙利亚、也门等国建交，同英国、荷兰建立了代办级外交关系

材料6　在我们中间有无求同的基础呢？有的。那就是亚非绝大多数国家和人民自近代以来都曾经受过，并且现在仍在受着殖民主义所造成的灾难和痛苦。……我们的会议应该求同而存异。……我们应该承认，在亚非国家中存在着不同的思想意识和社会制度，但这并不妨碍我们求同和团结。

——周恩来在万隆会议上的演说（补充发言）

教师活动：引导学生根据材料并结合所学知识，分析同、异分别指的是什么。

学生活动：阅读材料，思考回答。

①同：共同的遭遇（都遭受过殖民主义的侵略）、共同的愿望和要求（民族独立、发展民族经济；维护和平）。

②异：社会制度、意识形态等差异。

材料7　20世纪60年代初，美国对中国继续遏制，中苏关系恶化，而大批亚非拉国家独立。由此，毛泽东提出联合亚非拉国家进行反帝、反霸斗争，加强与发展中国家的关系，这也是这一时期外交的突破口。

——夏莉萍等《当代中国外交十六讲》

教师活动：引导学生根据材料并结合所学知识，概括20世纪50年代末至60年代初，我国实行怎样的外交政策并分析其背景。

学生活动：阅读材料，思考回答。

①背景：A.亚非拉国家民族解放运动蓬勃发展，越来越多的新兴民族国家独立；B.中苏关系逐步恶化；以美国为首的西方国家继续敌视中国（越南战争）；C.国内全面建设社会主义。

②方针："两只拳头出击"（指依靠广大亚非拉国家，反对以美国为首的帝国主义和以苏联为首的修正主义以及各国反动派）。

③成就：A.出现与亚非拉独立国家建交高潮；B.逐步冲破西方国家的封锁；C.1964年中法建交，实现了中国同西方大国关系的突破。

教师活动：引导学生根据教材内容完成下列表格。

学生活动：完善表格。

20世纪70年代中国外交成就

时　间	成　就
1970年	中国先后同意大利、奥地利、比利时、希腊、联邦德国等西方国家建立外交关系。中英、中荷关系也升格为大使级
1971年	中华人民共和国恢复在联合国的一切合法权利
1972年	中美关系开始走向正常化，中日正式建交
1976年	与中国建交的国家达到111个

【设计意图】通过表格的呈现形式，使学生更加直观清晰地掌握 20 世纪 70 年代中国取得的外交成就。

材料 8　十年后，到中国在核武器方面取得了重大进展的时候，我们就没有选择的余地了。我们必须与他们有比今天更多的联系。如果没有（中国）这个拥有七亿多人民的国家出力量，要建立稳定和持久的国际秩序是不可设想的。

——尼克松讲话

材料 9　自 20 世纪 50 年代后期起，西欧和日本经济发展迅速，中国日益振兴，广大发展中国家采取不结盟的外交政策，在国际事务中发挥着越来越重要的作用。

——人民版高中《历史》必修第一册

材料 10　70 年代的美国，由于经济增长趋于缓慢，又陷入侵越战争的泥潭，不得不在美苏争霸中处于守势，尼克松迫于形势的变化，对美国的对外战略进行了重大调整，从战略进攻转为战略收缩。

——徐蓝《世界近现史》

教师活动：引导学生根据材料并结合所学知识，分析中美关系改善的原因。

学生活动：阅读材料，思考回答。

中国国际地位和综合国力的提高；美国陷于侵越战争的泥潭。

导入学习任务二：改革开放后的外交成就

材料 1　党的十一届三中全会之后，邓小平提出，和平与发展是当今世界的主题，指出："我们的外交政策，就本国来说，是寻找一个和平的环境来实现四个现代化。"从此，中国外交强调以经济建设为中心，不同任何大国结盟，在和平共处的基础上同世界各国发展友好关系。

——夏莉萍等《当代中国外交十六讲》

材料 2　中国的对外政策是独立自主的，是真正的不结盟。中国不打美国牌，也不打苏联牌，中国也不允许别人打中国牌。……我们对外政策还是两条，第一条是反对霸权主义、强权政治，维护世界和平；第二条是建立国际政治新秩序和经济新秩序。……我们在国际事务中起的作用的大小，要看我们自己经济建设成就的大小。

——《邓小平文选》

教师活动：引导学生分析新时期外交政策所做出的调整。

学生活动：阅读材料，思考回答。

外交政策：独立自主、不结盟、全方位。

材料 3　为了明确和确定三国国界交界点的位置，中、吉、塔三国于 2000 年 7 月 5 日签订了《中华人民共和国、塔吉克斯坦共和国和吉尔吉斯共和国关于三国国界交界点的协定》将三国国界交界点（以下简称三国国界交界点）位于扎阿拉依斯基山山脊 6406 米高地上。2003 年 9 月 2 日两国互换了该协定批准书证书。至此，中国与哈、吉、塔三国之间全长约 3300 千米的边界已全部划定，彻底解决了历史遗留的边界问题，成为双边发展友好与合作关系的重要纽带，为进一步加强双边关系奠定了坚实的政治基础。

——根据百度新闻整理

材料4　东盟指的是东南亚国家联盟，"10"指的是东盟的十个成员国，包括：印度尼西亚、泰国、缅甸、文莱、越南、老挝、马来西亚、新加坡、柬埔寨、菲律宾，"1"指的是非东盟的国家——中国。整体来说就是东盟十个国家和中国。（还有东盟"10+3"，它指的是东盟十个成员国和中日韩三国）无论是"10+1"还是"10+3"主要指的是经济上的合作，为了这些国家共同组建自由贸易区，就像北美自由贸易区、欧洲的欧盟自由贸易区一样。

——根据百度新闻整理

材料5　中非合作论坛，是中华人民共和国和非洲国家之间在南南合作范畴内的集体对话机制，成立于2000年。论坛的宗旨是平等互利、平等磋商、增进了解、扩大共识、加强友谊、促进合作。

——根据百度新闻整理

材料6　二十国集团，即G20，是国际经济合作主要论坛，由七国集团财长会议于1999年倡议成立，最初为财长和央行行长会议机制，2008年国际金融危机后，升格为领导人峰会。二十国集团由阿根廷、澳大利亚、巴西、中国、加拿大、法国、德国、印度、印度尼西亚、意大利、日本、韩国、墨西哥、俄罗斯、沙特阿拉伯、南非、土耳其、英国、美国等十九个国家及一个区域联盟——欧盟组成。

——《历史 选择性必修1·国家制度与社会治理》

教师活动：引导学生根据材料并结合所学知识完成下列表格。

学生活动：完善表格。

改革开放后的外交成就

时间	外交成就
1979年	中美两国正式建立外交关系
1989年	中苏两国实现国家关系正常化
世纪之交	解决了与哈萨克斯坦、吉尔吉斯斯坦、塔吉克斯坦三国的边界问题
1997年	中国与东盟首脑非正式会晤，即"10＋1"领导人会议机制正式建立。中国同印度、巴基斯坦、朝鲜、韩国、越南、蒙古等国的关系也取得新进展
2000年	正式成立中非合作论坛
2003年	加入《东南亚友好合作条约》
21世纪以来	发起成立上海合作组织
	发起成立博鳌亚洲论坛
	推动二十国集团成为国际经济治理主要平台
	与俄罗斯、印度、巴西一起创立"金砖国家"合作机制
	积极参与以联合国为中心的多边外交活动

导入学习任务三：中共十八大以来的中国特色大国外交

材料1　2012年11月中国共产党第十八次全国代表大会召开以来，新一届领导集体准确把握世界格局变化和中国发展大势，提出了一系列指导中国外交发展的新理念，丰富了具有中国特色的外交理论体系，在保持外交大政方针延续性和稳定性的基础上，积极进取，锐意创新，开创出中国特色大国外交的新局面。

——夏莉萍等《当代中国外交十六讲》

材料2　中国拓宽与发达国家的合作领域，妥善处理分歧，与俄罗斯、法国、德国、英国等世界主要国家的关系稳步发展；按照"亲、诚、惠、容"理念和"与邻为善、以邻为伴"的外交方针，推出多种新机制和新举措，深化同日本、韩国、东盟各国等周边国家的关系；提出"真、实、亲、诚"原则，加强与非洲国家之间的团结合作。中国特色大国外交形成了全方位、多层次、立体化的外交布局。

——《历史 选择性必修1·国家制度与社会治理》

材料3　中共十九大针对来自外部环境的严峻挑战，提出要坚持和平发展道路，推动建设相互尊重、公平正义、合作共赢的新型国际关系，推动构建人类命运共同体，建设持久和平、普遍安全、共同繁荣、开放包容、清洁美丽的世界，推动经济全球化朝着更加开放、包容、普惠、平衡、共赢的方向发展。

——《历史 选择性必修1·国家制度与社会治理》

教师活动：引导学生根据材料并结合所学知识，思考中共十八大以来中国取得的外交成就及中国外交发展取得巨大成就的原因。

学生活动：阅读材料，思考回答。

成就：新中国成立以来，特别是中共十一届三中全会以后，在外交方面所取得的成果日益扩大，建交国家数量日益增加。

原因：①政治、经济：中国共产党的正确领导以及综合国力的增强。②思想：实事求是，与时俱进。准确把握国际关系的复杂多变和主要矛盾，制定出正确的外交方针和政策。③外交：超越意识形态处理国家间关系，奉行独立自主的和平外交政策。④道路：走和平发展道路，创造性地走上了符合本国国情的和平发展道路。

课堂小结

当代中国的外交 ┬ 开创独立自主和平外交
　　　　　　　　├ 改革开放后的外交成就
　　　　　　　　├ 中共十八大以来的中国特色大国外交
　　　　　　　　└ 中国外交发展取得巨大成就的原因

作业拓展

问题：当今世界正经历百年未有之大变局，一方面，世界多极化进一步发展，新兴市场国家和发展中国家崛起成为不可阻挡的历史潮流，各国人民的命运从未像今天这样紧密相连；另一方面，霸权主义、强权政治依然存在，保护主义、单边主义不断抬头，文明冲突论、文明优越论等错误论调不时沉渣泛起。合作还是对抗？对话还是冲突？开放还是封闭？互利共赢还是以邻为壑？

 设计反思与讨论

"外交指任何以主权国家为主体，通过和平方式，对国家间关系和国际事务的处理。"代表国家的政府通过外交来维护本国利益，而政府对利益的认定往往取决于内政。

在教材处理上，因本课涉及的内容非常多，在教学过程中不可能做到面面俱到，因而选取重点、难点加以突破，如了解新中国外交方针的制定及取得的主要成就；认识影响国家外交方针政策制定的主要因素；理解这一时期外交在新中国历史上的开创性和奠基性意义。

第五单元　货币和赋税制度

第15课　货币的使用和世界货币体系的形成

《普通高中历史课程标准（2017年版2020年修订）》要求：了解中外历史上货币发行和使用情况，以及现代世界货币体系的形成。

根据课标要求及教材编排，教学过程围绕两部分展开。

中国货币的演进历程：通过历史图片、考古实物、文字材料等，侧重从时间和空间维度，梳理中国古代到近代货币发行和使用的概况；世界货币体系的形成：通过史料研读、层层设问，辅以分组讨论合作，理解世界货币体系如何协调世界各国的货币关系，进而促进世界经济的发展。这样设计既能让学生牢固地掌握知识，又能让学生体验获得知识的方法及过程，从而提升历史学科能力。

本课的内容在高一学习中涉及较少，但内容繁多，知识点密集，因此要采取多种教学方式，运用图片、漫画、材料等多种形式，注重创设问题情境与构建逻辑框架，启发学生学习，从而推动教学目标的达成。

教学目标

1. 通过梳理中外历史上货币制度的发展过程，了解人类社会从低级到高级的发展规律。

2. 通过文字、图片等资料，认识到货币的演变离不开当时社会环境的发展，世界货币体系的建立也是特定历史条件的产物。

3. 通过整体学习后，理清货币演变的时间顺序，以及演变的前因后果。

4. 知道中国的纸币是世界上最早的纸币，中国货币发展源远流长，货币文化丰富多彩，树立文化自信。

5. 认识到布雷顿森林体系瓦解，当今世界经济全球化趋势日益加强，新的经济秩序正在重构，中国应顺应这一趋势的发展，树立人类命运共同体的价值观。

 重点难点

1.重点：中国历史上货币的发展历程和演变规律；布雷顿森林体系的建立。
2.难点：世界货币体系的形成。

 教学活动过程

 导入 ❯❯❯ --

教师展示图片：

《水浒传》中的剧照

中国国家博物馆藏品

要求学生根据图片并结合所学思考，《水浒传》中的人物用什么来买东西？这种货币除了叫银子，是否可以叫银元宝？从中你是否体会到了货币的力量？

【设计意图】以图片为引子，让学生寻找历史真相和影视作品的差距，一方面拉近历史与现实的距离，激发学生的学习热情；另一方面，通过解读两张图片，引出与本课教学相关的内容。

导入学习任务一：中国货币力量的发展（中国货币的演进历程）

（1）货币的出现

材料1　随着生产力的提升，人类进入农耕时代，所能生产出的物质资料越来越丰富，这个时候，人们很难去衡量到底一只羊能换多少兜水果，几只羊才能换来一头牛……这样一来，人们不得不寻找一种双方都能接受其价值的物品，来充当"一般等价物"。……特殊商品，牛羊、贝壳、宝石、盐等不容易大量获取的物品都曾作为"一般等价物"来进行交易。

——宏皓《中国最早的货币专家》

教师活动：指导学生阅读材料并结合教材，分析什么是货币及货币产生的根源。

学生活动：阅读材料和教材，思考回答。

①含义：货币是商品交换的产物，是在商品交换过程中从商品世界分离出来的固定地充当一般等价物的商品，俗称"金钱"。

②根源：生产力的发展。

（2）货币的发展

教师活动：指导学生根据教材内容，梳理货币的发展脉络。

学生活动：梳理教材，归纳回答。

①古代货币。

古代货币种类

时　期	名　称	货币图案
先　秦	贝、刀、布、圆钱、蚁鼻钱等	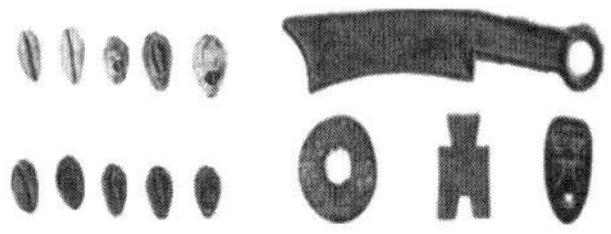
秦　朝	半两钱	
汉　朝	五铢钱	
唐　朝	开元通宝	
宋　朝	交子、会子	 
元　朝	宝　钞	
明　清	白　银	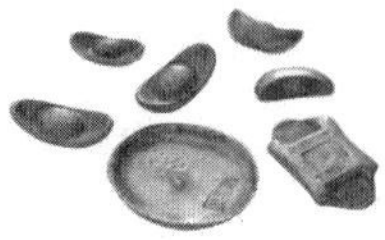

②近现代货币。

近代货币种类

时 期	名 称	货币图案
晚 清	银 圆	
民国建立后	银 圆	
1935年	法 币	
1948年	金圆券、银圆券	
1949年至今	人民币	

教师活动：继续追问，指导学生进一步分析图表，归纳中国古代货币的发展演变规律。

学生活动：小组讨论。

由自然货币向人工货币的演进（商仿贝）；由多元货币向统一货币的演进（秦半两）；由地方铸币向中央铸币的演进（汉五铢）；由文书重量向通宝、元宝的演进（唐开元通宝）；由金属货币向纸质货币的演进（宋交子）；由纸币宝钞向白银流通的演进（明清白银货币化）。

教师活动：指导学生根据图表，进一步思考中国古代货币的演进经历了哪几个重要的发展阶段。

学生活动：解读图表，思考回答。

①秦朝：半两钱（多元货币向统一货币的演进）。

材料2　秦灭六国，"六合为一"，货币的混乱状态，给国家统一向各地征收赋税及各地区之间的商品经济交流都造成极大不便，不利于经济的发展和统一政权的巩固。……直到公元前210年才最终统一了全国货币。秦朝在统一币制的过程中不仅对货币的形、质、量有明确规定，而且严禁私人铸钱。……它是中国历史上首次在全国范围内统一币制，意义至为重大。

——摘编自张诚《秦汉币制改革略论》

教师活动：指导学生根据材料并结合教材，分析秦朝统一货币的原因。

学生活动：阅读史料结合教材，思考回答。

战国时期，各诸侯国各行币值，货币混乱；秦朝完成统一，巩固政权的需要；

经济发展和赋税征收的需要。（根本原因）

②宋朝：纸币（金属货币向纸质货币的演进）。

材料3　交子的诞生，与经济繁荣有莫大的关系，可谓大时代与小地区的因缘巧合……除了北宋本身的时代背景，也在于四川的特殊性。四川因为躲避隋唐战乱，经济相对独立，贸易繁荣，因缺铜而依赖铁钱，携带不便。最终，四川茶叶和马匹等贸易的发达以及四川的铁钱的笨重，导致交子在相对独立和特殊的四川诞生。

——摘编自徐瑾《白银帝国：一部新的中国货币史》

教师活动：指导学生根据材料并结合教材，概括"交子"为什么会诞生于北宋时期的四川。

学生活动：阅读史料，提取信息。

铜币流通量不足；四川独立闭塞的贸易货币环境；民间的首创和官方的推动；北宋封建经济繁荣，商品经济进一步发展，交易量巨大（根本原因）。

③明朝：白银货币化（纸币宝钞向白银流通的演进）。

材料4　……鉴于铜钱铸造不易、纸币容易贬值，白银作为货币始终在民间流通，其贮藏、交易的优势日益明显。1530年政府推行一条鞭法，把所有的地税、贡纳、赋役、人头科，都归入田亩里面，计亩征银，白银成为唯一具有充分货币职能的货币。

——孙良玉《浅论明代白银货币化》

材料5

16 世纪 70—90 年代输入中国的白银数量（千克）

时　　间	1571—1575年	1576—1580年	1581—1585年	1586—1590年	1591—1595年
平均每年数量	41048	124050	187591	202453	218506

教师活动：指导学生阅读材料和表格，分析明朝中叶后白银货币化的原因。

学生活动：阅读材料和图表，分析回答。

传统货币存在缺陷（金属货币不便于携带，纸币易贬值）；白银作为货币本身的优势（贮存、交易方便）；政府赋税制度改革的推动；新航路开辟，大量白银流入中国；明代商品经济发展，货币需求量大（根本原因）。

材料6　明初民间开始自发使用白银，官方赋役也逐渐改为白银上缴，白银逐渐成为流通领域中的主要货币。……面对银荒危机，从16世纪中后期开始，明政府开放海禁。通过对外贸易，相当一部分美洲白银流入中国。作为当时世界上最大的经济体，中国以白银为主要货币，从而促使白银成为世界货币。围绕白银，形成了一个世界贸易网络。

——摘编自万明《明代白银货币化：中国与世界连接的新视角》

教师活动：指导学生阅读材料并结合所学，分析明朝中叶后白银货币化的影响。

学生活动：阅读材料结合所学，分析回答。

对中国：是商品经济发展的需要，也推动商品经济的进一步发展。

对世界：推动白银成为世界货币；推动世界贸易网络的发展；推动西欧资本主义的发展。

教师活动：继续追问，依据材料，运用唯物史观谈谈对中国货币发展的认识。

学生活动：总结回答。

社会经济不断发展影响历代币制改革，历代的币制改革推动社会经济发展。

（3）货币的滥用

材料7　在20世纪30年代大萧条的影响下，世界白银价格大幅上涨。1935年，中国发生了"白银风潮"：白银外流，国内通货紧缩，银行倒闭，企业破产，大规模失业爆发。国民政府在内外交困下被迫改革，于1935年11月公布了法币改革令。主要内容是：以中央、中国、交通三银行（后加中国农民银行）所发行的纸币为法币；禁止白银流通，并将白银收归国有，移存国外，作为外汇准备金；规定汇价为法币一元等于英镑1先令2.5便士，并由三银行无限制买卖外汇。币制改革产生了重要的影响。抗日战争时期担任伪中央储备银行顾问的日本人曾说："如无1935年之币制改革，亦无1937年之抗战。"

——摘编自王巍《废两改元与法币建立》

教师活动：引导学生根据材料并结合教材，思考国民政府推行法币改革的原因，并对国民政府的法币改革进行评价。

学生活动：运用材料及所学知识，思考分析。

①原因：国际方面，资本主义世界经济危机，西方各国的货币政策引发中国金融市场动荡，经济发展困难。国内方面，国民政府初步实现国家统一；借此进一步加强对国家金融的控制和垄断。

②评价：改变了中国币制混乱的局面；遏制了白银外流，稳定了金融市场；促进了民族资本主义经济和贸易的发展；为抗战奠定物质基础。

材料8

人们携带大捆的钱前往抢购日用品　　　　　　　　金圆券

材料9　根据《大众晚报》1948年7月30日的资料，在不同的年代100元法币能够买到：1937年两头大牛，1938年一头大牛一头小牛，1939年一头大牛，1940年一头小牛，1941年一头猪，1942 年一条火腿，1943 年一只母鸡，1944 年半只母鸡，1945 年一条鱼，1946 年一个蛋，1947 年一只煤球或三分之一根油条，1948 年 4 粒大米。

——王怀宁《通货膨胀简论》

教师活动：引导学生根据图片和材料分析国民政府后期币制改革出现的问题及危害。

学生活动：解读图片和材料，分析理解。

滥发纸币，货币贬值，引发恶性通货膨胀。

（4）货币的效用

教师活动：指导学生阅读教材，分析中华人民共和国发行的人民币为何能够成功。

学生活动：阅读教材，讨论发言。

人民币发行坚持三大原则：经济发行、计划发行、集中统一；人民币有相应的法律法规予以保护；国家政局的长期稳定；经济改革与稳步发展。

【设计意图】本子目内容是本课的教学重点，引导学生从时间和空间维度梳理中国货币的演进历程，有利于强化学生的时空观念，利用史料解读货币产生的原因和意义，提升学生的历史解释和史料实证能力。

导入学习任务二：世界货币力量的较量（世界货币体系的形成）

教师活动：指导学生讨论分析什么是世界货币体系。

学生活动：小组合作，讨论发言。

世界货币体系是调节各国货币关系的一整套国际性的规则、安排、惯例和组织形式。它一般包括三方面的内容：汇率制度的确定；国际储备资产的确定；国际收支的调整方式。

（1）大国较量（世界货币体系的形成过程）

教师活动：指导学生阅读教材，归纳世界货币体系的形成过程。

学生活动：阅读教材，梳理整合。

①金本位制（1816—1929）。

A. 标志：1816 年英国制定法案；以英镑为中心；以金币或黄金在国际流通为主的国际金本位货币制度。

B. 崩溃：1929 年经济大危机后。

②布雷顿森林体系（1944—1973）。

A. 标志：1944 年布雷顿森林会议；以美元为中心，35 美元兑换 1 盎司黄金的固定比值；各国货币与美元挂钩；美元等同于黄金的资本主义世界货币体系。

B. 瓦解：20 世纪 70 年代。

③牙买加体系（1976 年至今）。

标志：1976年IMF（国际货币基金组织）在牙买加首都通过协议，采用浮动汇率制取代固定汇率制；21世纪IMF的货币篮子中，五国货币成为国际贸易结算和各国外汇储备的主要货币。

（2）何以较量（世界货币体系演变的原因）

①金本位制——以英镑为主导的国际货币体系。

材料1

光荣革命　　　　　　　　　　　　　殖民扩张

工业革命

教师活动：展示图片，指导学生解读图片结合教材，分析以英镑为中心的金本位制形成的原因以及作用。

学生活动：讨论发言。

原因：资本主义世界市场不断扩大，国际的货币结算日益复杂。英国通过建立和完善资产阶级代议制，成为最强大的资本主义国家；通过殖民扩张，成为最大的殖民国家，拥有广阔市场；通过工业革命，成为世界工厂。

作用：促进了资本主义生产和世界经济的发展。

②布雷顿森林体系——以美国为主导的国际货币金融体系。

材料2

"二战"后残破的英国　　　　　　　"二战"后美国曼哈顿金库

材料3 战后初期，美国的经济、军事实力在全世界处于绝对优势。从经济方面说，它虽然只占有全世界 6% 的人口和土地面积，却占有资本主义世界工业生产量的 2/3，外贸出口额的 1/3，黄金储备的 3/4，战后成为最大的债权国。

——刘绪贻等《战后美国史》

教师活动：指导学生阅读材料、图片结合教材，概括布雷顿森林体系建立的背景和影响。

学生活动：阅读材料，解读图片，分析思考，整理回答。

A.背景："二战"使世界经济力量对比发生变化，西欧国家普遍衰落，美国经济实力空前膨胀，成为世界最大债权国；以英镑为中心的资本主义世界货币体系难以维系；美国企图建立自己主导的资本主义世界货币体系。

B.影响：促进了国际贸易，稳定了国际金融，有利于世界经济的恢复和发展；使战后世界经济朝着制度化、体系化方向发展；为美国推行世界霸权提供了条件。

③牙买加体系——浮动汇率制的多元货币体系。

材料4

漫画一　　　　　　　　　　漫画二

材料5 进入 70 年代以后，美国经济实力地位进一步下降，美元购买力也日益下降。一些西方国家要求美元贬值并向美国兑换黄金，美国不予理睬，于是德、意、比、荷等国先后实行浮动汇率制。在此情况下，美国政府于 1971 年宣布停止美元兑换黄金，布雷顿森林体系瓦解。此后，固定汇率制被浮动汇率制取代。

——姜春明、佟家栋《世界经济概论》

教师活动：指导学生阅读材料结合所学，简析浮动汇率制为特征的多元货币体系形成的原因及表现。

学生活动：阅读材料，思考分析。

原因：20 世纪 70 年代美国经济实力相对削弱，无力承担稳定美国汇率的责任；西欧、日本的崛起，世界多个力量中心出现，使世界多极化趋势加强。

表现：美元贬值，恢复浮动汇率制；21 世纪以后，美元仍占重要地位，欧元、英镑、日元、法郎、人民币影响力上升。

教师活动：总结升华。

近代以来，中国货币地位由盛转衰，西方帝国主义国家逐步建立霸权，主导世界。当今世界经济秩序正在重建，人民币地位越来越高。由此可见，它的发展变化是各国生产力发展的结果，是世界政治格局变化的表现。随着世界经济的发展和国际政治格局的变化，世界货币体系也在不断演进。货币主权也是一个国家经济主权之一。历史的发展已经证明，谁控制了货币的发行与分配，谁就控制了资源与财富。因此，货币既是国民经济的重要组成部分，也关系到老百姓的日常生活，是推动国家发展的经济密码。

【设计意图】本子目内容是本课的教学重点和难点，引导学生阅读文字材料和漫画材料，了解世界货币体系建立和演变的原因，培养学生提取信息和解读史料的能力。同时结合时政，认识到人民币在世界货币体系中的地位和影响力，培养对人民币的信心，对中国强大的信心，提高政治认同和民族自豪感。

课堂小结

随着社会经济的发展，商品交换开始活跃起来，这是各国历史上的共同现象。商品交换发展到一定程度，货币产生了。货币经历了从海贝、金属到纸币的演进过程，在经济发展历程中的作用越来越大。随着资本主义世界市场的出现，世界货币体系也逐渐形成并不断发展完善。总之，货币是社会经济发展，商品经济发展到一定程度的产物，同时在某种程度上也反映了经济发展的状况。

作业拓展

问题：在世界货币发展的过程中，人民币的地位有何变化？

学生通过查阅相关资料，以合作探究的形式对这一问题进行深入思考，从而提高历史思辨的能力。链接时政热点，提升学生的民族自豪感和自信心。

 设计反思与讨论

本节课信息量大，内容较新，无法面面俱到，只能大胆取舍，把时间用在突出重点和突破难点上。基础知识，以学生自主整理为主。

在教学方法上，以教材为基础，以课程标准为导向，把所讲教材的内容编制成有序的知识信息，辅助多种手段，如语言文字、图片等创设情境，同时辅以问答法和合作探究的手段，给出设问和任务，让学生自己走进历史，综合自己已有的知识，最后得出结论，获取历史的启迪。

教学中体现学科核心素养理念。本课以史料研读的方式提升学生史料实证和历史解释能力，特别增加了当下时政热点的内容，凸显培育学生家国情怀的教学目标。

第16课　中国赋税制度的演变

 设计思路

《普通高中历史课程标准（2017年版2020年修订）》要求：了解中国古代赋役制度的演变及关税、个人所得税在中国的产生和实行。

本课教材从中国古代赋役制度、关税制度以及个人所得税制度三个方面呈现了中国赋税制度的演变。

本课子目之间逻辑关系大体为时间先后关系。教学设计紧抓赋税大概念，注重时空观念，对教材进行梳理，厘清中国古代赋役制度发展脉络，以史料研读、问题导向的方式认识赋役对于统一王朝的重要意义，同时理解关税制度和个人所得税制度是有利于国家建设和发展的制度。

中国古代赋税制度相关知识点在必修课程中有零星涉及，但不系统。通过前面几单元关于制度演变的学习，学生能根据教材进行自主阅读和梳理，教师在教学过程中还需要补充一定的史料，加以引导分析，以灵活多变的教学方式，拓展学生的思维深度，发展学生的思维能力，提升学生的学科素养。

 教学目标

1. 了解中国古代赋税制度的演变历程，运用相关史料分析古代赋税制度的发展阶段、演变规律。

2. 掌握关税制度产生的历史，结合近代历史的发展探究近代关税自主权丧失及收回的艰难历程，认识到中华人民共和国的成立使中国人民收回了关税自主权并获得了新发展。

3. 把握个人所得税制度发展的历史，分析个人所得税制度的影响，树立正确的纳税观。

重点难点

1. 重点：中国古代赋税制度的演变历程；中国近代关税制度的发展。

2. 难点：中国古代赋税制度的演变规律。

教学活动过程

导入

教师展示图片：

告别田赋鼎 　　　　　　　　征收房产税

　　要求学生根据图片并结合所学，思考为何有废除旧税、开征新税的变化，税收对于国家治理而言，意味着什么。

　　【设计意图】通过图片直观地显示赋税制度的变化，结合时事政治，让学生设身处地地思考问题，激发学生深层次的学习热情、探究欲望，进而引出和展开本课的学习。

导入学习任务一：赋役，国富民穷（中国古代赋役制度的演变）

（1）含义和分类

　　材料1　赋税和徭役的合称。赋税指历代统治阶级用强制方法向人民征收的实物、银钱等；徭役即历代统治者强迫人们从事的无偿劳役，包括军役、力役、杂役等。田赋是中国旧时历代政府对拥有土地的人所课征的土地税，是赋税的一种形式。算赋是秦汉时政府向成年人征收的人头税。丁税是历代封建政府征收的人头税的总称，一般对男丁征收。

　　　　　　　　　　　　　　　　　　　　——杨涛《中国封建赋役制度研究》

　　教师活动：指导学生阅读材料并结合教材，分析什么是赋役制度以及有哪些分类。

　　学生活动：阅读材料和教材，思考分析。

　　①含义：赋税和徭役的合称。赋税指历代统治阶级用强制方法向人民征收的实物、银钱等；徭役即历代统治者强迫人们从事的无偿劳役，包括军役、力役、杂役等。

　　②分类：赋税，包括田赋（租）、丁税、户税（调）、其他杂税。徭役，包括兵役、力役、杂役。

（2）发展演变

教师活动：指导学生根据教材内容，梳理秦朝至清朝赋役制度的发展脉络。

学生活动：阅读教材，回答问题。

赋役制度的发展脉络

朝　　代		赋役制度
秦　代		田赋（税率极高）、人头税（重）、徭役（更卒、正卒、戍卒）
汉　代		汉初田赋（轻）、人头税（口赋和算赋）、财产税（重）、徭役（更卒、正卒、戍卒）
隋　代		租调役
唐　代	初　唐	租庸调制
	中　唐	两税法
宋　代		两税法、附加税（繁杂多变）、募役法、徭役（扰民严重）
元　代		租庸调制（北方）、两税法（南方）、另行"科差"
明　代	初　年	两税法
	正　统	金花银
	后　期	一条鞭法
清　代		摊丁入亩（康熙）

教师活动：继续追问，指导学生进一步分析图表，讨论归纳中国古代赋役制度发展演变的趋势。

学生活动：思考、讨论、回答。

①征税标准：从以人丁为主到以田亩为主（以两税法为标志）。

②人身依附关系：从人身依附强到人身依附逐渐减弱，必须服徭役到纳绢代役再到折银代役（以"庸"为标志）。

③赋税形式：从实物地租向货币地租转变（以两税法和一条鞭法为标志）。

④征税种类：赋役合并，从繁杂到简单（以一条鞭法为标志）。

⑤征税时间：从不定时到基本定时（以两税法为标志）。

（3）发展阶段

①秦汉至唐中叶：赋役并重。

材料2 （秦始皇）收泰半之赋，……力役三十倍于古；田租口赋，盐铁之利，二十倍于古，……竭天下之资财以奉其政，犹未足以赡其欲也。

——《汉书·食货志》

材料3 （汉高祖）约法省禁，轻田租，什五而税一。……孝景二年，令民半出田租，三十而税一也。……至武帝之初七十年间，国家亡事，……则民人给家足，都鄙廪庾尽满，而府库余财。

——《汉书·食货志》

教师活动：指导学生根据材料并结合教材，分别概括材料中所反映的历史现象。

学生活动：阅读材料和教材，分别予以概括。

材料2反映了秦始皇时期赋役沉重，极大地破坏生产力，百姓困苦。

材料3反映了汉朝统治者减轻农民负担，赋税较轻，而天下富足安定。

教师活动：指导学生根据材料并结合教材，分析租庸调制的创新之处体现在哪里，推行的基础是什么，有什么样的进步意义。

学生活动：阅读材料和教材，回答问题。

A.创新之处：租、调之外的役，可以"庸"代替，即缴纳一定的绢或布来替代徭役。

B.基础：均田制。

C.意义：保障了政府财政收入；保证了农民生产时间，促进了农业生产的发展。

材料4 每丁岁入租粟二石。调则随乡土所产，绫绢绝各二丈，布加五分之一。输绫绢绝者，兼调绵三两；输布者，麻三斤。凡丁，岁役二旬。若不役，则收其佣，每日三尺。

——《旧唐书·食货上》

②唐代中叶至明代中叶：赋重于役。

材料5 唐初，实行的以均田制为基础上的租庸调制。后来地主兼并愈来愈剧烈。官府贪暴愈来愈凶猛，农民受到租庸调法的压力也愈来愈严重。天宝年间，均田制早不存在，调查丁口并无实际意义，也就无须造户籍，实行不以人丁为本的租庸调法。安史之乱以后，户口削减，向乡里按丁收税已不能行，唐代宗大历年间，开始按亩定税，改变以人丁为本的旧法，分夏秋两季收税，为两税法开先例。

建中元年（780年），唐德宗行两税法。要点是：量出制入；商贾在所在州县纳税三十分之一，使与定居的人负担均等；定居的人，分夏、秋两次纳税；两税都按钱计算；租庸调及其他一切科目全部废除。

——摘编自范文澜《中国通史》

教师活动：指导学生根据材料并结合教材，概括两税法改革的背景和影响。

学生活动：阅读史料，提取信息。

A.背景：土地兼并和政府盘剥严重；长期战乱导致户口削减；原有税制（均田制和租庸调制）无法实施，国家财政困难。

B.影响：简化税收名目，扩大收税对象，保证了国家的财政收入；一定程度上促进了商品经济的发展；征税从以人丁为主到以财产为主，赋税负担相对公平，同时也减轻了政府对农民的人身控制。两税法量出制入，再加上皇帝私欲、官吏盘剥等原因，唐后期土地兼并越来越严重，大地主隐瞒财产转嫁赋税现象增多，政府为保证财政又增加捐税，农民负担更加沉重，社会矛盾加剧。

③明代中叶至清代前期：役并入赋。

材料 6

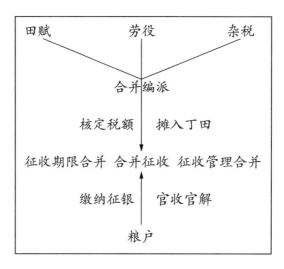

"一条鞭法"构架图

材料 7　一条鞭法者，总括一州县之赋役，量地计丁，丁粮毕输于官。一岁之役，官为佥募。
力差，则计其工食之费，量为增减；银差，则计其交纳之费，加以增耗。凡额办、派办、京库岁
需与存留、供亿诸费，以及土贡方物，悉并为一条，皆计亩征银，折办于官，故谓之一条鞭。

——《明史·食货志》

教师活动：指导学生观察框架图，阅读材料并结合教材，谈谈如何理解一条鞭法是中国赋役
制度上的重大变革，以及这一重大变革的意义。

学生活动：根据材料和图表，分析回答。

重大变革：赋役变革：赋役合并；赋役形式：一概征银；征收方式：计亩征收。

意义：A.赋役合并：简化了税制，使收入更加稳定可靠，在一定程度上限制了贪污腐败，
中饱私囊。B.赋役征银：使农民与市场的联系加强，推动着农产品商品化，有利于商品经济的
发展和资本主义萌芽的成长。C.计亩征收：扩大了赋役的承担面，在一定程度上起到了均赋均
役的作用，同时保证了国家的财政收入。

【设计意图】结合表格厘清赋役制度发展的基本脉络，有助于培养学生的时空观念。通过文
字史料，对不同阶段的赋役制度进行比较，进而思考赋役制度演变的原因及影响，由浅入深，形
成问题链，从而培养学生的历史解释和史料实证能力。

导入学习任务二：关税，国权民生（关税制度的产生、曲折和完善）

教师活动：对关税进行概念解读。

海关依据国家关税政策、税法及进出口税则，对进出关境物品征收的税，称为"关税"。

（1）古代中国：享有完全的关税自主权

材料1 司关，掌国货之节，以联门市，司货贿之出入者，掌其治禁与其征厘。

——《周礼·地官》

材料2 我国早期关卡属于"国家"之间的防御体系，政治、军事功能第一。设关目的只是稽查过往货物有无违禁品，过境而不征税。其后，随着社会经济的发展，关卡开始延伸出财政功能。因此，我国早期的关税实际上也是一种通过税，关卡是公共权力的施政部门，同时也是国家课征关税的权力机关。

——黄天华《试论中国关税制度的起源》

教师活动：指导学生阅读史料并结合教材，概括中国早期关税制度的特点。

学生活动：解读史料，概括回答。

起源早，历史悠久；政治、军事功能第一，后延伸出财政功能；属于通过税；国内关税和国境关税并存；中国有完全的关税自主权。

（2）近代中国：关税自主权的丧失与收回

材料3 英国商民住居通商之广州等五处，应纳进口出口货税、饷费，均宜秉公议定则例，由部颁发晓示，以便英商按例交纳。今又议定英国货物自在某港按例纳税后，即准由中国商人遍运天下，而路所经过税关，不得加重税则，只可照估价则例若干，每两加税不过某分。

——《南京条约》（1842年）

材料4 倘中国日后欲将税则变更，须与合众国领事官议允。

——《望厦条约》（1844年）

材料5 法兰西人在五口贸易，凡入口、出口均照税则及章程所定，系两国钦差印押者，输纳钞饷。其税银将来并不得加增，亦不得有别项规费……倘有后减省税饷，法兰西人亦一体邀减。

——《黄埔条约》（1844年）

教师活动：阅读材料并结合教材，分析近代中国是如何一步步丧失关税自主权的。

学生活动：阅读材料和教材，分析归纳。

《南京条约》：协定关税，开始丧失。《望厦条约》《黄埔条约》：进一步丧失；列强长期把持海关大权（赫德）。

材料6 "盖自关税协定制度成立以来，以进口税率之低，外国纷纷以其过剩制品输入我国而莫之能御，因以造成外商垄断之势力。而同时以出口税之不能免除，致应奖励对外贸易之物品，亦不能免税，此出口贸易之不能发达也。"形成不但不能保护国货，反而处处有保护洋货压迫国货之倾向。

——胡公启《晚清中国关税制度的变迁及其影响》

教师活动：指导学生阅读材料并结合教材，分析近代关税自主权丧失的危害，并简述对关税自主权的认识。

学生活动：阅读材料，思考分析。

①危害：经济上，便利了列强向中国倾销商品，关税起不到保护本国产业的作用，自然经济受到冲击，一些民族工业甚至遭到毁灭性打击。政治上，破坏了国家主权，加深了中国的半殖民地化程度，中国国际地位下降。

②认识：关税自主权是一个主权独立国家重要的经济主权；关税政策是保护本国工商业的重要手段；适应时代需求的关税政策能促进国民经济的发展。

教师活动：指导学生阅读教材，概括近代中国为收回关税自主权所做的努力。

学生活动：阅读教材，梳理整合。

近代中国收回关税自主权的进程

时　期	进　程
国民革命时期	中国共产党和中国国民党都明确提出要求关税自主的主张
南京国民政府时期	取得一定进展，但仍不能完全自主地制定税率 1927年，宣布关税自主，公布国定《进口税暂行条例》 1928年，国民政府发表"改订新约"的对外宣言 1930年，日本也终于同意了《中日关税协议》
新中国成立后	真正收回关税自主权

（3）现代中国：关税自主权的不断完善

教师活动：指导学生阅读教材，完成现代中国关税自主权不断完善的表格。

学生活动：阅读教材，自主完成。

现代中国关税自主权的发展历程

时　期		成　就
新中国成立后不久		①制度设立：《中华人民共和国海关进出口税则》及其实施条例； ②重要地位：中华人民共和国第一部独立的专门的海关税法，统一了全国关税制度
改革开放后	法制化建设	①原因：新时期国家经济体制改革和对外开放政策需要； ②表现：1985年《中华人民共和国进出口关税条例》和《中华人民共和国海关进出口税则》强化了关税制度的法制化建设
	进一步完善	1987年通过了《中华人民共和国海关法》，进一步完善了关税的基本制度，对国民经济发展和对外贸易起到了重要促进作用

【设计意图】通过文字史料，结合表格，了解近现代中国关税自主权丧失、收回和完善的曲折历程，对关税自主权丧失的危害以及关税制度的作用进行思考，认识关税自主权的重要性，让学生意识到奋发图强、振兴中华，是每个学生所要担负的历史重任。

导入学习任务三：个税，国泰民安（个人所得税的发展）

教师活动：对个人所得税进行概念解读。

个人所得税是以纳税人个人取得的各项应税所得为征收对象的税种。

（1）个人所得税的起源与演变

教师活动：指导学生阅读教材，完成个人所得税制度的起源与演变时间轴。

学生活动：阅读教材，整理完成。

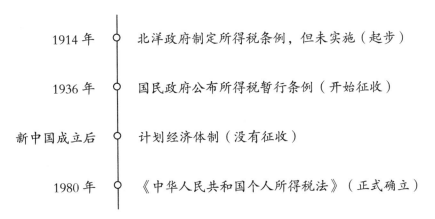

1914 年　　北洋政府制定所得税条例，但未实施（起步）

1936 年　　国民政府公布所得税暂行条例（开始征收）

新中国成立后　　计划经济体制（没有征收）

1980 年　　《中华人民共和国个人所得税法》（正式确立）

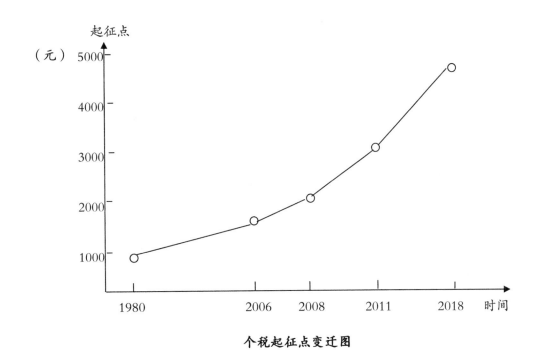

个税起征点变迁图

教师活动：根据个税起征点变迁图并结合所学，思考为什么直到 1980 年中国才颁布《中华人民共和国个人所得税法》，个税起征点的不断提高，说明了什么。

学生活动：结合所学，思考回答。

①经济原因：1956 年至 1978 年，计划经济时代个人和家庭收入整体差别不大，没有征收的必要；十一届三中全会后，由计划经济向市场经济转型，一定程度上允许私有制存在，也就有交个人所得税及规范执行的需要。政治原因："文革"动荡十年，使民主与法制遭践踏，"文革"结束后，吸取经验教训，认识到法律的重要性。

②认识：说明生产力水平的提高。

（2）个人所得税的作用和意义

材料1　第二条　下列各项个人所得，应当缴纳个人所得税：

（一）工资、薪金所得；（二）劳务报酬所得；（三）稿酬所得；（四）特许权使用费所得；（五）经营所得；（六）利息、股息、红利所得；（七）财产租赁所得；（八）财产转让所得；（九）偶然所得。

——《中华人民共和国个人所得税法》（2018年8月31日修正）

教师活动：根据材料并结合教材，分析征收个人所得税的作用和意义。

学生活动：阅读材料和教材，回答问题。

增加财政收入；调节个人收入分配，利于社会公平稳定；有助于培养和增强公民纳税意识。

【设计意图】通过梳理教材，自主完成个人所得税制度的起源与演变时间轴，提高学生的历史解释能力。通过分析1980年以来个税起征点不断提高的原因，认识到国家经济的蓬勃发展，从而提高学生的民族自豪感。

课堂小结

古代的赋役，除田赋外还有人头税、徭役等，老百姓的负担一直都很重。关税制度古已有之，中国一直享有完全的关税自主权，但在近代经历了丧失和收回的曲折历程。新中国实行了有利于国家发展的关税制度和个人所得税制度。正如本杰明·富兰克林所说："人的一生有两件事是不可避免的——死亡和纳税。"

作业拓展

问题：南京国民政府发起"改订新约"运动的原因及影响。

通过小组合作探究的形式，提高学生搜集和运用史料研究历史的能力，进而认识到关税自主权的重要性，激发他们为中华民族的伟大复兴而不懈奋斗的使命感和责任感。

 设计反思与讨论

本节课教学内容具有比较明显的跨学科特征，为此需要查阅大量的相关资料，但资料来源有限以及资料的筛选整合耗时耗力。

在教材处理上，本课围绕赋税制度展开，涉及多个角度，因此在教学过程中不可能面面俱到，应选取重点、难点加以突破，如中国古代赋税制度的演变历程和规律以及中国近代关税制度的发展。

在教学方法上，在归纳总结中国赋税制度时必须借助相关典籍记载及文献资料，但大量使用对学生而言晦涩难懂，难免加大学生的理解难度，降低学生的学习兴趣。

第六单元　基层治理与社会保障

第17课　中国古代的户籍制度与社会治理

《普通高中历史课程标准（2017年版2020年修订）》要求：了解中国古代以赋役征发为首要目的的户籍制度，以及有代表性的基层管理组织；知道中国古代王朝在社会救济和优抚方面采取的重要措施。

根据课标要求及教材编排，教学过程围绕三部分展开。

历代户籍制度演变：注重时空观念的落实，通过史料研读的方式学习中国古代历代户籍制度的演变及其趋势，理解户籍制度是为赋役制度服务的。历代基层组织与社会治理：研读课本，按时序梳理中国古代历代在基层组织与社会治理方面采取的措施及演变趋势。历代社会救济与优抚政策：注重时空观念，以时空为线索通过史料研读的方式学习中国古代历代社会救济措施与优抚政策，了解中国古代主要的社会救济力量及其救济的重点。

本课内容时间跨度大，知识点多，涉及一些古代重要制度，离学生生活实际较远，学生理解起来有一定难度。

教学目标

1.通过列表格或时间轴的形式梳理中国古代历代户籍制度、历代基层组织与社会治理、历代社会救济与优抚政策的基本史实，培养学生的时空观念。

2.通过展示书本插图、文献史料、户籍文书等实物史料，了解各户籍制度、基层组织和社会救济的内涵，归纳其演变的特点或趋势，培养学生的唯物史观、史料实证、历史解释等历史核心素养。

3.通过对中国古代户籍制度、社会治理和社会救济的学习，感受中国古代基层治理的先进性，感受中国古代的政治智慧，培养学生的家国情怀。

 **重点难点**

1. 重点：中国古代的户籍制度和基层管理组织。
2. 难点：中国古代户籍制度和基层管理组织的演变。

 教学活动过程

 导入 ❯❯❯ --

展示一张清代咸丰年间的临海县门牌图片，引导学生一起解读门牌上所呈现的信息，引入本课古代户籍制度和基层治理的学习。

临海县门牌

【设计意图】以贴近学生实际的地方史实物导入，激发学生的学习兴趣，让学生感受到历史就在身边。

导入学习任务一：历代户籍制度演变

（1）历代户籍制度
教师活动：引导学生自主学习，编制"中国古代户籍制度简表"。
学生活动：阅读课本，完成表格。

中国古代户籍制度简表

时　　期	演　　变
战　　国	国家大规模编排民户，制定户籍
秦	分类登记：宗室籍、官吏籍、商贾籍
汉	编户齐民
东汉末年	战事频繁，户籍散乱
隋	大索貌阅
唐	唐承隋制，户籍三年一造
宋	主户与客户
元	诸色户计
明	以职业定户籍，造"黄册"
清	康熙年间永停编审

（2）历代户籍制度演变趋势

材料1　时犹承文帝和平后，禁网疏阔，户口多漏。或年及成丁，犹诈为小，未至于老，已免租赋。蕴历为刺史，素知其情，因是条奏，皆令貌阅。若一人不实，则官司解职，乡正、里长皆远流配。又许民相告，若纠得一丁者，令被纠之家代输赋役。是岁大业五年也。诸郡计帐，进丁二十四万三千，新附口六十四万一千五百。帝临朝览状，谓百官曰："前代无好人，致此罔冒。今进民口皆从实者，全由裴蕴一人用心。"

——李延寿《北史·裴蕴传》

材料2　宋代实行依人户财产划分户等的制度，将户籍分为主户和客户两大类。主户指拥有土地，缴纳二税的国家税户；客户是指乡野不占田之民，借人之牛、受人之土的庸而耕者。这就把是否拥有土地和财产作为划分主户客户的主要标准。

——邢建华《古代户籍：历代区划与户籍制度》

材料3　元代对户籍进行分类管理，是元代户籍制度上的一个显著特色。元朝将从事不同职业的人户在户籍上区别开来，固定他们所承担的义务，统称"诸色户计"……在元代北人户和南人户"诸色户计"中，人数最多、覆盖面最广的是民户、军户和匠户，他们基本上涵盖了元代各种不同的户计分类标准。民户负责主要的社会生产，是国家各种赋税、杂泛差役的主要承担者。民户是元代财政收入的第一来源。

——邢建华《古代户籍：历代区划与户籍制度》

材料4　今丁银既皆摊入地粮，而滋生人户，又钦遵康熙五十二年皇祖恩旨，永不加赋，则五年编审，不过沿袭虚文，无裨实政。……嗣后编审之例，著永行停止。

——《大清会典事例》

教师活动：引导学生根据材料并结合课本内容思考问题：隋朝推行"大索貌阅"的原因及意义；宋代、元代户籍制度的特点；清朝永停编审户籍的原因。

学生活动：阅读材料，思考、讨论并回答。

隋朝推行"大貌索阅"的原因：隋初农民隐漏户口、诈老诈小的现象极为严重，直接影响到国家财政收入和对劳动力的控制。意义：大量隐漏户口被查出，增加了政府控制的人口和赋税收入。

宋代户籍制度的特点：以土地和财产作为划分主户和客户的主要标准。

元代户籍制度的特点：以职业定户籍。

清朝户籍永停编审的原因：摊丁入亩后国家征发赋役不必再以户籍为依据，户籍的作用大为削弱。

教师活动：引导学生回顾历代户籍制度，思考历代户籍制度演变的趋势及原因。

学生活动：思考并回答。

历代户籍制度演变的趋势：由复杂到简单；户籍制度下人身依附关系逐渐减弱；传统户籍制度逐渐被废除。

原因：户籍制度为征发赋役服务，伴随赋役制度的变化而变化。

【设计意图】通过学生动手编制"中国古代户籍制度简表"，落实书本知识，培养学生的时空观念。通过史料解读，培养学生的史料实证能力，理解重要户籍制度实施的原因、特点，并对历代户籍制度做出合理的历史解释，同时为解决难点问题——户籍制度演变的趋势做铺垫，运用唯物史观分析、理解户籍制度是随着赋役制度的变化而变化的，很好地落实了历史学科的核心素养。

导入学习任务二：历代基层组织与社会治理

（1）历代基层组织

教师活动：结合课本自主梳理中国古代历代基层组织，并展示秦朝政治制度示意图，引导学生思考秦朝县以下的基层组织设置及官员主要职责，并进一步思考封建时代基层组织的主要任务。

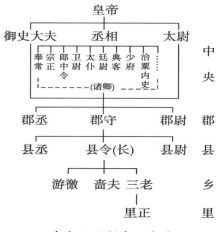

秦朝政治制度示意图

学生活动：思考并回答历代基层组织设置。

①秦朝：乡里制；②唐朝：百户为里，五里为乡，城内设坊，郊外设村，设里正、坊正、村正；③明朝：里甲制。

封建时代基层组织的主要任务：征发赋役、维护稳定，兼具区划和户籍管理。

（2）历代基层社会治理

材料1 在古代中国，县以下基层社会，由具有强烈自治色彩的家族、宗族、乡族等组织系列在行政司法、经济活动、精神生活等方面，成为国家末端政权的补充。费正清曾说："政府统治的活动可以区别为两类，一类是往下只到地方县一级的正规官僚机构的活动，另一类是由各地缙绅之家进行领导和施加影响的非正规的网状系统的活动"……"地方长官只有在与当地士绅头面人物的密切合作下，才能做他的工作。"

——摘编自张研、牛贯杰《清史十五讲》

教师活动：引导学生结合材料思考基层治理的作用。

学生活动：基层民众自我管理与相互监督，稳定了基层社会秩序。

教师活动：引导学生梳理历代基层社会治理机制。

学生活动：阅读课本，梳理历代基层社会治理机制。

①秦汉：什伍组织；②唐朝：邻保制度；③北宋：保甲制；④明朝：十家牌法；⑤清朝：清初实行里甲制，后改为推行编制严密的保甲制。

材料2 （乾隆）二十二年更定保甲之法：一、顺天府五城所属村庄暨直省各州县乡村，每户岁给门牌。十户为牌（奇零散处，通融编列），立牌长；十牌为甲，立甲长；三年更代。十甲为保，立保长，一年更代。士民公举诚实识字及有身家之人报官点充。……凡甲内有盗窃、邪教、赌博……聚会等事，及面生可疑、形迹诡秘之徒，责令专司查报。户口迁移登耗，责令随时报明，于门牌内改换填给。

——《清朝文献通考·户口考》

教师活动：引导学生结合材料和课本思考清朝社会治理的特点。

学生活动：兼具区划和户籍管理性质的乡里制与旨在维护社会治安的保甲制合一。

【设计意图】引导学生按时序梳理历代基层组织和社会治理机制，帮助学生落实课本基础知识，同时注重培养学生的时空观念。通过研读史料，明白基层组织和社会治理机制设置的目的及其在清朝的变化，使学生形成合理的历史解释。

导入学习任务三：历代社会救济与优抚政策

（1）历代社会救济

材料1 据不完全统计，从秦汉至明清，各种灾害和歉饥就有5079次。统治阶级为应付灾荒，设置了一些社会保障机构。民间也曾广泛流行着许多自发形成的地区性或行业性的互助团体，它们有的以同一村庄的邻里乡亲为依托，有的以同一姓氏家族为纽带，有的以亲朋好友为网络，有的以同业人员为单位，构成了一个社会互助救济的民间群体。当互助团体成员因年老、疾病、伤残、生育或遭受不可抗拒的灾难时，能及时得到互助团体的救济。

——摘编自王国奇《中国古代社会保障思想与实践初探》

材料2

隋朝含嘉仓遗址　　　　　　　　　朱子社仓

材料3　范文正公，苏人也。平生好施与，择其亲而贫、疏而贤者咸施之。方贵显时，于其里中买负郭常稔之田千亩，号曰义田，以养济群族。族之人日有食，岁有衣，嫁娶凶葬皆有赡。择族之长而贤者一人主其计，而时其出纳焉。日食人米一升；岁衣人衣一缣。嫁女者五十千，再嫁者三十千；娶妇者三十千，再娶者十五千；葬者如再嫁者之数，葬幼者十千。族之聚者九十口，岁入粳稻八百斛，以其所入，给其所聚，需然有余而无穷。

——钱公辅《范仲淹全集·义田记》

教师活动：引导学生结合材料及课本，分析中国古代重视社会保障的原因、主要力量及其相关史实，理解古代社会救济的特点及意义。

学生活动：思考并回答。

原因：古代社会生产力水平低，天灾人祸频繁；儒家民本思想和宗族观念的影响；小农经济的脆弱性；维护统治的需要。

古代社会保障的主要力量及相关举措

实施者		相关举措
政　府	汉　朝	常平仓制度
	唐　朝	既重视官方储备，也提倡民间积储（义仓、社仓）
宗族（宋）		设立义田、义学、义宅、义冢等族产
慈善组织（明清）		善堂、善会

①社会救济的特点：A.政府占主体地位，民间组织处于辅助地位；B.政府重点在救灾，核心是保证粮食供应；社会力量的救济侧重于日常生活的赈济。

②社会救济的意义：A.为民众提供了一定的生活保障，以保证人口的繁衍和正常生产活动的进行；B.客观上有利于维护社会稳定，巩固统治。

（3）历代优抚政策

材料1　老而无妻曰鳏,老而无夫曰寡,老而无子曰独,幼而无父曰孤,此四者天下之穷民而无告者。文王发政施仁，必先斯四者。

——《孟子·梁惠王章句下》

教师活动： 引导学生结合材料和课本思考古代优抚的对象、历代具体的优抚政策及实施社会救济的意义。

学生活动： 思考并回答。

优抚对象： 鳏寡孤独，老弱病残。

<h3 align="center">历代优抚政策</h3>

优抚内容	相关举措
尊敬赡养老人	秦汉：赐鸠杖 明初：优抚高龄平民，八十岁以上月给米五斗、酒三斗、肉五斤
保障鳏寡孤独的生活	唐代养病坊、宋代福田院、元代众济院、明清养济院

【设计意图】通过史料研读，培养学生史料阅读能力和概括能力，让学生对历代社会救济和优抚政策形成合理的历史解释，体会中国古代社会救济的特点和意义，深刻认识社会救济对国家治理的积极意义，培养家国情怀。

课堂小结

　　本节课我们学习了中国古代历代户籍制度、基层组织与社会治理、社会救济与优抚政策，它们是随着社会的发展而不断发展完善的。通过学习，我们充分感受到了中国古代的政治智慧。相信在21世纪的今天，作为人口大国的中国，我们的户籍制度和社会治理依然能够与时俱进，一定能更好地助推中国的繁荣富强。

作业拓展

　　问题：到图书馆查阅资料或询问家中长辈，了解自己家所在村庄的形成历史和村庄或家族内部实行的管理和救济制度。

　　培养学生自主学习能力、史料实证能力，让历史照进现实，加深学生对家乡、对家族之爱。

145

设计反思与讨论

　　在教材处理上，本课涉及的内容多，涉及中国古代基层治理的三方面内容，教学过程中不可能面面俱到，中国古代历代户籍制度、基层组织与社会治理、社会救济与优抚政策的相关史实以学生列表格的方式梳理，课堂上重点突破这些制度演变的趋势或特点、意义。

　　在教学方法上，采取多种形式，如史料研读、小组讨论等，让学生体验合作学习的快乐，让学生在掌握基础知识的同时，加深对课本知识的理解，从而提升学生的思维品质。

　　本教学设计体现核心素养理念。本课旨在培养和提高学生的时空观念、史料实证和历史解释等学科核心素养，坚持唯物史观。通过本课学习，让学生充分感受中国古代的政治智慧，培养学生的家国情怀。

　　在实际教学中，可能出现教师讲解过多和学生主动参与过少、教师过分注重梳理书本知识而忽略学生辩证思维及学科核心素养有效提升等问题。

第18课　世界主要国家的基层治理与社会保障

 设计思路

《普通高中历史课程标准（2017 年版 2020 年修订）》要求：知道西方主要国家基层治理的特点及其由来；了解现代社会保障制度的产生及其实行情况。

根据课标要求及教材编排，教学过程围绕两部分展开。

西方主要国家基层治理的历史与特点：运用史料梳理西方主要国家基层治理的发展历程，归纳其特点，注重时空观念的落实，提升学生史料实证、历史解释等核心素养，并学会用唯物史观分析、解决问题。现代社会保障制度的建立与发展：通过研读史料和课本，依据时序梳理西方主要国家现代社会保障制度的建立与发展，正确认识社会保障制度与社会经济之间的辩证关系，落实唯物史观等核心素养。通过学习新中国具有中国特色的社会保障制度的建立及其成就，使学生感悟中国社会治理水平的提升，增强民族自豪感，涵养家国情怀。

本课两个部分的内容相对比较独立，时间跨度大，学生对于世界史尤其是西方基层社会和现代社会保障制度的状况相对陌生。

 教学目标

1.通过展示文字、图片等史料，了解西方主要国家基层治理和现代社会保障制度的发展历程，培养学生的时空观念素养。

2.通过研读史料，分析西方主要国家基层治理的特点，认识基层治理和社会保障制度体现了不同时期经济社会的发展状况，培养学生的唯物史观、史料实证、历史解释等历史核心素养。

3.通过学习新中国具有中国特色的社会保障制度的建立及其成就，使学生感悟中国社会治理水平的提升，增强民族自豪感，涵养家国情怀。

 重点难点

1.重点：西方主要国家基层治理的历史与特点；现代社会保障制度的建立与发展。

2.难点：西方主要国家基层治理的特点；现代社会保障制度建立的原因。

教学活动过程

 导入 ▶▶▶

教师展示图片：

社区通行证 　　　　　　　　　　防控监测点

教师活动：自新冠肺炎疫情暴发以来，我们身边有太多太多的感动，这些感动有来自奋斗在战"疫"第一线的医护工作者，还有来自社区工作者。物资配送、发放通行证、网格化疫情防控等，正是社区的这些严密防护让我们打赢了一场又一场的战"疫"。

社区是中国的基层治理组织，那西方主要国家的基层组织是如何发展的，又是如何建立社会保障体系的呢？让我们一起走进今天这节课。

【设计意图】从学生熟悉的社区疫情防控入手，激发学生的学习兴趣，让学生近距离感受社区这一基层组织，进而让学生放眼世界，引出西方主要国家基层组织的发展历史这一学习主题。

导入学习任务一：西方主要国家基层治理的历史与特点

（1）西方主要国家基层治理的历史

材料1　执政官是雅典城邦的最高行政长官。到了伯利克里时期，第四等级的公民也取得了担任这一职务的资格。执政官选举的程序是，先由各自治村社选出500人（一说100人）为执政官候选人，然后由公民大会在候选人中用抽签的办法选出九名执政官。

——马啸原《西方政治制度史》

材料2　在中世纪西欧，与封君封臣制相应的是中世纪封建主阶级的压迫剥削制度——庄园农奴制。当时的社会生产力比较低下，封建主主要依靠自己的封建地产生活，所以国王、教会和大封建主都在其领地中建立庄园……庄园一般都采用劳役地租的剥削方式。庄园土地被划分为领主自营地和农奴份地两部分……当时的庄园几乎自给自足，庄园生产主要是为生产者自家和领主提供生活资料，庄园的产品很少拿出去卖。

——孟广林《世界中世纪史》

材料3　巴黎商人行会的会长拥有广泛的权力，他的司法审判权不但及于商会成员，而且及于全体巴黎市民，他负责城防建设，监督道路桥梁的修筑，主持城市警务及粮食供应，并征收赋税。可见他的政治作用之大。

——齐世荣《西欧封建社会》

材料4

教士主持解除婚姻的场面

材料5　自1688年光荣革命至19世纪初期，英国地方行政机构始终保持着某种自治的特征。1835年，《市镇法》颁布，取消200多个老的市镇自治团体，实际上是清除和排挤了教会及地方地主贵族势力，基本上实现了市民的自治。

——马啸原《西方政治制度史》

材料6　1955年，联合国颁布了《通过社区发展促进社会进步的报告》，倡导社区居民和社区组织共同参与社区事务，以自身的努力和政府联合一致，合理利用社区内外资源，共同为改善社区的经济、文化和社会状况而努力。

——《历史 选择性必修1·国家制度与社会治理》

教师活动：引导学生根据史料并结合课本梳理西方基层治理的发展历程，思考不同时期出现不同基层治理的原因。

学生活动：思考、分组讨论并回答西方基层治理的发展历程及其原因。

①古希腊时期：与民主政治相适应，实行村社自治，村社大会是村社最高权力机关，处理与村社有关的事务。

②西欧封建社会：庄园是主要的基层单位，庄园主或管家管理庄园事务；基督教会在基层治理中发挥重要作用；10—11世纪城市兴起，行会或商会上层分子把持城市政权，行使城市治理的职责。

原因：西欧封建社会政治上实行封君封臣制度，经济上推行庄园制度，思想上受基督教束缚；随着工商业的复兴和繁荣，10—11世纪西欧城市兴起，经过与国王领主的斗争，城市赢得了一定的自治权。

③近代西方：英国于1835年颁布法律确立近代自治市制度；美国建国后乡镇成为最基本的地方自治单位；法国在大革命后形成以自治市镇为基层单位的制度。

原因：近代西欧民族国家的产生；资本主义经济的发展；地方自治的传统。

④工业革命以来：社区组织形成。

原因：工业革命扩展；城市人口激增，社会问题增多；传统的社会救济遇到瓶颈。

⑤"二战"后：社区发展为基层自治的主要方式。

原因：社会经济发展，事务增多；西方各国基层自治进一步发展，各国政府意识到建立居民参与、自下而上的社会问题解决机制的重要性；联合国对社区建设的推动。

⑥20世纪80年代以后：基层组织更强调政府、社区和非政府组织的共同作用，社区承担更多政府功能，公众、志愿者和私人部门提供了越来越多的公共服务，使基层治理的效率更高、成本更低。

原因：20世纪70年代资本主义国家经济"滞胀"后减少政府对经济的干预；各国在社区管理中引入市场机制。

教师活动：在梳理发展历程及其原因的基础上，教师进一步提问：综合以上分析，可以获得哪些认识。

学生活动：思考并回答问题。

认识：西方主要国家的基层治理与不同时期的经济社会发展状况相联系，即基层治理作为上层建筑的一部分，反映了特定的经济基础的要求。

（2）西方主要国家基层治理的特点

教师活动：引导学生回顾西方主要国家基层治理的历史，思考西方主要国家基层治理的发展有何特点？

学生活动：思考并回答问题。

特点：基层自治的建立、发展和完善是一个长期、渐进的过程；基层治理以自治为主，自主权逐渐扩大；基层治理向规范化、法治化方向发展。

【设计意图】按照时间线索，通过史料阅读的方法归纳概括西方主要国家基层治理的历史，立足时空观念，落实基础知识。充分利用教材"历史纵横"等栏目以及补充史料，引导学生思考不同时期出现不同基层治理的原因，让学生认识到基层治理与特定的经济基础相联系，强化唯物史观。通过概括西方国家基层治理的特点，进一步加深对西方国家基层治理的理解。

导入学习任务二：现代社会保障制度的建立与发展

（1）西方现代保障制度的建立与发展

教师活动：引导学生阅读课本，构建西方现代保障制度建立和发展过程的时间轴。

学生活动：阅读课本，梳理过程，构建时间轴。

西方现代保障制度建立与发展的过程：17世纪初英国颁布《济贫法》，建立济贫制度；19世纪80年代，德国初步建立社会保险制度；1935年美国颁布《社会保障法》，标志着美国现代社会保障制度的最终确立；"二战"后英国率先构建全民覆盖的社会保障体系。西方发达国家相继建成福利国家。

材料1　英国圈地运动开始后，偷盗者、乞讨者等日益增多，社会不安定因素急剧增加。1601年，英国颁布济贫法。救济办法因类而异，凡年老及丧失劳动者，在家接受济贫；贫穷儿童则在指定的人家寄养，长到一定年龄时送去做学徒；流浪者被关进监狱或送入教养院。

——摘编自陈晓律《英国福利制度的由来与发展》

材料2　19世纪后半期，欧洲工业革命取得成功，随着工业化的迅速发展，劳资之间的对立与冲突不断，德国的工人运动日趋高涨。与此同时，新历史学派鼓吹劳资合作与实行社会政策的主张也开始产生政治影响。俾斯麦政府迫于当时的政治环境和压力，为满足政治斗争的需要采取了"胡萝卜加大棒"的政策，德国的社会保险立法就在这种环境下诞生……1883年6月，德国颁布了《疾病保险法》，明确规定对法定劳动者实行强制性保险；1884年7月颁布《事故保险法》，建立起了强制性的工伤社会保险制度；1889年颁布《伤残及养老保险法》，为退休者和伤残人士提供伤残及养老保险。

——李宏《德国的社会保险制度概况及其危机改革》

材料3　本法案旨在增进公共福利……法案规定了老年人保障、失业保障和未成年儿童的保障。老年人保障对年满65岁的老年人给予每日发放一定款项的救济金。法案规定对16岁以下无依靠的受抚养儿童、残疾儿童和盲人进行救济。法案还规定雇员应缴纳所得的一定比例的就业税，从发放工资中扣除，雇主应付一定比例的货物税。

—— 摘编自黄安年《富兰克林·罗斯福和1935年社会保障法》

材料4　1946—1948年，（英国）政府改革了保健制度。规定给居民实行免费医疗，并建立统一的国家保健制度，使居民医疗服务条件得到显著改善。1945—1948年，政府实施了社会保险制度改革，规定发给新生婴儿补助金和儿童教育补助金，对工伤事故和职业病者、孕妇、失业者发给补助金，对寡妇和老年人予以养老金和丧葬补助金。当时，按规定领取上述补助金的投保人数达2300多万人。在社会服务方面，政府提高了中学毕业年龄，对满11岁的儿童实施免费中等教育，并享受补助或免费午餐；增加了大学奖学金；并营造公寓住宅，以期改善居民居住条件。

——吴于廑、齐世荣《世界史：现代史编》

教师活动：引导学生思考问题：①根据材料及所学知识，运用唯物史观分别分析17世纪英国颁布《济贫法》、19世纪80年代德国社会保险制度建立、1935年美国颁布《社会保障法》、"二战"后西方福利国家建立的背景。②综合四则材料，分析西方现代社会保障制度建立与发展过程的特点。

学生活动：思考、分组讨论并回答问题。

①背景。

英国《济贫法》：圈地运动大量农民失地，社会不安定因素增加。

德国保险制度：工业革命取得成功，工业化迅速发展；工业革命使劳资矛盾尖锐，工人运动日趋高涨；马克思主义广泛传播；德国统一，资产阶级民主制度的确立。

美国《社会保障法》：1929—1933 年爆发经济危机；经济危机范围广、破坏性大的特点使主要依靠社会和个人或仅仅面向特定人群的社会保障制度难以为继。

福利国家建立：战后第三次科技革命推动资本主义经济的发展；国家对经济干预的加强；与苏联等社会主义国家的竞争和相互借鉴。

②特点：通过立法形式建立；受保障群体不断扩大：由 17 世纪的济贫到 19 世纪 80 年代主要面向产业工人，到 20 世纪上半叶实现全民"普遍福利"，再到"二战"后福利国家的出现，使社会保障达到新高度；随着社会经济的发展而不断完善。

材料 5　"福利国家"在消除社会不公、保障居民基本生存条件、促进社会民主与公正方面，确实发挥了重要影响与作用。同时，它也产生了缓和社会矛盾、促进政治安定、巩固资产阶级政治制度的重要影响和作用。另一方面，随着社会发展，"福利国家"越来越成为英国政府的沉重负担，它与经济发展的效率发生了矛盾，日子一久，又产生了新的社会问题，如人才外流、人才老龄化、中产阶级日渐削弱等。这个问题已经发展成为"英国病"的新病因。

——吴于廑、齐世荣《世界史：现代史编》

教师活动：引导学生结合材料思考社会保障制度建立的影响。

学生活动：阅读材料、思考并回答社会保障制度建立的影响。

①积极：是资本主义社会生产力发展到一定阶段的产物，改善了广大人民群众的生活，缓和了社会矛盾，有利于经济的发展。

②消极：加重国家财政负担，容易助长懒惰行为。

（2）新中国：中国特色社会保障制度的建立

教师活动：结合课本，梳理中国特色社会保障制度的建立过程。

学生活动：阅读课本，梳理过程。

建立过程：1951 年 2 月政务院发布《中华人民共和国劳动保险条例》——新中国第一部社会保险法规；随着改革开放的不断推进，社会保障制度日趋成熟，保障水平稳步提高。

漫画一　　　　　　　　　　　　　　漫画二

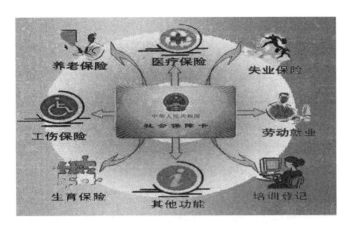

漫画三

教师活动：展示网络漫画，引导学生结合漫画和西方、中国现代社会保障制度建立的过程，思考新中国社会保障制度的特点及意义。

学生活动：阅读漫画，思考并回答。

①特点：虽起步晚，但发展迅速；全民全面覆盖，体现社会主义性质。

②意义：减轻了人们的后顾之忧，促进了国家经济的发展，促进了社会的稳定。

【设计意图】通过研读书本和史料，按时序梳理西方主要国家现代社会保障制度和中国特色社会保障制度的建立和发展脉络，培养学生的时空观念、史料实证意识和历史解释能力。引导学生运用唯物史观分析西方社会保障制度建立的原因，加深对经济基础与上层建筑之间关系的认识。通过对中国特色社会保障制度特点的学习，感受中国现代社会治理水平的提高，提升学生的家国情怀。

课堂小结

通过本课的学习，我们认识到世界主要国家的基层治理与社会保障制度的建立都是从本国实际出发，随着社会经济的发展而不断完善，无论是基层自治还是社会保障制度，都是人类政治文明进步的体现，都推动了社会的发展。新中国成立后逐步建立起了具有中国特色的社会保障制度，体现了中国政府治理水平的不断提升，这对推进新时代中国特色社会主义建设有巨大作用。

作业拓展

问题：通过上网查找或采访亲历者等方式，搜集国家为抗击新冠疫情相继出台的一系列医保方面的措施或了解确诊新冠肺炎患者的治疗费用及支付情况。

通过搜集相关抗击疫情或救治患者的信息，让课堂所学与现实生活贯通，进一步体会中国特色社会保障制度的优势，增强学生对中国特色社会主义的制度自信，提升学生的家国情怀。

设计反思与讨论

　　本课内容时空跨度大，知识点多，西方主要国家基层治理和现代社会保障制度的发展脉络通过按时序、时间轴等方式由学生自主梳理，重点放在西方主要国家基层治理和现代生活保障制度形成和发展的原因上。

　　教学方法上，通过文字、漫画等史料创设情景，提出问题，学生通过解读史料、小组合作探究等方式分析问题、解决问题，提升历史学习能力。

　　教学中注重核心素养的落实。本课通过史料研读的方式提升学生时空观念、史料实证和历史解释的能力，学会用唯物史观分析问题。通过对中国特色社会保障制度特点的学习，使学生感受中国现代社会治理水平的提高，涵养家国情怀。

　　在实际教学中，基层治理与社会保障可能与学生实际生活有一定距离，学生很难全面透彻理解，教师在授课中应注重从社会热点、学生的实际经验方面入手，举一些事例或用通俗化的语言帮助学生理解。

历史 选择性必修2（1—9课）

第一单元　食物生产与社会生活

第1课　从食物采集到食物生产

《普通高中历史课程标准（2017年版2020年修订）》要求：知道人类由食物采集者向食物生产者演进的过程及意义；知道古代不同地区的食物生产及其对社会生活的影响。

根据课标要求及教材编排，教学过程围绕三部分展开：

本课主要包括了人类早期的生产与生活、不同地区的食物生产与社会生活、生产关系的变化三大板块的内容。主要涉及三个学习要点：史前时期人类的食物演进历史、不同地区的食物生产与社会生活和生产关系的变化。本教学设计将第一子目中农业的产生对社会生活的影响与第三子目进行了适当整合。

本课为《经济与社会生活》的第一课，施教对象为高二学生，有一定的历史知识基础。基于此，在教学设计中更加注重知识的结构化以及各种类型的史料的处理和解读；在设计时既注重对知识结构的搭建，又关注方法的指导与素养的培育。

教学目标

1.通过史料研读、合作探究，分析早期人类社会生活的特点，农业产生的原因，及其对人类社会和生产关系的影响。提高学生史料分析和理解的能力，培养学生历史解释和史料实证的素养。

2.通过地图落实不同地区的食物生产与社会生活，培养学生空间概念。

3.通过对农业产生原因及其对生产关系影响的分析，培养学生分析与思考的能力，渗透唯物史观。

4.通过对不同地区农业发展与社会生活的学习，增强学生对人类文明统一性与多元性特征的认识。

重点难点

1. 重点：农业革命的意义；古代不同地区食物生产的特点。
2. 难点：农业革命的原因与影响。

教学活动过程

远古人类的生活想象图

河姆渡遗址出土的稻谷和稻茎叶

教师活动： 展示并引导学生观察两幅图片，思考图片所反映的人类获取食物的方式发生的变化。

【设计意图】 通过教材提供的素材，让学生直观感受本课标题所涉及的中心内容，再切入主题。

导入学习任务一：从采集到生产——人类早期的生产与生活

（1）远古时期的采集和渔猎

材料1　在几百万年的人类历史长河中，人类绝大多数时间是以采集、渔猎为生，这种智慧利用现成的天然产品的经济活动被称为"攫取经济"。

——李根蟠《中国古代农业》

教师活动： 出示原始社会生活图景和材料1，引导学生结合课本内容，分析农业出现以前人类早期生产生活的特点。（可从生产工具、劳作方式、生活方式等方面分析）

学生活动： 思考分析远古时期人类生产生活的特点。

①生产工具：由木、骨、石等材料制成。

②劳作方式：采集和渔猎；用火烧烤。

③生活方式：迁徙；群居；女性主导。

教师活动：引导学生思考远古时期人类过着群居、迁徙、采集和渔猎生活的原因，渗透生产力和生产关系的辩证关系。

学生活动：思考分析原因：生产力水平低下，人类依靠自然界现成的动植物为生。

（2）新石器时代原始农耕和畜牧出现

材料2　狩猎采集族群的生活方式在过去的13000年中变得好处越来越少，因为他们所依赖的资源（尤其是动物资源）已不再那么丰富或者甚至消失了。……大多数大型哺乳动物在更新世结束时已在南美洲和北美洲灭绝了，还有些在欧亚和非洲灭绝了。

——贾雷德·戴蒙德《枪炮、病菌与钢铁：人类社会的命运》

材料3　更新世结束时新月沃地的气候变化大大增加了野生谷物的产地面积，从而可以在很短的时间内收获大量的庄稼。这些野生谷物的收获就是新月沃地最早的作物——小麦和大麦——驯化的先声。

——贾雷德·戴蒙德《枪炮、病菌与钢铁：人类社会的命运》

材料4　上万年前，人类的数量增长缓慢，但还是造成了非洲、亚洲、大洋洲乃至美洲的人口迁移。最后，除南极洲外各大洲都住满了人。随着此后人口缓慢但不断地增长，靠捕猎为生的原始人不得不以自己种植的食物来补充采集食物的不足。

——斯塔夫里阿诺斯《全球通史：从史前史到21世纪》

教师活动：展示材料2、3、4，引导学生探究农业出现的原因。

学生活动：思考分析，探究讨论农业出现的主要原因。

教师活动：展示农耕畜牧的产生及其传播图及相关表格，布置学习任务：阅读课文完成表格，落实空间位置。

主要地区农耕畜牧表

地　区	农　业	畜牧业
西　亚		
东　亚		
中美洲		

教师活动：结合教材和地图，引导分析世界主要农作物和驯化动物的分布特点。

学生活动：观察分析，得出特点：多元中心；独立发展；具有多样性。

【设计意图】　通过史料和教材阅读，分析早期人类社会生活的特点，以及新石器时代农业产生的原因，培养学生史料实证的能力。通过原因分析，渗透生产力与生产关系之间的辩证关系，加强对学生唯物史观的培养。借助表格和地图，落实时空观念的培养。

导入学习任务二：从依存到创造——不同地区的食物生产与社会生活

（1）世界文明发展概况

教师活动： 展示世界地图，标注主要文明的位置，同时展示四大文明古国的位置和情况。

学生活动： 联系课本第 3 页第 3 段并结合地图，归纳传统农业文明产生的基本条件。

教师活动： 展示上一子目农耕畜牧的产生及其传播示意图，引导学生了解不同地区食物生产总体概况。

学生活动： 通过小组合作掌握不同地区食物生产、土地制度以及反映社会生活的载体。完成表格，理解人类文明的统一性与多元性。

世界文明发展概况表

区　域	食物种类	生产与生活
两河流域		
尼罗河流域		
黄河、长江流域		
古希腊		
古罗马		
美　洲		

（2）不同地区文明的发展

①古巴比伦。

材料 1　在有名的汉谟拉比法典中已经说到了耕犁和耕牛等役畜。此外对有关出租和耕耘土地，放牧和管理牲畜以及修建管理果园等事，该法典也都做了具体明确的规定，可见当时的农业生产已经很发达。

——董恺忱《世界农业发展历程述略：兼论东西方农业的特点（上）》

材料 2　王室、神庙和贵族官员是古巴比伦王国最大的土地所有者。……农村公社的土地基本上都已成为各家各户的私有地，只有牧场和灌溉系统等尚属公社集体所有，农村公社成员都必须向国王缴纳赋税和服兵役。

——王斯德《世界通史》

教师活动： 展示古巴比伦地区相关地图和材料 1、2。

学生活动： 根据材料，结合教材，分析古巴比伦文明发展的原因及其在种植业、畜牧业、水利、土地及生产经营方式上的具体表现。

②古埃及。

材料 3　呵！尼罗河，我称赞你，

你从大地涌流而出，养活着埃及……

一旦你的水流减少，人们就停止呼吸。

——古埃及长诗

教师活动：引导学生观看教材中的图片《古埃及人放牧壁画残片》、"历史纵横"栏目《变水害为水利的古埃及人》及上述材料，引导学生认识尼罗河流域农业及畜牧业的繁荣。再结合必修教材内容，引导学生理解古埃及农业繁荣的原因。

学生活动：思考并回答。

③古代中国。

东汉牛耕图画像石拓片　　　灌溉工具筒车　　　男耕女织图

教师活动：通过展示不同方面农业发展的图片和阅读必修已学内容引导学生回忆总结我国古代农业经济的特点。

学生活动：思考并回答。

④古希腊、罗马。

材料4 大麦和小麦从西亚传入希腊，成为当地的主要粮食作物。古希腊人在土地肥沃的地方实行谷物与蔬菜轮作，在地力较差、不适于栽种农作物的地方建立果园，种植葡萄和橄榄，并把产品加工成葡萄酒和橄榄油。

——《中外历史纲要（下）》

材料5 希洛人是斯巴达国家没有任何权利的被剥削者，农业奴隶。他们每7户被固定于一户斯巴达公民的份地上，每年要向份地主人交纳收获物的一半和一定数量的油和酒。

——朱寰《世界上古中古史》

教师活动：展示材料4、5，引导学生结合材料和所学知识，概括古代希腊、罗马农业的发展。

学生活动：思考并回答。

⑤古代美洲。

材料6 印第安人培植了100多种植物，与整个欧洲大陆所培植的植物一样多，这的确是一个非凡的成就。如今，美国50%以上的农产品都来自由印第安人驯化的各种作物。……他们彻底培植了玉米，使它变得只有依靠人类才能生存。

——斯塔夫里阿诺斯《全球通史：1500年前的世界》

教师活动：展示材料，引导学生结合教材图片《印第安人农耕图》，概括古代美洲农业发展。

学生活动：思考并回答。

教师活动：小结：不论是源远流长、博大精深的中国文明还是世界其他地区的璀璨文明，都是在农业发展的基础上成长，农业是整个古代社会的决定性生产部门。

【设计意图】 通过地图空间的展示让学生意识到自然环境对于农业发展的影响作用。通过分析史料，引导学生认识到不同地区农业发展的原因或特点，培养学生的史料实证能力。

导入学习任务三：从蒙昧到文明——食物生产对人类社会生活的影响

（1）农业出现对社会生活的影响

材料1　农业革命还触发了一场链式反应，它引发了城市化、阶级分化以及社会分裂，从而损坏了原始社会令人神往的平等，但这一来它也打破了部落通过传统主义形成的约束性的结合，使人性得到了解放。而人性一旦解放就必然会使狩猎区变成大都会，使人类从利用自身的体力发展到利用原子能。

——斯塔夫里阿诺斯《全球通史：从史前史到21世纪》

教师活动：展示材料1，引导学生思考并理解农业出现及发展的重大意义。

材料2　获得食物方式的转变，改变了人与自然的关系，人类在生活资料即食物、衣服、住房以及为此所必需的工具的生产方面，从较多地依靠、适应自然转为利用、改造自然。农业的周期性劳动，要求人们较长时间居住在一个地方，以便播种、管理、收获，稳定地获得较丰富的食物来源并储存它，这使得人口增长，一部分人可以从事维持生存以外的活动，促进社会分工和物品交换以及财富积累。

——摘编自吴于廑、齐世荣《世界史：古代史编》

教师活动：出示材料，引导学生结合教材，思考农业出现对人类经济和社会生活的革命意义。

学生活动：思考并回答。

人类开始从食物采集者转变为食物生产者，初步改变了纯粹依赖自然资源的状况。增加了食物供应，加速了人口的增长。

材料3　有了原始农业，食物来源较前丰富了，生活较前有了保障，这样人们才有条件从事副业生产，如：家畜饲养、原始手工业等，……由于人们从事农业生产，在一定程度上要附着于土地，同时生活又较前有了保障，人们不必总是随着动、植物资源的变化而漂泊流徙，所以人们开始过着相对定居的生活。

——阎万英、尹英华《中国农业发展史》

材料4　原始音乐的产生与集体的生产活动有着密切的关系。原始人在集体劳动过程中发出的有节奏的呼喊声，便是最基本的声乐因素。

——王斯德《世界通史》

材料5　超过劳动者个人需要的农业劳动生产率，是一切社会的基础。

——马克思《资本论》

教师活动：出示材料，引导学生结合教材，思考农业出现给生活生产方式带来的变化。

学生活动：思考并回答。定居和聚落的形成；一部分人开始专门从事手工业劳动；原始音乐、文学和宗教等文艺的发展。

材料6 在农业生产的基础上，人们开始对日月星辰的活动、对水土的特点、气候现象进行观察，积累经验，从而产生初步的天文地理和数学知识，把人类对客观世界的认识推到一个新的高度。

——吴于廑、齐世荣《世界史：古代史编》

材料7 原始农业和畜牧业产生以后，各项具体劳动，如动物的繁殖、饲养和农作物的播种、收割等，更是与气象变化息息相关，久而久之人们便形成了"季"和"年"的概念，在此基础上出现了原始的历法，即以物候定农时的自然历。

——王斯德《世界通史》

教师活动：展示埃及的自然历法、中国的二十四节气及中国的九章算术等相关图片，介绍《九章算术》中多种问题皆来源于农业生产的实践，引导学生意识到早期的自然历法、数学和其他相关学科的发展与原始农业的巨大关系，从而引导学生意识到农业发展对于科技进步的推动作用。

（2）农业出现对生产关系的影响

教师活动：引导学生阅读教材第6页"学思之窗"恩格斯论述国家的产生相关史料，结合《中外历史纲要（下）》第一课，引导学生归纳总结国家产生的条件。

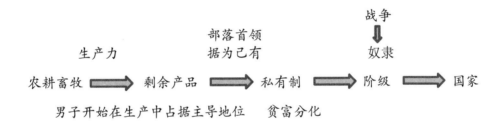

学生活动：讨论探究。思考私有制、阶级、国家产生的原因。

【设计意图】 通过史料阅读与探究，引导学生总结分析农业的产生给人类社会和生产关系带来的巨大变化，人类从蒙昧走向了文明，培养史料实证和历史解释能力；通过流程图，加深学生对于生产力决定生产关系，经济基础决定上层建筑基本原理的理解，培养学生的唯物史观和历史思维。

课堂小结

　　农业出现以前，人类依靠自然界现成的动植物为生。农业的出现堪称人类经济和社会生活的第一次革命，人类逐渐从食物的采集者转变为食物的生产者；农业的出现还促进了生活和生产方式的变化，从迁徙到定居，逐渐形成聚落，并出现了社会分工，精神生活的需要推动了原始音乐、文学和宗教的产生；农业的出现也推动了科学技术的进步，天文历法和数学等相关学科得以发展；农业的产生使生产关系发生了巨大变化，私有制、阶级和国家出现，人类文明得以产生和发展。

作业拓展

俗话说："一方水土养一方人"，不同的水土环境产生了不同的农业作物，进而导致不同文明的产生。查阅四大文明古国产生及发展的相关史料，了解地理环境对文明类型的影响。

 设计反思与讨论

教材处理上，本课将教材子目进行了重新整合。将本课的重点也是难点——农业产生的意义在第一子目和第三子目当中的表述统一整合到学习任务三，即农业产生对人类社会和生产关系的影响。

教学方法上，采用学生主导、合作探究方式，力图凸显学生的主体地位，培养学生材料解读和逻辑思维能力；同时又可以活跃课堂氛围，调动学生学习的积极性，给学生发挥才能的空间，使学生既体验到自主探究、合作学习的快乐，又可以加深对课程内容的理解。

核心素养培养方面，本节课用史料研读的方式培养学生的史料实证、历史解释的能力。在研究农业出现的原因和农业对生产关系的影响中渗透唯物史观。同时在学习不同地区的食物生产过程中，利用地图强化学生时空观念的培养落实。通过本课学习，使学生对人类从食物采集转向食物生产这一事件的原因和重大影响，形成正确的认识。

第 2 课　新航路开辟后的食物物种交流

📖 设计思路

　　《普通高中历史课程标准（2017 年版 2020 年修订）》要求：了解新航路开辟后食物物种交流及其历史影响。

　　作为单元《食物生产与社会生活》的第 2 课，本课上承第 1 课原始农业、传统农耕文明的产生与发展，古代不同地区食物生产的特点及其对社会生活的影响，下启第 3 课农业现代化的过程、人类在食物生产及储备等方面的进步。本课内容为传统农耕文明与现代工业科技文明提供了连接的桥梁，聚焦于世界范围内经济走向一体化、各大洲食物物种交流的大变动过程及其对人类历史文明所产生的重大影响。

　　本课涉及的大部分基础史实，在纲要及初中已有涉及，学生并不陌生。但多数学生对于食物物种交流而引发的对人类社会所产生的重大影响尚未形成系统化、理论化的认知，更缺乏对当下国际热点、未来人类命运与共的感悟。因此在具体设计中，引入多种形式的史料，启迪学生思维，拓宽学生视野。

✏️ 教学目标

　　1.通过表格和地图落实新航路开辟后食物物种交流的具体表现，培养学生的时空观念和文本解读能力。

　　2.通过史料研读、合作探究，分析新航路开辟后食物物种交流的特点及影响。提高学生史料分析和历史理解的能力，培养学生历史解释和史料实证的素养。

　　3.通过对新航路开辟后食物物种交流引发的重大影响的系统化、理论化学习，培养学生对当今世界重大历史事件的认识，拓宽国际视野，启迪思维。

📋 重点难点

　　1.重点：新航路开辟后，美洲和其他地区食物物种交流的表现和影响；食物物种交流给社会经济和人们生活带来的变化。

　　2.难点：食物物种交流给社会经济和人们生活带来的变化。

导入 ❯❯❯ --

教师活动: 介绍新疆大盘鸡中食材与油料所用物种的原产地(小麦——西亚、花椒——四川、土豆——南美洲、八角——广西、辣椒——中美洲、花生——美洲、油菜——欧洲、大豆——中国),明确它们在世界各地得以传播的时间在新航路开辟后,引发学生的关注。

【设计意图】 选取生活中的常见食物,引发学生的关注与思考,调动学生学习积极性的同时切入主题。

导入学习任务一: 美洲物种的外传

材料1

主要物种传入中国时间表

名　称	别　名	传入时期	引入地	备　注
葡萄	蒲桃	西汉	西域	张骞
苜蓿		西汉	西域	张骞/马饲料
核桃	胡桃	西汉	西域	张骞
胡萝卜		东汉	伊朗	
石榴		西汉	伊朗	
苹果		三国	东南亚	
茉莉花		两晋	印度/泰国	
茄子		晋朝	西亚	
芝麻	胡麻	南北朝	印度/西亚	
黄瓜	胡瓜	南北朝		
胡椒		南北朝		

材料2　凡是名称前冠以"胡"字的植物,大多为两汉两晋时由西北引入;凡冠以"海"字的植物,大多为南北朝后由海外引入;冠以"番"字的植物,大多为南宋至元明时由"番舶"引入。

——农史学家石声汉

教师活动： 展示图片和材料，引导学生思考新航路开辟前物种交流的主要特点。

学生活动： 探究思考。

交流范围有限，集中在亚非欧之间，在邻近地区或各大洲内部进行；交流物种较少，存在少量跨洲的食物物种交流。

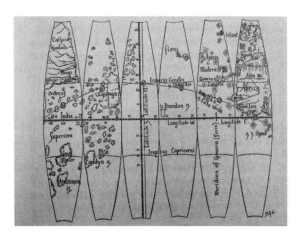

斯塔夫里阿诺斯《全球通史：1500 年以后的世界》插图

教师活动： 呈现《全球通史：1500 年以后的世界》插图，引导学生与纲要内容相结合，回顾相关基础史实。思考促进新旧世界物种交流的重大事件，以及纲要下第 7 课中"人口迁移与物种交流"子目内容与本课的联系。

学生活动： 回顾梳理，总结回答。

新航路开辟、殖民扩张、世界市场的出现，促进了新旧大陆的物种交流。

本课为新航路开辟引发的哥伦布大交换中人口迁移、族群变化、物种交流、疾病传播当中"物种交流"的进一步扩展。

材料 3 不见绵羊，也不见山羊，更不见其他任何野兽，不过我（哥伦布）才登岸不久，半天而已；可是如果真有任何这类动物，不该一只也没遇上才是……

这里有狗，可是一声都不吠。

这里的树木，和我们那里完全不同，就像白昼、黑夜之别，水果、草木、石头，所有东西，通通不一样。

——艾尔弗雷德·W. 克罗斯比《哥伦布大交换：1492 年以后的生物影响和文化冲击》

教师活动： 展示材料，引导学生阅读教材，思考梳理新航路开辟后欧洲人在新大陆发现的新物种及其外传情况。

学生活动： 阅读思考，小组合作，完成表格。

美洲物种的外传表

类 型	物 种	传入欧洲	传入亚洲（中国）
粮食作物	玉 米	①最初只是种植在庭院，供人们观赏 ②16世纪中叶，在南欧地区广泛种植，成为当地主要的粮食和饲料作物之一 ③17世纪，成为仅次于小麦的粮食作物，传遍欧洲	①传播路径：明朝时传入中国。从西亚、中亚传入西北地区，从印度、缅甸传入西南地区，从菲律宾传入东南沿海地区 ②种植情况：先是在丘陵山地种植，后来逐渐扩大到平原地区。清朝前期，在全国各地多有种植；乾隆、嘉庆年间，得到大规模推广；到鸦片战争前夕，遍布全国
	马铃薯	16世纪末，作为食用作物开始在欧洲推广	在中国的传播历程与玉米相似
	甘 薯	甘薯引入欧洲后，传播速度比较缓慢	
蔬菜作物	番 茄	①最初只是作为观赏植物，18世纪中叶在欧洲开始栽培 ②18世纪末，经过欧洲培育的番茄新品种传回美洲	①明朝万历年间，引入中国，长期被当作观赏和药用植物 ②清朝光绪年间，番茄开始作为食用蔬菜在菜园种植
	辣 椒	①15世纪末传入西班牙②16世纪传到英国等欧洲国家	明朝时，传入中国，被称为"番椒"

材料4　明代的疆域，大于宋代，至少增加了西南、河北大部分与东北地区。但是，仅以这些地区生产的食粮，犹不足维持明代中叶以后增加的人口。明代开始，有许多新的食粮作物引进中国，最为重要者为番薯与玉米。番薯初入中国时，福建地方官员当作歉收时的救荒粮；玉米收获、收藏均不困难。两者皆富于淀粉，可充主食，以补稻米与麦类之不足。……或可在山地种植，或可在沙地栽培，将过去认为无法使用的土地，一变为农田。

——摘编自许倬云《万古江河：中国历史文化的转折与开展》

教师活动：展示材料。引导学生根据材料结合所学思考玉米、番薯能够在明代广泛种植的原因，新粮食作物引入产生的影响。

学生活动：探究分析。

原因：明朝人地矛盾突出，粮食产量需求高；玉米、番薯具有耐旱耐瘠特点，能适应不同土壤环境。

积极影响：农作物种类增多，粮食产量提高，有利于缓解人地矛盾；促进了农业产品的商品化；密切了中国与世界的联系等。

【设计意图】将选择性必修教材与纲要下册教材相结合，形成知识体系，实现教材内容结构化。将教材当作文本，引导学生提取史料的有效信息。利用小组探究合作，发挥学生主导作用。

导入学习任务二：其他地区物种在美洲的推广

材料1　多样性是世界的基本特征，也是人类文明的魅力所在。

——习近平在博鳌亚洲论坛2021年年会开幕式上的视频主旨演讲

教师活动：展示材料，引导学生阅读教材文本，思考梳理新航路开辟后其他地区物种在美洲的推广情况。

学生活动：阅读思考，小组合作，完成表格。

新航路开辟后其他地区物种在美洲的推广情况表

类　别		物　种	对美洲的影响
农作物	粮食类	小麦、大麦、水稻	小麦和水稻影响最大： ①富人享用到迅速推广为主要粮食；食品种类繁多，小麦产业兴盛 ②水稻由西班牙人带到；18世纪中期，成为北美第二大农作物
	水果类	苹果、葡萄、甜橙、柠檬	
	蔬菜类	黄瓜、甜瓜、豌豆	
	经济类	甘蔗等	
禽类	用于役畜	牛、驴、骡	极大地改变了美洲的动物群落，推动了农业的发展。
	用于食用	猪、羊、鸡	

材料2　（欧洲人）不但自己大发其财，同时一手塑造了整个新世界的风貌与历史……看不见的病毒以外，另一批因哥伦布航行引发的生物大交换，是由肉眼可见的生命形式组成，从南瓜到野水牛均是。这个大交换的结果——从人类观点视之——也是正负参半……时至今日，两半球之间的动植物交换并未停止，依然在进行。

——艾尔弗雷德·W.克罗斯比《哥伦布大交换：1492年以后的生物影响和文化冲击》

教师活动： 展示材料2，引导学生结合上面两个表格，概括新航路开辟后物种交流的特点。

学生活动： 合作探究物种交流的特点。

①范围具有全球性；②交流具有双向互补性；③欧洲具有主导性；④内容具有丰富性；⑤结果具有两重性（积极和消极）；⑥时间具有长期性。

【设计意图】　使学生掌握必备基础知识，提升总结概括能力，培养学生的时空观念。通过史料阅读与合作探究，提升学生的历史解释和史料实证能力。

导入学习任务三：食物物种交流带来的影响

材料1　1500年，世界人口约为4.25亿。到1600年，人口增加了25%。接下来一个世纪中，人口增长速度减慢，但到1700年，人口达到6.1亿。然而，从这时开始，人口的增长速度超过了历史上的任何一个时期。……人口的增加大部分要归功于由全球粮食作物和动物交换所带来的饮食营养的改善。

——杰里·本特利、赫伯特·齐格勒《新全球史：文明的传承与交流（1000—1800年）》

教师活动： 展示材料1，引导学生分析食物物种交流带来的影响。

学生活动： 思考分析。

提高了全球粮食产量，使世界人口激增。①非洲：玉米使干旱的非洲有了可靠的食物来源。

②中国：玉米丰富了粮食种类，扩大了种植面积。③欧洲：马铃薯提高了抗饥荒能力，加速了人口增长。

材料2　欧洲人已经如此彻底的接纳美洲食物，实在很难想象哥伦布时代之前他们的饮食是何等模样，你能想象没有辣椒的地中海菜，少了有辣椒粉调味的菜吗？谁能想象一位无番茄可用的意大利厨子？

——艾尔弗雷德·W.克罗斯比《哥伦布大交换：1492年以后的生物影响和文化冲击》

材料3　美洲的农作物，如烟草、玉米、马铃薯，甜菊、花生、西红柿传到欧洲、亚洲和非洲，增加了人类的食品种类，改变了人的饮食结构，欧洲的家畜，如马、牛、山羊则影响和改变北美印第安人的生活方式。美洲的烟草在很大程度上改变了欧洲人和土耳其人的生活习惯。

——周一良、吴于廑《世界通史资料选辑》

教师活动：展示材料2、3，引导学生分析食物物种交流对日常生活的影响。

学生活动：思考分析。

改变了人们的食物结构、饮食习惯，丰富了人们的营养构成，深刻影响着人类的日常生活。

材料4　大宗烟草、玉米、橡胶等新物产出现于欧洲市场，原来在近东贸易中数量极少的商品如香料、茶叶、大米、蔗糖等成为大宗商品，进出口量骤增……许多昔日的奢侈品成为大众日用品。

——李吟枫《世界市场的形成及历史作用》

材料5　包谷：岁共出万余石，苗乡自食并缩酒卖甚众，贫民做粑卖，村市熬糖做粉卖，每石十大官斗，现价易制钱一十二文，较米每石十大官斗现价少易制钱四千六百文。

——宣统元年湖南《永绥直隶厅志》

教师活动：展示材料4、5，引导学生分析不同物种交流对经济和贸易的影响。

学生活动：思考分析。

推进了当地经济和贸易的发展。①北美：水稻主要用于出口，促进了对外贸易的发展。②中国：玉米、马铃薯、甘薯增加了粮食总量，促进了商品经济发展。

材料6　通过将玉蜀黍和甘薯挤塞进每一个角落和每一处缝隙，在1700年至1800年间，棚民（福建等地客家人）和移民让这个国家的种植面积几乎增加了两倍。为了开辟必须的农田，他们砍伐了许多已有数百年历史的森林。失去林木的遮蔽，山坡再也不能蓄住雨水。土壤养分从山丘上被冲刷下来。最终，养分耗尽的土地甚至连玉蜀黍和甘薯都无法滋养了。于是农民会砍伐更多的森林，这个周期又再一次开始。

——查尔斯·曼恩《1493：物种大交换开创的世界史》

教师活动：展示材料6，引导学生结合教材，分析新物种引进对生态环境的影响。

学生活动：思考分析物种交流对当地环境产生的影响。

①美洲：马牛羊繁殖数量远超土地承载能力；大量种植农作物，导致原始森林被滥伐，地表植被遭到破坏。

②明清：引进推广玉米、甘薯等，扩大了耕地面积，但过度垦荒造田，也导致水土流失。

【设计意图】 运用相关材料，对物种交流带来的影响进行分析，得出结论，培养学生的历史解释素养。

课堂小结

新航路开辟前，食物物种交流主要是在彼此邻近的地区或各大洲内部进行，跨洲交流比较少。新航路开辟后，美洲物种陆续传播到欧洲、亚洲、非洲等地，其他地区的农作物和禽畜传入美洲。食物物种的交流在提高粮食产量，改变饮食习惯，推动当地经贸发展的同时，也对当地生态环境产生了一定的消极影响。

作业拓展

随着全球经济一体化，国际贸易、跨国旅游业等快速发展，外来生物入侵已成为当前全球性的问题，对各国生态环境、农业发展造成了重大负面影响，被认作是 21 世纪五大全球性环境问题之一，开展外来生物入侵的防控已是全球各国政府关注的主要环境问题和工作重心之一。

——赵彩云《中国国际贸易往来中的"外来客"》

问题：结合材料，查阅相关资料，谈谈当今各国应如何应对外来物种的入侵？

 设计反思与讨论

本课教学以培养和提高学生的历史核心素养为出发点、落脚点，注重引导学生用唯物史观看待新航路开辟后物种交流带来的影响，以知识梳理和史料研读的方式培养学生的史料实证能力和历史解释能力。通过本课的学习使学生对重大历史事件的影响形成一定的分析能力，形成宏观的历史视野。

在教材处理上，本课主要围绕新航路开辟后物种交流带来的影响展开，涉及多个角度，因此在教学过程中不可能做到面面俱到，故选取重点、难点加以突破。

在实际教学中，可能会出现教师主导与学生主体、预设与生成方面难以平衡的情况，故在教学过程中应注重学生的学情，并与课堂教学实际相结合，采取多种教学方法，如材料分析法、讲述法、合作探究法等，激发学生的学习热情，培养学生主动学习、探究历史的能力，加深对历史知识的认识与理解。

第3课 现代食物的生产、储备与食品安全

 设计思路

《普通高中历史课程标准（2017年版2020年修订）》要求：了解农业现代化的过程，感受人类在食物生产、储备等方面的进步，认识消除饥饿和食品安全在人类历史上的重大意义。

根据课标要求及教材编排，教学过程围绕三部分展开。

食物生产的现代化：以时序、史料研读等方式学习现代农业在机械化、集约化、产业化三方面的技术进步与发展成效，探讨现代农业对当今社会发展的意义。食物储备技术的进步：以史料研读、分析比较等方式学习人类在食物储藏技术上的进步和对食品供给的影响。消除饥饿与食品安全：以典型案例、大数据等相关材料学习粮食安全和食品安全产生的原因，了解中国在这两个问题上所做的贡献，认识消除饥饿和食品安全对于人类社会发展的重大意义。

学生高一时通过对《中外历史纲要》上、下册的学习，对中外历史的发展已经有所了解，初步具备了现代农业、渔业发展的知识。通过对本单元第1、2课的学习，对于古代食物的采集、生产和近代食物物种交流及影响也已经有所了解，这些为理解现代食物的生产、储备与食品安全奠定了一定的基础。在授课过程中，多创设情景式教学，深入浅出地引导学生解决问题，培养学生的核心素养。

教学目标

1. 运用唯物史观分析现代农业产生的条件，通过时序形式使学生了解现代农业的产生过程。

2. 通过图片、史料研读、表格对比等形式对传统农业和现代农业进行历史解释，通过对两者特点的对比，认识现代农业的技术进步及其对人类社会发展的意义。

3. 通过对比古今中外的食物储备技术，认识科学技术进步对食物储备产生的影响。

4. 通过史料研读认识食物生产和储备的技术进步所带来的双重影响，了解粮食和食品安全问题产生的原因和解决对策，从而深刻理解经济活动、科技与人类生活的关系。

5. 通过认识消除饥饿和食品安全对于人类社会发展的重大意义，深化人与自然、人与社会的和谐、可持续发展的认识，培养学生自觉担负起为建设美好生活而努力的时代责任感。

重点难点

1. 重点：食物生产的现代化。

2.难点：粮食安全与食品安全之间的关系。

 教学活动过程

 导入 ▶▶▶ -

教师展示图片：

肯德基新品螺蛳粉广告

教师活动：螺蛳粉是近几年兴起的网红食品，连肯德基都为迎合这波风潮而做起了螺蛳粉快煮预包装食品。让学生讨论螺蛳粉的主要食材和特色产地，并且分析柳州盛产螺蛳粉的原因。

学生活动：思考并回答。

教师活动：点评学生回答并补充材料分析。除了特有的地理因素，柳州对螺蛳粉的现代化生产是促使其迅速发展的重要原因。

材料1　柳州及其周边，是一片地势平旷、水草肥沃的河谷，一年中的大部分时期都是夏天，丰富的降水和温暖的气候，给柳州地区带来了三种特产——酸笋、螺蛳和水稻……柳州又是灵渠运河的重要中转站，南北文化的交织点。北方面食的饮食文化随着南来移民的入乡随俗，与当地的稻米主食结合形成了新的饮食特色——米粉文化。

——魏水华《螺蛳粉，为什么是柳州？》

材料2　从2017年开始，柳州市政府投资三千多万开发螺蛳的规模化养殖，鼓励在水稻田、莲藕池、水生蔬菜田里养殖田螺。政府还举办了培训班、下发技术手册指导养殖户。至于酸笋、酸豆角、木耳这些辅料，柳州也进行规模化和现代化种植，建立了种植基地。

——观察者网《一碗粉撑起一座城》

【设计意图】迅速抓住学生的注意力，激发学生学习兴趣；同时又直奔本课主题，引入新课内容。

导入学习任务一：食物生产的现代化

（1）现代农业的产生原因和过程

教师活动：阅读教材，根据"工业革命后—20世纪中叶—20世纪下半叶—21世纪初"这个发展脉络让学生梳理现代农业的过程，并从中分析促成传统农业向现代农业转变的主要原因。

学生活动：阅读教材，分析并回答。

教师活动：点评总结，科学技术的发展是农业发展的主要原因。

【设计意图】通过时序形式使学生了解现代农业的产生过程，并让学生学会运用唯物史观分析现代农业产生的条件。

（2）现代农业的表现

教师活动：结合教材和图片，分析农业现代化的表现。

联合收割机

播种机

杂交水稻之父——袁隆平

水溶肥料

大型农场

养殖场

学生活动：识图并回答。

教师活动：总结现代农业的表现为：农业工具的机械化；粮食育种的优良化；化肥使用的高效优质化；生产经营方式的大型化。

【设计意图】通过图片解读，既能增加课堂趣味和生动性，又能培养学生概括教材的能力。

（3）现代农业的特点和影响

教师活动：出示传统农业和现代农业的对比表格，让学生对照传统农业的关键词，讲出现代农业的特点。

传统农业和现代农业的对比表

项　　目	传统农业	现代农业
农具动力	手工和畜力工具；人力、畜力和自然力等	机械化工具为主；石油和电力等
生产技术	直接经验	现代科技
生产目的	自给自足	商品化、产业化
使用肥料	天然有机肥料	化学肥料、大量使用农药
作物品种	农家原有品种	人工培育品种
生产单元	个体小农为主，生产单元也是消费单元	家庭农场为主，集约经营为主，依赖大量外部投入，需要一个强大的科技和工业体系支撑

学生活动：思考并回答。

教师活动：归纳总结：现代农业的特点是机械化、集约化、产业化、商品化、科学化。概念解读：农业集约化是在一定的土地上集中投入较多的生产资料和劳动，采用新的科学技术措施进行精耕细作，靠提高单位面积产量增加农产品的总量。产业化是以市场为导向，实现种养加、供产销、农工商一体化的经济运营方式。

【设计意图】运用表格形式对传统农业和现代农业进行历史解释，通过两者的对比让学生理解现代农业的特点。

教师活动：让学生根据材料分析农业现代化对人类社会发展的影响。

材料1 农业机械减轻了农民的劳动强度，提高了劳动效率和耕作能力；农业化学提高了作物产量，减少了病虫草害带来的损失，保证了农业的稳产高产；遗传育种通过对生物遗传性状的改造，培育出大批高产、优质、适应性强的良种，提高了农业产量。

——刘宇杰《告别饥荒：饥荒成因与应对的历史考察》

材料2 人类在渔猎、采集农业阶段，每500公顷土地只能养活2人；刀耕火种阶段可以养活50人；而在资本技术集约型经营的现代农业阶段，增至5000人。……马克思曾经指出："现代农业科学在农业的运用，将把农村居民从土地上赶走，使人口集中于工业城镇"。……总之，世界农业现代化是与工业化、城市化相伴而生的，其实质和核心是化"农"，就是农民比重大幅减少，农业比重大幅下降，城市化水平大幅提高的历史演进进程。

——张新光《20世纪以来世界农业发展中的几个带有规律性的问题》

学生活动：分析回答。

教师活动：总结影响：极大提高了生产效率；保障了食品供应，为人类消除饥饿做出了重大贡献；有效促进农业人口向非农转移，有利于整个国民经济发展。

【设计意图】通过材料的补充，让学生理解教材第13页"学习聚焦"的结论。

导入学习任务二：食物储备技术的进步

（1）传统食物储备方式

材料1

储存方式一

储存方式二

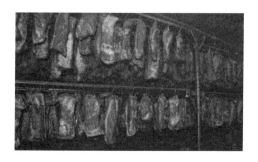
储存方式三

储存方式四

教师活动：让学生讲出四幅图片所代表的古代食物储备技术。

学生活动：结合教材，识图讨论并回答。

（2）现代食物储备技术的发展

材料 2　早期的袋装螺蛳粉用塑料袋和瓶子包装，保质期最多不超过 10 天。随着政府开始陆续出台螺蛳粉产业的相关标准并开始引导企业不断改进技术，不少企业开始围绕螺蛳粉生产的各个环节，进行技术和工艺创新。有的企业不断探索米粉制作工艺，有的专注物理杀菌、真空包装等生产技术的提升，目前袋装螺蛳粉的保质期已经提升到了 6 个月。

　　　　　　　　　　　　　　　　　　——华经情报网《广西螺蛳粉产业发展现状与发展环境分析》

教师活动：结合材料和教材，让学生梳理分析现代食物储备技术的发展情况及影响。

学生活动：讨论并回答。

随着现代粮仓、冷冻食品工业、冷链物流产业的发展，粮仓仓容量不断增加，粮食储备实现了自动化和智能化，不仅便利了人们的生活，对食品安全也有着重大意义。

【设计意图】通过图片和网红螺蛳粉的实例，使学生在情境代入中加深对教材知识的理解。

导入学习任务三：消除饥饿与食品安全

（1）造成粮食安全和食品安全的原因

材料 1　据当前估计，有近 6.9 亿人处于饥饿状态，占世界总人口 8.9%，一年中增加了 1000 万，五年中增加了近 6000 万。重度粮食不安全是与饥饿相近的另一项衡量指标，受此影响的人数也同样呈增加趋势。2019 年，全世界有近 7.5 亿人面临重度粮食不安全，占世界总人口近十分之一。

　　　　　　　　　　　　　　　　　　——2020 年联合国《世界粮食安全和营养状况》报告

材料 2　2021 年 11 月 26 日，福建厦门一位消费者在某电商平台购买的"好欢螺"螺蛳粉中发现不明虫卵，在 12315 平台进行投诉之后，将相关内容发布在社交平台上，相关话题曾冲上微博热搜。……其实早在 2021 年 3 月，另一头部品牌"李子柒"螺蛳粉也多次被曝出现刀片、烟头等异物。此外，柳江人家、嘻螺会、螺满地、螺霸王等多家螺蛳粉品牌都曾经被曝存在食品安全问题。

　　　　　　　　　　　　　　　　——华经情报网《2021 年中国螺蛳粉行业竞争格局分析及投资战略咨询》

教师活动：让学生分析两则材料反映的问题，并结合教材第 16 页的"学思之窗"和正文内容分析造成这些现象的因素。

学生活动：讨论并回答。

人口增加、工业化与城市化的加速、耕地面积的减少、对农业的投入不足、全球环境与气候变化危机、粮食分配与消费的严重不均、国际政治经济问题等因素，使食物需求与供给之间的矛盾日益突出，粮食安全成为各国共同关注的问题。农业现代化的发展，也带来一些副作用，化肥农药、禽畜饲养过程中过度使用抗生素、食品加工中的添加剂过度使用等导致食品安全事件频发。

（2）个人、中国、世界的应对措施

材料 3

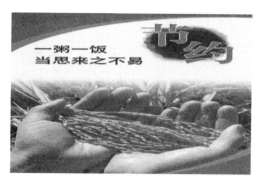

节约粮食宣传画

联合国粮农组织徽标

《中华人民共和国食品安全法》封面

食品安全宣传画

材料 4　为维护好"柳州螺蛳粉"品牌，规范预包装螺蛳粉生产企业的生产经营行为，深入排查并着力解决螺蛳粉行业存在的食品安全风险隐患，进一步提升柳州螺蛳粉产品的质量安全水平，柳州市市场监管局开展为期 3 个月的预包装螺蛳粉食品安全生产规范体系检查。

——2020 年 11 月 20 日柳州市市场监督管理局文件

材料 5　立足国内，放眼全球，中国将继续坚定不移地走中国特色粮食安全之路，全面贯彻新发展理念，全面实施国家粮食安全战略和乡村振兴战略，全面落实"藏粮于地、藏粮于技"战略，推动从粮食生产大国向粮食产业强国迈进，把饭碗牢牢端在自己手上。在确保国家粮食安全的同时，与世界各国携手应对全球饥饿问题，继续在南南合作框架下为其他发展中国家提供力所能及的帮助，共同推进全球粮食事业健康发展。

——《〈中国的粮食安全〉白皮书》

教师活动：让学生结合教材及日常见闻，从个人、中国、世界三个层面讲述消除饥饿与保障食品安全的措施。

学生活动：阅读教材，联系实际，讨论并回答。

①个人层面：增强粮食安全意识，厉行节约。（节流）

②国家层面：将保障粮食安全和消除饥饿作为首要任务；制订粮食安全行动计划；保护耕地

资源、遏制耕地锐减；制定保障粮食安全的法律、法规；改进技术，加大对农业的投入，提高粮食产量。（开源）

③世界层面：粮食安全是当今各国共同面临的问题，要加强国际合作；建立公正合理的国际经济新秩序。

（3）粮食安全与食品安全的关系

材料6　粮食安全和食品安全是两个既相互关联又各有侧重的概念。粮食安全问题起源于食物匮乏，食品安全问题则产生于食物中有害物质的存在，它们是人类社会演进的不同阶段面临的两个历史性难题。当今的市场经济体系、农业技术、产业政策大大缓解了饥饿问题，但生产者对高产量和低成本的追求，有可能给食品安全带来不利影响。

——周清杰《粮食安全与食品安全关系的解析》

教师活动：让学生根据本节课的内容，结合材料讲出粮食安全和食品安全间的关系。

学生活动：思考并回答。

"国以民为本，民以食为天，食以安为先。"粮食安全和食品安全的最终目标是一致的，都是为了解决人类的"吃饭"问题。但粮食安全侧重于如何提高粮食的产量和供给的安全，核心主题是"吃得饱"；食品安全则侧重于食品的质量安全，核心主题是"吃得好"。随着现代农业的发展，科学技术的运用，追求粮食安全的同时，往往带来食品安全的问题。

【设计意图】通过情景创设、图片引入、材料与教材"学思之窗"的结合，让学生学会概括的同时，又深刻理解了农业现代化发展的双刃剑作用。

课堂小结

　　小小一碗螺蛳粉让我们从食物生产的现代化、食物储备技术的进步、消除饥饿与食品安全三个方面，了解到了现代农业发展的主要成就和存在的问题，也认识到科学技术的革命促进了农业的现代化，为消除饥饿、保障人类的粮食安全创造了条件，同时也看到了伴随着科技的发展，粮食安全和食品安全问题凸显。作为新时代的一员，我们应该总结历史的教训，深化人与自然、人与社会的和谐、可持续发展的认识，自觉担负起为建设美好生活而努力的时代责任。

作业拓展

　　阅读材料，完成下列要求。

　　中国政府对食品安全的管理肇始于中华人民共和国成立初期。1949年11月，中央人民政府成立卫生部。为了适应经济发展，1982年全国人大通过《中华人民共和国食品卫生法（试行）》，这是中国食品卫生领域的第一部法律。……1995年全国人大通过《中华人民共和国食品卫生法》，这标志着中国食品卫生管理工作正式进入法制化阶段。进入新世纪后，国务院重新组建国家食品药品监督管理局，负责食品安全综合监督、组织协调和组织查处重大事故，同时还承担保健食品审批职能。2009 年全国人大通过了《中华人民共和国食品安全法》，2010 年国务院食品安全委员会成立。

——摘编自唐爱慧、陶冶、冯开文《中国食品质量安全监管的演进（1978—2014）》

（1）根据材料并结合所学知识，概括改革开放以来我国食品监管演进的特点。

（2）根据材料并结合所学知识，简述新时期食品监管改革的意义。

 设计反思与讨论

本课在教材处理上，主要精力放在食物生产的现代化一目。由于该部分涉及的专有名词较多，比如"集约化""产业化""传统农业""现代农业"等，故通过图片、表格对比的方式力图培养学生的历史解释能力。另外本课通过时序的办法，让学生学会阅读教材和概括教材，同时又深刻体会科技的发展对现代农业的发展以及人们生活的意义，从而理解科技、经济、生活三者的联系。

在教学方法上，本课注重教学情境的创设，以网红食品螺蛳粉贯穿整节课。在本课教学中除了常见的讲述法、问答法，还采取了讨论法、合作探究法，力求教学方法的多样性。

但在实际教学中，本课教材概括较多，可能出现教师主导过多，学生主体难以充分发挥、历史知识讲解过多、学科核心素养未能全面落实等问题。

第二单元　生产工具与劳作方式

第4课　古代的生产工具与劳作

　　《普通高中历史课程标准（2017年版2020年修订）》要求：了解劳动在社会生产中的作用，以及历史上劳动工具和主要劳作方式的变化，认识生产方式的变革对人类社会发展具有的革命性意义，理解劳动人民对历史的推动作用。

　　根据课标要求及教材编排，教学过程围绕三部分展开。

　　农业工具的变化：以史料研读、图片分析的方式学习古代耕作工具、灌溉工具和畜牧业工具的变化过程及趋势，理解其进步对社会发展的作用。手工业工具的变化：以表格、图片、自主概括教材方式学习古代手工业工具的进步，体会人民对历史发展的推动作用。劳作方式的发展：以史料研读、图片分析、中西比较的方式了解古代劳作的几种方式及特点，分析小农经济产生的条件和作用。

　　这三个子目相辅相成，逻辑性较强。其中前两个子目是并列关系，侧重于从物质技术方面梳理生产力发展的过程；第三子目和前两个子目是因果关系，因循生产力决定生产关系原理，第三子目在生产关系变革角度对劳作方式进行解读。

　　本课相关史实，学生在初中和高一零散地学习了点内容，积累了一定的基础，但还缺乏全面系统的理解，对于生产工具和劳作方式之间的关系、生产工具变革对社会发展的革命性意义理解还不够透彻。高二学生抽象思维逐渐形成，在教学过程中应引导学生在系统梳理史实的基础上开展自主探究，运用唯物史观全面认识古代生产工具的进步对社会生产发展的基础作用。

教学目标

　　1. 梳理古代东西方生产工具发展历程，帮助学生厘清时空脉络，形成宏观历史视野，培养历史时空观念。

2.通过史料实证,探究历史上劳动工具的变化以及主要的劳作方式,从生产关系适应生产力的唯物史观角度理解劳动工具的变化与主要劳作方式之间的关系,并理解生产工具变革对人类社会的革命性意义。

3.从历史解释的角度掌握主要劳作方式的特点和概况;运用史料实证和唯物史观评价中国小农经济的影响,体会劳动人民对历史的作用。

4.通过封建社会中西劳作方式的对比和明清时期农业生产工具中西对比,让学生深刻理解生产工具变革对人类社会的革命性意义,并让学生从中体会技术创新的意义,从而形成责任担当意识和历史使命感。

 重点难点

1.重点:古代生产工具的演进。
2.难点:认识生产工具的进步对社会生产发展的推动作用。

 教学活动过程

 导入 ▶▶▶

教师活动:让学生回答人和动物的最大区别是什么?

学生活动:思考并回答。

教师活动:解释本课标题。生产工具是人们在生产劳动中作用于劳动对象的人工制造物,它是生产力高低的主要标志。劳作方式是指劳动过程中劳动者所采取的劳动组织形式,属生产关系范畴。根据生产力决定生产关系的原理,伴随着生产工具的改进,人们的劳作方式也相应地发生了变革,它们都成为人类社会演进的强大动力。"工欲善其事,必先利其器。"人类社会的演变,先从器物之利开始。

导入学习任务一:利器之变——农业工具的变化

(1)耕作工具的变化

教师活动:让学生根据图片,按耕作工具出现的时间早晚进行排序,并思考古代耕作工具经历了哪几个阶段的变化?

石镰　　　　　　　铜铲　　　　　　　铁犁铧

学生活动：思考并回答。

教师活动：让学生阅读教材，完成中外耕作工具演变的表格，并总结其发展趋势。

学生活动：整理教材回答，趋势是生产效率逐步提高。

中外耕作工具演变表

地　区	时　期	耕作工具
中　国	原始社会	石、骨、木、蚌等材质为主，新石器晚期出现小件青铜器
	先　秦	有限青铜农具；战国铁农具逐步推广
	秦汉至明清	南北朝时出现灌钢法制作的农具
世　界		青铜农具最早出现在西亚、北非；小亚细亚率先冶铁

　　教师活动：伴随着耕作工具的变化，耕作方式有何进步？阅读教材第20页"历史纵横"，概括耕作方式的演进历程。

　　学生活动：结合教材回答。

　　教师活动：结合图片总结。

刀耕火种　　　　　　石器锄耕　　　　　　铁犁牛耕

　　【设计意图】通过图片排序、表格填写，激发学生兴趣，要求学生在自主学习的基础上对古代耕作工具的经历阶段进行归纳梳理。

（2）灌溉工具的变化

陶器　　　　　　　桔槔　　　　　翻车（马钧改进）　　　　筒车

教师活动：让学生讲出图片所示灌溉工具的大致出现时间，并分析其变化的趋势。

学生活动：讨论并回答。

教师活动：根据材料让学生概括耕作工具和灌溉工具的进步对农业的促进作用。

材料1　农，天下之大业也；铁器，民之大用也。器用便利，则用力少而得作多，农夫乐事劝功。

——桓宽《盐铁论·水旱》

材料2　铁制工具的出现使更大面积的农田耕作，开垦森林地区，成为可能。

——恩格斯《家庭、私有制和国家的起源》

材料3　水能利物，轮乃曲成。升降满农夫之用，低徊随匠氏之程。始崩腾以电散，俄宛转以风生。

——陈廷章《水轮赋》

学生活动：史料概括。

提高了农业生产效率，促进了农业的精耕细作；扩大了农耕区域，利于对土地的开发利用和粮食总量的增加。

【设计意图】通过总结古代农业生产工具的演变趋势，使学生认识古代人民在生产中不断改进生产工具的智慧。通过思考生产工具的进步对农业生产的影响，使学生理解唯物史观：生产工具是生产资料的核心，是影响生产力的重要因素。

（3）畜牧工具

教师活动：让学生自主阅读教材，并梳理畜牧工具。

学生活动：阅读教材。

【设计意图】学生通过自主阅读教材，巩固教材基础知识。

导入学习任务二：制器之变——手工业工具的进步

（1）纺织工具的进步

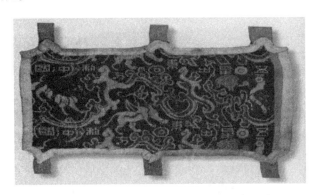

汉代织锦护臂"五星出东方利中国"

教师活动：简介国家一级文物"五星出东方利中国"汉代织锦护臂，让学生讲出汉代有如此高超工艺的技术原因，并根据教材梳理历代纺织工具的演进。

学生活动：讨论回答。

【设计意图】通过国宝简介，让学生理解中国古代纺织工具以及纺织技术的进步，从而加深对中华民族高超技艺的民族自豪感和民族认同感。

（2）陶瓷工具的进步

教师活动：让学生按照时序梳理教材陶瓷工具的演进。

学生活动：阅读教材梳理。

坯车

教师活动：根据图片，引导学生分析坯车的功能。

学生活动：讨论回答。

材料1 对南北朝时期的瓷窑遗址进行研究后发现……窑具的使用可以充分地利用窑中的空间和热量……特别是匣钵的应用具有重要意义，它可以防止烟熏和尘埃的污染，还可以避免釉的分解、碱类挥发、硅酸析出而减少光泽，绝对与烧制精美的瓷器起到了保护作用。

——杜石然等《中国科学技术史稿》

教师活动：让学生根据材料分析匣钵的作用。

学生活动：史料分析。

【设计意图】通过图片和史料分析，让学生认识制陶工具的变化在社会发展中的推动作用，体会中国先民卓越的智慧以及加强对中华优秀传统文化的认同。

（3）冶金工具的进步

古代冶金方式一   古代冶金方式二

教师活动：让学生讲出上述图片的冶金方式，并结合教材完成下列表格。

学生活动：阅读教材并填表。

冶金工具进步简表

冶金方式	冶金工具	作　用
锻打（小型）		
铸造（大型）		

教师活动：介绍教材提到的冶铁工具"水排"和冶铁技术"灌钢法"，并通过史料让学生概括回答灌钢法的先进之处及没能带领中国进入钢铁时代的原因。

材料2　和欧洲古代长期使用块炼铁并用块炼铁渗碳得到钢的作法迥然不同，相反，正如英国李约瑟所指出的，中国古代以生铁为基础的钢铁技术恰恰是和现代钢铁生产所采用的工艺系统相一致。

——杜石然等《中国科学技术史稿》

材料3　在产业革命之前，由于发明和充分使用了生铁熔铸……先进技术，中国钢铁技术是长期处于领先地位的，并具备向现代钢铁技术转化的条件。这个转化之所以没有能够实现，是封建制度的束缚和后来资本主义列强的侵略所造成的。

——杜石然等《中国科学技术史稿》

学生活动：史料阅读并回答。

【设计意图】通过图片、表格、史料的方式，使课堂形式多样化；又通过中西对比使学生认识生产关系（政治制度）对中国古代生产力的制约作用，从而达到对唯物史观的培养。

导入学习任务三：用器之变——劳作方式的发展

从手工业生产工具的进步中，我们能感受到古人在劳动中为解决问题不断创新的智慧。生产工具体现了一个阶段的生产力的发展水平，它对劳动方式也起着直接的制约作用。劳作方式的演化归根结底是由生产工具的变化决定的。

（1）农业劳作方式

教师活动：让学生思考奴隶社会时期农业的劳作方式，以及家庭式劳作方式产生的原因。通过教材第22页的"史料阅读""历史纵横""学思之窗"，让学生思考农业家庭式劳作对社会的发展起到的作用，并结合教师给出的史料分析这种劳作方式存在的局限性。

材料1　"徐州古丰县，有村曰朱陈。去县百余里，桑麻青氤氲。机梭声札札，牛驴走纭纭。女汲涧中水，男采山上薪。县远官事少，山深人俗淳。有财不行商，有丁不入军。家家守村业，头白不出门。生为陈村民，死为陈村尘。……"

——白居易《朱陈村》

学生活动：分析史料回答。

【设计意图】通过材料阅读，使学生能够运用唯物史观理解小农经济是当时生产力水平下的产物，随着铁犁牛耕技术的推广，它保证了小农家庭的自给自足，有利于社会稳定，给国家提供了稳定的税源，其长期存在有其历史合理性。但是因为它的封闭性，不利于商品经济的发展，难以产生技术突破。

三国时期的青瓷坞堡

材料2　三国至隋代也就是唐代以前，北方广大地区为预防游牧民族的侵扰，建立坞堡，坞堡内以宗族集团为核心，拥有部曲。部曲各有自家的私有经济，但对坞主负有封建义务，不能随意离开主人和土地。

——高德步、王钰《世界经济史》

教师活动：回顾高一所学的西欧封建庄园的知识，结合材料回答庄园经济的特点。

学生活动：思考并回答。

材料3　西汉时期犁壁的发明是耕犁改革中的一个重大发展。没有犁壁就起不到碎土、松土、起垄作亩的作用，有了犁壁就能翻土、碎土。欧洲的耕犁直到11世纪才有犁壁，比我国迟1000多年。

——朱绍侯等《中国古代史》

教师活动：让学生根据材料思考同处于封建社会为何西方是庄园式劳作为主，中国是家庭式劳作为主。

学生活动：思考回答。

【设计意图】通过史料分析和中西对比，让学生理解庄园经济的特点，从而提升学生的历史解释能力，同时又加深了学生对于生产工具（生产力）决定劳作方式（生产关系）的唯物史观的认识。

（2）手工业劳作方式

材料4　官方以法令来保护手工业技术的世代传习。有时，为了技术的世代传习，官府还要干涉某些手工业者家属的婚姻，使民间技术的传习成为顽固的传统。……这种传习，主要由于手工业市场的狭小，手工业劳动者为了防止技术竞争而采取的自卫措施，手工业成品也往往因此而保证了工艺水平。但这种世代传习显然是妨碍社会生产力的发展的。

——白寿彝《中国通史》

教师活动：让学生阅读教材23页最后一段，梳理古代手工业劳作方式的分类，并根据材料4讲出中国古代官府对手工业家庭的管理的特点及影响。

学生活动：分析史料。

【设计意图】通过教材阅读及史料分析，对古代手工业劳作方式有了更清晰的认识，培养学生历史解释能力的同时又增强了其运用唯物史观评价事物的能力。

材料5　较之宋元，中国农业生产工具数百年中没有什么变化，但在多熟种植、肥料使用、农田水利等精耕细作体系等方面有长足的发展……中国农业生产的相对优势一直保持到了19世纪中期。……但在世界工业化、城市化日新月异的进程中，中国仍然固守传统，不思变化，终于导致在新一轮世界性竞争中落到了后面。

——王思明《如何看待明清时期的中国农业》

教师活动：让学生根据材料5讨论明清时期东西方不同生产工具演进对社会产生的不同影响，并讲出得出的启示。

学生活动：讨论回答。

【设计意图】通过中西对比，进一步加深生产工具的变革对人类社会发展所具有的革命性意义，从而让学生体会到技术创新的意义，从而形成责任担当意识和历史使命感。

课堂小结

　　生产工具的进步是社会生产力发展的重要标志，也是人类历史演进的强大动力。而这些社会的进步莫不源于劳动人民艰辛又不断进取的创造性劳动。纵观本节内容，世界的生产工具变化从多元中心到中国的一枝独秀，从中国之优走向中国之忧，我们深刻认识到在全球化的今天，核心技术创新能力对一个国家的重要性，核心技术才是大国重器。

作业拓展

　　参观附近美丽乡村（比如温岭坞根坑潘村），寻找传统生产工具，制作 PPT 来介绍它们的主要用途、演变历程。

 设计反思与讨论

　　本课在教材处理上，主要精力放在生产工具的演进方面。通过表格、图片形式梳理古代东西方生产工具的发展历程，帮助学生厘清时空脉络，形成宏观历史视野，同时深刻认识生产工具的进步是劳动人民智慧的结晶，理解劳动人民对社会发展的推动作用。通过铁犁牛耕技术、筒车、匣钵及农业家庭式劳作方式作用的史料分析，理解生产工具的进步是社会生产力发展的重要标志，也是人类历史演进的强大动力。通过封建社会中西方主要劳作方式的差异及 19 世纪中西冶金技术、农业生产工具的不同变化，认识生产关系和生产力之间的关系。

　　在教学方法上运用图片、排序、表格、史料分析等多种形式进行教学，力求在增加课堂趣味性的同时，提高学生的历史核心素养。

　　从反馈结果来看，学生对本课的教学重点掌握得很好，能具体表达出不同历史时期农业、手工业方面出现的生产工具及演变脉络，并能够通过生产工具的历史图片说明其所处时期及名称，实现了教学目标。而学生对教学难点掌握得相对较差，主要在于不能准确地表达出农业工具的变革和农业家庭式劳作对人类社会发展的作用。另外课文中专业的工具名词较多，课堂史料、图片也多，有限的课堂时间能否落实也是个值得商榷的问题。

第 5 课　工业革命与工厂制度

 **设计思路**

《普通高中历史课程标准（2017 年版 2020 年修订）》要求：认识近代以来大机器生产、工厂制度的出现对改变人们劳作方式及生活方式的意义；充分认识生产方式的变革对人类社会发展所具有的革命性意义。

根据新课标要求及教材编排，教学过程围绕两部分展开。

第一部分"机器大生产与工厂制度"，从学生熟悉的工业革命史实入手，对工业革命的含义做一个更深的阐释，由此引出机器大生产与工厂制度，围绕学生了解但理解不深刻的"工厂制度"，分析为什么要建立工厂制度，工厂制度的运行有哪些特点，它对工业生产起到了怎样的作用，因势利导，层层关联。第二部分"工业革命后生活方式的变化"，将教材中所述的工业革命对社会影响的知识有机串联起来，大量使用生动的、引人深思的史料，构建知识内在逻辑，使得教材知识形成一个有机整体。运用唯物史观，深入探讨工业革命的影响，落实历史解释，培养学生的家国情怀和全球视野。

本课的相关具体内容在初中历史教科书和高一《中外历史纲要（下）》已经有了详细的阐述，学生已学习相关知识并积累了一定的基础，但缺乏深刻的理解。高二学生历史学习兴趣相对较浓，探究欲强，思维活跃。教师在教学过程中可以引入工业革命的有关内容并不断引导，发展学生历史思维能力，提升学科核心素养。

 教学目标

1. 通过运用史料，说明工厂制度的主要特点及其对工业生产迅速发展所起的作用。

2. 运用史料，引导学生多角度、辩证地解释机器大生产和工厂制度对人类社会生活的影响。

3. 能够说明工业革命对近代中国经济和社会生活的影响，培养学生的全球视野和家国情怀。

重点难点

1. 重点：认识近代以来大机器生产、工厂制度的出现。

2. 难点：充分认识大机器生产、工厂制度对人类社会发展所具有的革命性意义。

教学活动过程

 导入 ▸▸▸ --

教师展示材料：

材料1

1851 年英国举办大博览会的水晶宫

材料2 博览会中陈列着 7000 多家英国厂商的产品和大约同样数目的外国商家展品。英国商家几乎全都陈列工业品，外国商家则几乎全都陈列农产品或手工产品。展览厅一进门，迎面一块巨大的重 24 吨的整体煤块，象征着工业的巨大力量，庞大的汽锤、运行的机车，无不显示着工业的雄伟命脉。

——钱乘旦、许洁明《英国通史》

教师活动：要求学生根据材料并结合所学知识思考，"英国商家几乎全部陈列工业品"说明了什么？"煤块""汽锤""机车"说明了这一时期的动力发生了怎样的改变？这一切的出现都跟英国最早完成了哪一历史事件有着密切关系？

【设计意图】以"1851 年英国在伦敦市中心举办的世界博览会"导入，通过历史情境引出学生对工业革命相关知识的回忆，既契合本课教学内容又与学生兴趣相结合；巧设探究性问题，激发学生的学习欲望与学习热情，让学生带着这些问题重新走进那段具有时空距离感的历史，去探讨更多未知的内容。

导入学习任务一：机器大生产与工厂制度

（1）什么是工业革命

材料1 "工业革命"这个词有三层含义，首先它指工具改良和非生物动力在生产中的运用；其次它指劳动组织、工业结构及整个经济活动方式的转变；最后，它指由此产生的社会变化，指社会整体变革的过程。也就是说，"工业革命"是指一个历史时期，这个时期导致工业化社会的诞生。

——钱乘旦《第一个工业化社会》

教师活动：阅读材料，结合所学知识，请你对"工业革命"这个词的前两层含义进行阐释。

学生活动：第一层次：珍妮纺纱机、水力纺纱机、骡机、水力织布机等一系列工具的出现，瓦特改良的蒸汽机在生产和交通运输中的运用。第二层次：工业革命时期出现了新的生产组织形式——工厂，劳动组织形式发生变革。

教师活动：由此可见，工业革命是以机器生产逐步取代手工劳动，以工厂化生产取代手工工场的一场生产与科技革命。

材料2　到19世纪中期，英国已经是个工业化国家……乡村建起了灰暗的厂房，城镇竖起高耸的烟囱，工厂里回荡着机器的轰响，高炉前喷发出铁水的光亮……1780年，英国的铁产量还比不上法国，1848年已超过世界上所有国家的总和。它的煤占世界总产量的2/3，棉布占1/2以上……英国迅速成为世界上最富有的国家，它一个国家的生产能力比世界上其他国家的总和还要多得多，它成为全世界的加工厂，它庞大的远洋船队把数不尽的工业品运往世界各地，再把原材料运回国，加工成工业品，然后再运出去。

——钱乘旦、许洁明《英国通史》

教师活动：阅读材料，回答工业革命带来的最直接的影响是什么？

学生活动：工业革命创造了前所未有的巨大生产力，推动了社会飞速发展。最早发生工业革命的英国由此成为世界上最富有的国家。

教师活动：工业革命让英国获得丰厚回报，这一切与机器的使用分不开关系，也与英国实行工厂制度有着密切的关系。

（2）工厂制度的产生

材料3　在近代早期欧洲资本主义社会兴起时，大多数制造业采用分包制。……这种手工业是基于家庭的，一般不超过10个人。……多数新发明的机器对于家庭生产来说都太大、太昂贵了，而工厂里有企业家和工程师为大规模生产建造复杂的机器，因此集中生产成为必然。

——杰里·本特利、赫伯特·齐格勒《新全球史：文明的传承与交流（1000—1800年）》

材料4　其中最典型的行业是陶瓷业，1769年，乔赛亚·韦奇伍德开办埃特鲁利亚陶瓷工场，在场内实行精细的劳动分工，他把原来由一个人从头到尾完成的制陶流程分成几十道专门工序，分别由专人完成。这样一来，原来意义上的"制陶工"就不复存在了，存在的只是挖泥工、运泥工、拌土工、制坯工、上釉工、装窑工、烧窑工、上彩工等等，制陶工匠变成了制陶工场的工人，他们必须按固定的工作节奏劳动，服从统一的劳动管理。

——钱乘旦、许洁明《英国通史》

教师活动：阅读材料，结合所学知识，说一说为什么工厂制度会在社会上推广？

学生活动：①推广机器的需要；②通过分工改造尚未普及机器的传统行业，因为分工本身就可以是生产力。

材料5　1771年阿克莱特在克莱普顿建立第一个现代意义上的"工厂"，……由此，一种新型的工业组织形式就出现了，它的本质不在于使用机器，而是创造了一种新的工作场所。在这样一个工作场所中，工人们听从机器指挥，随机器的转动有节奏地劳动。在这个工作场所中，工人们必须是守纪律的，按固定的工作时间上班下班，一个工人不按时就会延误整个工序，因此他们必须养成集体劳动的习惯，不可以自由散漫。

——钱乘旦、许洁明《英国通史》

教师活动：阅读材料，结合所学知识，分析工厂制度的特点有哪些？

学生活动：归纳总结。

①时间：为保证机器的昼夜运行，工人实行倒班制。

②管理：制定严格的规章制度，强化纪律意识，迫使工人服从管理。

③生产：生产流水线被广泛应用到生产过程中，各生产环节协同劳作。

④原料：原料由工厂统一供应、合理调配。

教师活动：工厂制度对工业生产起到了怎样的作用？

学生活动：带来生产组织和管理形式的剧变，有利于科学管理、提高生产效率、挖掘工人的劳动潜质，从而产生更大的经济效益。

（3）工业革命对中国近代化的影响

材料6

汉阳铁厂　　　　　　　　　　　天津永利碱厂

教师活动：观察图片，结合所学知识，分析工业革命对中国近代化产生了哪些影响？

学生活动：① 19世纪中后期，洋务派采用西方技术，创办了一批军事企业和民用企业进行机器生产；②张謇、范旭东等一批民族资本家主张实业救国，开办工厂并借鉴西方工厂的管理经验，中国民族工业初步发展起来。

【设计意图】从工业革命的含义解读入手，引出机器大生产与工厂制度两大概念。学生对机器大生产比较熟悉，对工厂制度相对比较陌生。通过对工厂制度在社会推广的原因和工厂制度的特点分析，学生可以理解机器大生产与工厂制度都可以提高社会生产力。通过将近代中国的洋务运动与民族资本主义的发展情况与工业革命相联系，帮助学生理解顺应历史发展趋势的必要性。

导入学习任务二：工业革命后生活方式的变化

（1）乡村的改变、城市化的推进与工人运动的兴起

材料1　（圈地运动）产生了一批租用五十英亩、一百英亩、二百英亩或者更多的土地的大佃农，他们建立起大农场……（那些小自耕农）或者流入城市出卖劳动力，或者成为农场主的雇工……随着冶铁工业和机器制造业的发展，农业机械日益增多。

——许永璋《世界近代工业革命》

材料2　随着工业革命的发展和工厂体系的建立，大批的人涌入新的工业中心……世界各地的城市以极快的速度发展……西方的许多国家如英国、比利时、德国和美国，到1914年时，已使它们的绝大多数人口生活在城市里。

——斯塔夫里阿诺斯《全球通史：从史前史到21世纪》

教师活动：阅读材料，结合所学知识，思考工业革命给乡村和城市的发展带来了什么影响。

学生活动：

①乡村：工业革命促进了乡村的改变，农业机械日益普及，大农场普遍建立，农业现代化水平大大提高。大量人口从乡村走出，步入城市。

②城市：工业革命促使大批劳动力涌入新的工业中心，既促进了城市化的发展，也改变了人们的生活空间。

材料3　这些城市与其他一些迅速膨胀的城市中心引发的第一个结果就是可怕的人口过度拥挤。建设的速度远远落后于人口的增长。最贫困的工人居住条件极为恶劣，住房里通常连照明和排水设施也没有。……中产阶级移居到尽可能远地离开疾病和工厂烟雾的地方，而让最贫穷的社会成员孤处一隅，使之成为蹂躏工人阶级生活的疾病的牺牲品。

——爱德华·伯恩斯等《世界文明史》（下卷）

材料4　（众多的工人）每天必须在不停转动的机器面前不停地从事枯燥、单调的机械劳动，时间长达15—16小时，而且没有季节之分。无论是酷暑、严寒，还是刮风、下雨，他们都必须按时赶到工厂，完成规定的工作量……为了迫使工人就范，工厂主往往采用罚款或解雇的方法，有时甚至使用一种更加残酷的强制措施即体罚。

——宋严萍《英国工业革命时期的工厂管理及特点探究》

材料5

法国里昂工人起义

芝加哥工人大罢工

教师活动：阅读材料，结合所学知识，归纳城市中工人的生活与工作环境，简述在这样的环境下工人们会做何反应。

学生活动：一方面，由于城市规划建设滞后，工人的生活环境相当恶劣；另一方面，工人劳动时间过长，工作环境恶劣。传染病与职业病严重危害产业工人的健康。

19世纪，欧洲社会主义运动风起云涌，法国里昂工人起义、英国宪章运动、德国西里西亚纺织工人起义等工人运动，标志着工人阶级登上历史舞台，为马克思主义的诞生奠定了阶级基础。经过一系列斗争，产业工人的待遇有所改善。

【设计意图】通过史料解读，引导学生理解机器大生产和工厂制度带来了乡村的改变和城市化的发展。将工人在城市中的生活与工作环境以史料的形式呈现，使学生对工人运动出现的历史背景形成比较清晰的认识。

（2）交通运输业的发展和时间观念的变化

材料6

蒸汽机车

汽船

材料7　工业革命对煤等矿石的需求刺激了运河的开凿，1830年英国已拥有人工运河4000多千米；铁路运输以其速度快、成本低而受人青睐，1870年英国铁路里程已达2.5万千米。

——《历史 选择性必修2·经济与社会生活》

材料8

伦敦伊丽莎白塔

　　教师活动：阅读材料，归纳工业革命对交通运输业的发展起到了怎样的促进作用。

　　学生活动：思考并回答。一方面，工业革命促使蒸汽机车、汽船等新的交通工具的出现，便利了人们的出行；另一方面，工业革命对煤等矿石的需求刺激了运河的开凿，铁路运输以其速度快、成本低而受人青睐，欧美国家形成了水陆运输网。

　　教师活动：水陆运输网的形成，对人们的生活带来了什么影响？

　　学生活动：思考并回答。水陆运输网的形成，促进了城际间、国际间的人口交流与贸易往来，大大增加了社会的流动性。

　　教师活动：阅读材料 3，结合所学知识，回答工业革命是怎样改变人们的生活节奏的。

　　学生活动：思考并回答。工厂制度及蒸汽机车等交通工具出现以后，人们必须守时，准时准点成为现代社会生活的准则。

　　【设计意图】直观的图文结合，有利于学生生动地了解工业革命对交通运输业发展的影响，从而感受工业革命后人们出行的相对便利和社会流动性的增加。通过对伦敦伊丽莎白塔的介绍，让学生感知到工业革命使人们的时间观念增强了。

（3）人们的文化素质逐渐提升

　　材料 9　做某些工作，几乎包括工业中的一切工作在内，都需要有相当的文化程度……都需要一定的技能和常规性，而要达到这一点就要求工人具有一定的文化水平。

——恩格斯《英国工人阶级状况》

　　教师活动：根据材料结合所学，概括工业革命对产业工人的素质要求、政府采取的措施以及工业革命对中国近代教育的影响。

　　学生活动：阅读材料，思考回答。

　　①对产业工人的素质要求：工人需要识字、有一定的文化水准而且能够熟练掌握业务。

　　②政府采取的措施：为了达到要求，英国等西方国家不断通过立法推行初等教育，加大政府对教育的经费支持。

　　③对中国近代教育的影响：20 世纪初清政府推行"癸卯学制"，普及初等教育。20 世纪 20年代，中国共产党兴办平民教育，创办了安源路矿工人第一所夜校，对提高广大工人的文化素质起到了积极作用。

　　【设计意图】通过对材料的解析，引发学生对问题的思考，进一步领会工业革命对推动教育发展的巨大贡献。将研究的视角与中国的近代教育联系起来，拓宽学生的时空观念和历史知识的迁移能力。

　　师生活动：师生一起朗诵英国作家狄更斯对工业革命时期社会的描述。

　　这是最好的时候，这是最坏的时候；这是智慧的年代，这是愚蠢的年代；这是信仰的时期，这是怀疑的时期；这是光明的季节，这是黑暗的季节；这是希望之春，这是失望之冬；人们前面有着各样事物，人们前面一无所有；人们正在直登天堂，人们正在直下地狱……

——狄更斯《双城记》

教师活动：《双城记》创作于 19 世纪 50 年代，当时英国正处于资本主义经济快速发展时期。资本主义发展带来的种种罪恶和劳动人民生活的贫困化，导致下层群众中存在极端的愤懑与不满，英国社会处于爆发一场社会大革命的边缘。狄更斯的这一段话，是对工业革命成就的肯定，更是对当时英国社会的警醒。

课堂小结

> 带领学生一起回顾：近代以来大机器生产和工厂制度的出现及其对人类社会发展所具有的革命性意义。

作业拓展

> 卓别林主演的电影《摩登时代》，讲述了美国大萧条时期失业率飙升，工人在巨大压力下饱受折磨的故事。主人公夜以继日地工作，已经产生幻觉，把别人的鼻子当成螺丝来拧，并且将自己卷入流水线的皮带里。观看这部电影，想一想它反映了工业时代怎样的问题？
>
> 本题的解题关键是理解电影《摩登时代》的批判点——工人在巨大工作压力下饱受折磨，教师可以引导学生结合工厂制度的特点、工业革命给民众生活带来的消极影响进行分析阐述。

 设计反思与讨论

本课与纲要下第五单元第 10 课《影响世界的工业革命》联系密切，在教学中应注意侧重点有所不同，切忌简单重复。本课侧重点在于分析认识近代以来大机器生产、工厂制度的出现及其对人类社会发展所具有的革命性意义。

本课教学坚持唯物史观，注重时空观念的培养，以材料研读的方式培养学生的史料实证和历史解释能力，以培养和提高学生的历史学科核心素养为本课教学的出发点和落脚点。在实际教学中，可能出现知识跨度过大，中外历史联系过多，学生思维活跃程度不够高等情况，在讲解中应时刻注意调节把握。

第6课 现代科技进步与人类社会发展

 设计思路

《普通高中历史课程标准（2017年版2020年修订）》要求：认识人工智能技术对人类劳作方式及生活方式的影响；理解劳动人民对历史的推动作用，以及生产方式的变革给人类社会带来的革命性意义。

根据新课标要求及教材编排，教学过程围绕三部分展开。

现代科学技术的发展：通过史料分析，得出科学技术何以在20世纪中期以来迅速进步。出示表格，引导学生阅读书本第一框内容并填出表格中的科技成就，思考现代科学技术发展呈现出了哪些特点。通过图片、文字材料重点分析现代科技中的电子计算机、人工智能技术、航天、原子能成就。现代科技进步的革命性意义：借助史料分析信息革命的含义。引导学生思考信息革命对社会生产、文化生活、人类视野和国际关系带来了哪些影响。现代科技进步的启示：引入习近平总书记《在中国科学院第十九次院士大会、中国工程院第十四次院士大会上的讲话》中的一段话，思考这段话中所包含的三层含义，并进一步引导学生思考讨论，得出现代科技进步给我们的启示，从而将本课内容得以理论的升华。

本课内容中现代科学技术发展成就的相关史实，学生在初中和《中外历史纲要》中零散地学习了相关内容，积累了一定的基础，但还缺乏全面系统的理解，且对于其发展成就对人类生产方式和社会生活的革命性意义理解还不够透彻。高二学生抽象思维逐渐形成，在教学过程应引导学生在系统梳理相关史实的基础上开展自主探究，使学生树立开发利用高新科技为人类生产与生活服务的意识。

✏️ 教学目标

1. 通过学习计算机与人工智能及航天、海洋、原子能、生物、新材料等方面技术的发展成就，理解生产力是历史发展的决定因素。理解科技已经成为当今世界衡量国家综合实力的重要标志之一，我们要坚持发展科技，同时坚持创新思维。

2. 通过材料探究，加强学生史料实证素养。知道"二战"后现代科技进步的原因，理解现代科技进步对人类的生产方式和社会生活产生的革命性意义，同时明白科技是一把双刃剑，在开发获取其效益的同时也需要防范技术缺陷或利用不当而带来危害。

重点难点

1. 重点：认识人工智能技术对改变人们劳作方式与生活方式的意义。
2. 难点：理解人工智能技术与现代社会发展的关系。

教学活动过程

导入 ▶▶▶

教师展示材料：

材料1

第55颗北斗导航卫星发射时的场景
（图片来源：北斗网）

材料2　北斗卫星导航系统（以下简称北斗系统）是中国着眼于国家安全和经济社会发展需要，自主建设运行的全球卫星导航系统，是为全球用户提供全天候、全天时、高精度的定位、导航和授时服务的国家重要时空基础设施。

北斗系统提供服务以来，已在交通运输、农林渔业、水文监测、气象测报、通信授时、电力调度、救灾减灾、公共安全等领域得到广泛应用，服务国家重要基础设施，产生了显著的经济效益和社会效益。

——北斗网

【设计意图】以北斗卫星导航系统导入，中国自行研制的北斗卫星系统是中国自主建设运行的全球卫星导航系统，是在各个领域广泛应用、产生显著经济效益和社会效益的尖端科技成就，这既与本课主题——现代科技进步相符合，也更能增强学生的民族自尊心、自信心和自豪感。

导入学习任务一：现代科学技术的发展

（1）现代科技发展的原因

材料1　20世纪科学理论取得重大突破，例如：相对论的提出和量子力学的发展；系统论、信息论、控制论的问世，为技术革命进一步提供了理论支持。

——《中外历史纲要（下）》

材料2　战时美国经济的繁荣推动了科学技术的发展，使它成为世界科技的中心。战争期间，欧亚各国许多著名的科学家、科技人才不堪忍受法西斯的迫害而流入美国。这些科学家来到美国后，为了反法西斯的崇高目的都争分夺秒地工作。1945年7月16日第一颗原子弹爆炸成功。与此同时，宾夕法尼亚大学莫尔电工学院与军械部合作，于1945年底研制成世界上第一台电子计算机。1945年希特勒德国崩溃后，美国俘获了以冯·布劳恩为首的130名优秀的火箭专家及技术装备，这为发展美国的空间技术奠定了基础。……战后，美国继续其"汲取才智运动"，用高薪和优越的工作条件吸引国外学者移居美国，使美国的科技队伍不断壮大。

——摘编自吴于廑、齐世荣《世界史：现代史编》

材料3　"二战"后，美苏展开军备竞赛，大力发展科技……美国和西方在电子、新材料及其加工业等方面之所以能够领先于苏联，从一定程度上也是被美苏军备竞赛给逼出来的。

——时殷弘《美苏冷战史：机理、特征和意义》

教师活动：阅读材料，结合所学知识，请归纳推进现代科技发展的因素。

学生活动：得出结论：①科学理论的重大突破提供理论基础；②世界经济的发展奠定物质基础；③"二战"时的军事需求和"二战"后美苏冷战的客观推动；④各国政府对高科技的大力支持。

【设计意图】回顾《中外历史纲要（下）》相关内容，引导学生学会知识间的迁移，并借助史料分析现代科技发展的原因，对这节课的内容做一个适当的补充，从而更好地引出现代科技的发展成就。

（2）现代科技发展的特点

教师活动：阅读书本内容，根据表格中所出示的时间填出所对应的科技成就，并思考现代科学技术发展呈现出了哪些特点。

学生活动：完成表格填空。

现代科技发展成就

时　间	科技发展成就
1946年	第一台电子计算机（美）
20世纪50年代	美将机器模拟智能提上日程
1953年	西方科学家发现了DNA双螺旋结构
1957年	苏联发射世界上第一颗人造地球卫星
20世纪60年代	美深潜器首次潜入马里亚纳海沟
1969年	美建立军用网络
20世纪90年代	美实现互联网商业化
1997年	中国自主研发的无缆水下深潜机器人成功潜入水下6000米处，海洋技术跻身世界先进行列
2012年	中国的"蛟龙号"载人潜水器达世界同类型载人潜水器的最大下潜深度
2019年	月球车"玉兔二号"首次实现月球背面软着陆
2020年	中国成功发射第55颗北斗导航卫星

现代科学技术发展呈现的特点："二战"后发展迅速，发达国家领先发展；涉及计算机、人工智能、航天、海洋、原子能、生物、新材料等各个方面的技术；出现交叉融合的趋势；中国起步晚，发展速度快，尤其在改革开放以来，中国在尖端科技领域取得了巨大成就。

【设计意图】引导学生根据书本内容填写表格中的科技发展成就，培养学生提炼有效信息的能力，将时间与国别、成就相对应，培养学生的时空观念，通过对表格内容的分析，引导学生归纳现代科学技术发展的特点，将提升自身的历史解释的能力。

（3）现代科技发展的成就

材料4

世界第一台电子计算机"ENIAC"

材料5 由于微导体即硅片的缘故，计算机现在的体积比过去小得多，运算也快得多。它们现已成为现代经济的支柱，并被广泛应用于发电厂、营业所、超级市场的收银台、纺织厂、电话转换系统和工厂的生产线。计算机是机器人的"大脑"；今天，这些机器人被用来从事焊接、油漆、搬运物资等工作，明天，它们还将被用来做家务。

——斯塔夫里阿诺斯《全球通史：从史前史到21世纪》

材料6 20世纪60年代末，在美苏争霸的冷战时期，美国由于争霸需要，加紧军事科学及其相关领域的研究，催生了互联网。20世纪50年代末期，苏联成功发射了第一颗人造地球卫星，通过这项技术可以实现将核武器投射到目的地，引发了美国军方的担忧。美国国防部为了确保计算机系统的安全，成立高级研究计划署（简称"阿帕"），试图通过统一的网络将分散的指挥系统联结起来，阿帕网就是高级研究计划署成立不久的成果，一般被视为全球互联网的前身。

——《经济与社会生活教师教学用书》

教师活动：阅读材料，思考计算机在发展过程中的两大领域及其发展态势。

学生活动：阅读材料，回答问题。

①两大领域：计算机网络技术和人工智能技术。

②发展态势：计算机网络技术从科学计算、事务管理等方面逐步扩展，进入生产生活的各个领域，并走入家庭。人工智能已涵盖机器人制造、语音及图像识别、自然语言处理等领域。"无人仓库""无人码头""无人车间"乃至"无人工厂"等纷纷出现，说明人工智能技术已广泛应用到各个领域，极大地改变了人们的生产生活。

教师活动：由材料6可以得出，苏联发射的世界上第一颗人造地球卫星是基于军事的需要，请回顾新中国成立以来航天业的发展情况，思考航天技术的发展有何意义。

学生活动：总结概括。

①发展情况：1970年，中国第一颗人造地球卫星"东方红一号"发射升空，中国开始进入航天时代；2003年，"神舟五号"载人航天飞船发射成功；2019年，月球车"玉兔二号"首次实现月球背面软着陆，标志着中国进入具有深空探测能力的国家行列；2020年7月31日，"北斗三号"全球卫星导航系统BDS正式开通；2021年，中国祝融号成功登陆火星；2021年10月16日，"神舟十三号"载人飞船发射成功，三位宇航员开启为期6个月的飞行任务。

②发展意义：航天技术对现代国防与经济发展产生了巨大影响。

材料7 第二次世界大战期间，（美国）新墨西哥沙漠地带的一声爆炸标志了人类对原子动力的利用。将原子弹投在广岛和长崎是这一动力首次用于军事目的。今天，原子动力已用于其他许多目的，如核动力船、生物医学研究、医学诊断和治疗以及核动力厂。

——斯塔夫里阿诺斯《全球通史：1500年以后的世界》

教师活动：结合材料7，思考原子能给人类生活带来的变化。

学生活动：①原子能服务于人类和平事业，应用于生产生活：为新的交通工具提供动力；为各领域的生产提供新能源；应用于医学研究与诊断治疗，造福人类健康。

②原子能的滥用会给人类带来灾难：核武器扩散、核泄漏等。

【设计意图】借助史料，思考计算机发展过程中所形成的两大领域，即计算机网络技术和人工智能技术，探讨两大领域在今天的发展态势，由苏联发射第一颗卫星的目的并结合新中国成立以来航天业的发展情况，思考航天技术的发展意义。通过史料分析原子能给人类生活带来的变化。将现代科技成就的内在联系有机结合，可以锻炼学生整体把握知识的能力。

导入学习任务二：现代科技进步的革命性意义

材料 1　这场革命包括两部分——积累信息和散布信息。今天，积累知识的速度是空前的、爆炸性的。仅世界各地每 24 小时公布的科学信息，其量之多，可填满 7 套 24 卷一套的《大不列颠百科全书》。同样空前的、爆炸性的是用计算机储存和检索信息的速度，还有以光速——尤其是卫星——向全世界发送信息的速度。任何国家中的任何人都能通过报纸、杂志、无线电、电视机或计算机得到这种信息。

——斯塔夫里阿诺斯《全球通史：1500 年以后的世界》

教师活动：信息革命指由于信息生产、处理手段的高度发展而导致的社会生产力、生产关系的变革，一般以互联网与全球化普及为重要标志。"二战"后，半导体、集成电路、计算机的发明，数字通信、卫星通信等发展形成了新兴的电子信息技术，使人类利用信息的手段发生了质的飞跃。

材料 2　纵观世界文明史，人类先后经历了农业革命、工业革命、信息革命。每一次产业技术革命，都给人类生产生活带来巨大而深刻的影响。现在，以互联网为代表的信息技术日新月异，引领了社会生产新变革，创造了人类生活新空间，拓展了国家治理新领域，极大提高了人类认识世界、改造世界的能力。互联网让世界变成了"鸡犬之声相闻"的地球村，相隔万里的人们不再"老死不相往来"。可以说，世界因互联网而更多彩，生活因互联网而更丰富。

——习近平在第二届世界互联网大会开幕式上的讲话（2015 年 12 月 16 日）

材料 3

位于浙江长兴县煤山镇的天能集团产业园内，新能源塑件项目智能制造车间已进入了机器人制造的行列。车间内，60 台注塑机、30 台机器人、30 个机械手全部通过智能化控制系统的连接进入运行状态，相当于节省了 200 个工人的工作量。每个车间只需要 2 个工人负责包膜和尾料回收工作。

——《浙江新闻》（2019 年 8 月 30 日）

天能集团新能源塑件项目智能制造车间

材料 4　新世纪开始之际，因特网使用者几乎半数在美国，英语则成为其统治语言。欧洲和亚洲都有人担心，因特网显示出世界不仅向全球化、也朝美国化迈进了一大步。……与此同时，在那些有机会有办法接触计算机新技术的国家和不能接触新技术的国家之间，划开了一条鸿沟。一种"数字分隔"出现在各国国内和全世界的富国与穷国之间。

——R.R. 帕尔默《现代世界史》

教师活动：阅读材料2、材料3、材料4，结合所学知识，思考与工业革命相比，信息革命对社会生产、文化生活、人类视野和国际关系带来了哪些影响。

学生活动：①对社会生产：带来了生产力的巨大飞跃；促使劳作方式由粗放型转化为集约型，人们越来越依靠技术革新来实现利润增长；以市场为导向，充分发挥技术优势，有效调动员工积极性的现代企业管理制度逐步发展起来。

②对文化生活：计算机网络、移动通信等技术迅猛发展，使人们可以轻松了解社会动态，方便沟通；各种应用程序的开发，促进了人们的通信交流，丰富了大众的文化生活；全媒体不断发展，为人们认识世界提供了不同视角。

③对人类视野：交通和通信技术的进步使得地球成为"地球村"，网络的普及促进了信息的交流，丰富了人类的知识，推动了社会的进步。

④对国际关系：密切了世界各地联系，推动了世界经济朝全球化方向发展；使世界出现"美国化"的倾向；造成同一国家不同地区之间、不同国家之间信息技术的差距与贫富差距的进一步扩大。

【设计意图】借助史料分析信息革命的含义。引导学生思考信息革命对社会生产、文化生活、人类视野和国际关系带来了哪些影响。培养学生史论结合、论从史出的能力。

导入学习任务三：现代科技进步的启示

材料1　信息、生命、制造、能源、空间、海洋等的原创突破为前沿技术、颠覆性技术提供了更多的创新源泉，学科之间、科学和技术之间、技术之间、自然科学和人文社会科学之间日益呈现交叉融合趋势，科学技术从来没有像今天这样深刻影响着国家前途命运，从来没有像今天这样深刻影响着人民生活福祉。

——习近平在中国科学院第十九次院士大会、中国工程院第十四次院士大会上的讲话

（2018年5月28日）

教师活动：归纳习近平总书记的这一段话包含了哪三层含义。

学生活动：强调了信息、生命、制造、能源、空间、海洋等原创突破在推动科技发展方面的重要作用；指出了不同科学类别、不同学科、技术间出现的交叉融合趋势；指出了科技对国家、人民生活的重大影响。

教师活动：结合材料理解及所学知识，归纳现代科技进步给我们以哪些启示。

学生活动：科技是第一生产力，科技尤其是尖端科技的发展，已经成为当今世界衡量国家综合实力的重要标志之一，要大力发展科学技术，增强国际竞争力；要重视原创突破，准确把握学科交叉融合等科学技术发展的趋势，着力增强自主创新能力；科技是一把双刃剑，在开发获取其

效益的同时要防范技术缺陷或利用不当带来的危害。

【设计意图】通过对习近平总书记这段话的解读，锻炼学生的史料分析能力，并以此继续启发学生思考现代科技进步给今日中国带来的启示，由此将本课内容与现实生活紧密结合，在反思中提升学生对现代科技的理性思考，激发其爱国情怀。

课堂小结

让学生从原因、成就、影响和启示等方面回顾现代科技发展的相关内容，教师加以点拨。

作业拓展

学生思考对"自然科学和人文社会科学之间日益呈现交叉融合趋势"的理解。本题具有开放性，可以培养学生的历史解释和历史分析能力。学生需要结合自身经历，解读自然科学和人文社会科学之间日益呈现出的交叉融合的必要性和具体实证。

 设计反思与讨论

因本课涉及现代科学技术的发展和现代科技进步的革命性意义，现代科学成就非常多，教学中不可能做到面面俱到，因而需要选取重点，即认识人工智能技术对改变人们劳作方式与生活方式的意义。

本课教学以培养和提高学生的历史学科核心素养为出发点、落脚点，体现历史学科的特点与魅力。坚持唯物史观，注重时空观念的培养，以材料研读的方式培养学生的史料实证、历史解释能力。通过本课学习，使学生树立重视科技发展，重视原创突破的观念，准确把握学科交叉融合等科学技术发展的趋势，着力增强自主创新能力，提升家国情怀。

在实际教学中，可能出现学生对科技成就非常感兴趣，但是在史料分析中不够积极的现象，教师应注意细致引导，努力发挥学生的主观能动性，尽量寻找设定与生成中的双向平衡。

第三单元　商业贸易与日常生活

第 7 课　古代的商业贸易

设计思路

《普通高中历史课程标准（2017 年版 2020 年修订）》要求：了解商业贸易的起源和古代商贸活动与贸易通道；知道货币、信贷、商业契约等在日常生活中的角色。

根据新课标要求及教材编排，教学过程围绕两部分展开。

商业贸易的起源与发展：以史料研读、地图学习等方式研究中国与世界商业贸易的起源、商贸通道的形成与发展，注重时空观念的落实和阶段特征的分析；货币、信贷、商业契约：通过史料分析和问题探究使学生知道商业贸易工具的内涵及重要意义。

本课内容，学生在初中、高一阶段已学习相关知识并打下了一定的基础，但对于国外的商业贸易知识和货币、信贷、商业契约等相关内容比较陌生，且学生的历史知识仍相对零散，未建立起全面的、系统的思维体系。高中阶段，学生历史学习思维活跃，史料阅读和理解能力提升，教师在教学过程中可以提供地图、文字等史料，让学生自主探究，帮助学生由浅入深地理解商业贸易的起源与发展，提升学科核心素养。

教学目标

1. 通过文字、地图等材料了解中国、埃及、两河流域、希腊等区域的商业贸易活动及特点，引导学生认识世界历史发展的多样性，培养学生广阔的国际视野。

2. 通过对货币、信贷、商业契约的概念介绍，展示相关的史料、图片素材，帮助学生理解货币等在商业贸易发展中的作用，引导学生自主概括货币、信贷、商业契约的发展历程和对日常生活的影响。

3. 通过对问题的思考与探究引领学生正确看待古代商业贸易制度，体会中华文明源远流长、随时代与形势发展而不断调整变化的思想内核。

重点难点

1.重点：古代商贸活动与贸易通道，货币、信贷、商业契约在日常生活中的角色。

2.难点：货币、信贷、商业契约在日常生活中的角色。

教学活动过程

导入 ❯❯❯

教师展示图片：

《清明上河图》（局部）

教师活动：北宋张择端的《清明上河图》，以写实的手法记录了东京开封街市的繁荣景象。画卷从东水门外虹桥以东的田园开始，向西是汴河上的市桥及周围的街市等。张择端画了各色人物七百七十多人、房屋楼阁一百多间、大小船舶二十多艘，蔚为壮观，令人目不暇接。学生通过观察图片并结合所学知识思考古代中国商业贸易的起源与发展，进入本节课的学习。

【设计意图】以《清明上河图》导入，契合本课教学内容，培养学生观察分析图片的能力。教师通过引导学生观察局部细节，感受商业贸易与日常生活的密切相关，借此引发学生探究古今中外商业贸易发展的兴趣。

导入学习任务一：古代商业贸易的起源——多源发生

（1）古代中国商业贸易的起源与发展

材料1 《易·系辞下》记载："庖牺氏没，神农氏作……日中为市，致天下之民，聚天下之货，交易而退，各得其所。"按传说推导，神农氏时代相当于我国原始社会母系氏族兴盛时期或父系氏族开始时期……从神农氏"制耒耜，教民农作""耕而作陶""尝百草"等传说看来，神农氏所处的部落应当是以农业为主的部落，且手工业也有了一定程度的发展。由于生产物经常有剩余，社会也有了一定的分工，于是就有了交换的必要和可能。

——余鑫炎《简明中国商业史》

教师活动： 指导学生利用材料，分析古代商业贸易起源的时间和条件。

学生活动： 运用相关史料，思考分析。

①时间：原始社会后期。

②条件：社会分工、产品剩余及私有制的产生，出现了交换。

材料2 西周时土地所有权仍属于奴隶主国家所有——王有，手工业的生产资料也归国家占有。官府拥有大量的奴隶，进行山泽的开发和各种手工业品的制造。这些产品以及从公田上剥削来的农产品，还有下面缴来的贡物，除了供贵族们自用外，一部分剩余要出售给平民，有的要运往外地，用以交换那里的珍异特产和自己不能生产的东西，手工业所需的部分原料也要从外地运入。这种贩运、交换活动，就由官府所属的贾人来进行。商业之属于官府同手工业之属于官府是紧密相连的……工商业基本上或主要由官办官营，这种长期的政策，是西周商业突出的特点。

——吴慧《中国商业政策史》

材料3 进入春秋前期，工商食官尚以奴隶制的残余一时保持下来……统治者为了争取商人的支持，改变其低贱的身份，给以经营自由，从而造就了一些受保护、得优待的私营商人……春秋后期，随着封建制度的形成和发展，原奴隶身份的贾人和百工，为争取自由，经过斗争而获得解放……也有的国家新旧两种势力斗争激烈，为收揽人心，各自在工商业上退出一些阵地，私商则因商税减轻、山泽开放而得到较快的发展。

——吴慧《商业史话》

材料4 秦灭六国统一天下，在客观上有利于生产力的发展。同时，秦始皇又采取了一些重大措施，加强中央集权，统一全国制度，对商品流通，对商品流通和商业的发展提供了有利条件……两汉历时共四百余年（公元前206年—公元220年），国内商业和市场以及对外贸易都有了较大的发展，如果不实行抑商政策，商业还会有更大的发展。

明代随着生产力的发展，社会分工进一步扩大，商品经济在此基础上更加发展了。分工分业使商品生产进一步细分和专门化。农产品的商品化程度有所提高。棉花成为主要的经济作物之一，其种植比过去更加普遍……有人记述："燕、赵、秦、晋、齐、梁、江、淮之货日夜商贩而南；蛮海、闽广、豫章、楚、瓯越、新安之货，日夜商贩而北。"这些说明，明代南货、北货的相互贩运交流相当广泛，且奢侈品也占有相当比重，日常生活必需品的地区交流则继续扩大……明清时期，地区间物资交流的活跃，远距离贩运贸易的兴盛，促进了商业行业的增多和商业组织演变，特别是导致了地区性贩运的商业行帮的形成和发展。

——余鑫炎《简明中国商业史》

材料5

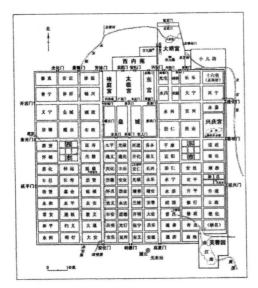

唐长安城示意图

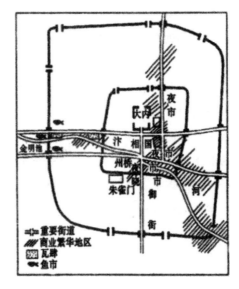

北宋汴京示意图

教师活动：指导学生根据材料及结合所学，分析中国古代商业贸易的发展，完成下列表格，并探究中国古代商人地位的发展变化。

学生活动：运用相关史料，思考分析。

中国古代商业贸易的发展表

时　　期	表　　现
商　朝	出现了专门从事商品交换的商人；商业主要掌握在官府和贵族手里
春秋战国	"工商食官"的格局被打破
秦　汉	货币、车轨、度量衡的统一，促进了全国商品流通
隋唐至两宋	城市坊市分区制度逐步瓦解，商业进一步繁荣
元明清时期	农产品和手工业产品的商品化程度加深；形成全国范围的商业贸易网络；地域性的商人群体——商帮兴盛

地位变化：①商周：商人出现，以官府控制为主导，地位不高。②秦汉：商人社会地位低下，生活受限制。③唐宋以后：商品经济繁盛，商人地位提升。

（2）古代世界商业贸易的起源与发展

材料6　（古埃及）官吏监控着土地、产品和人民，税收构成了国家年收入的大部分——有时高达50%。这些收入用来供养王宫、官吏和军队，以及用于修建、维修神庙和统治者用于庆典的大型纪念性建筑。官府还保持了对一些重要经济部门的垄断，控制着远程贸易……在经济上，拜占庭皇帝延续了罗马帝国晚期的政策，固定价格，组织谷物运往首都，对紫色布等奢侈品实行专营……只要商人和朝圣者从帝国各地赶往君士坦丁堡，贵族们就可以买到珍贵的商品。

——理查德·W.布利特等《大地与人：一部全球史》

材料 7 活跃在地中海地区的另一批海洋贸易者是希腊人。与腓尼基人不同，希腊人原本是种植者，但故土岩石嶙峋的山地特点很快将他们赶向大海，以补充贫弱的农业产出。同时，优良的天然港口和邻近爱琴海的众多岛屿也是一种诱惑，促使他们离开故土……罗马在征服地中海之前就吸收了希腊文化，随着在地中海的统治，它继承了——或侵占了——希腊的经济成就和制度……然而，罗马的法律体系——最初用于农业政权，后来在希腊元素的同化下逐渐改变——给予企业相当大的自由度，对商业活动也无惩戒。特别是合同的严格执行、产权以及纠纷的迅速处理（通常是公正的）……罗马对经济发展最大的贡献是实现了罗马帝国统治下的和平，地中海盆地长久的和平与秩序为商业创造了最适宜的发展环境……尽管疆域的土地可耕性差，但地理位置却蕴含着巨大的商机。阿拉伯人居住的中心地带地处波斯湾和地中海，一直延伸至印度洋，同时又是商队穿越地中海到中国的必经之路……几百年来，阿拉伯人及其穆斯林们一直在欧亚贸易中扮演着主要的中介人角色。

——龙多·卡梅伦、拉里·尼尔《世界经济简史》

教师活动：根据材料并结合所学知识，总结古代世界商业贸易发展的概况和影响因素。

学生活动：归纳总结。

①概况：A.古埃及：金字塔壁画上已有商品交换的场景。但商业主导权在国家手中。

B.古希腊：各城邦形成若干个商业贸易中心，海外贸易活跃。

C.古罗马：征服地中海地区后，海外贸易十分繁荣，海外贸易航线四通八达。

D.拜占庭：一度垄断了中国丝绸等东方奢侈品在欧洲市场的贸易。

E.阿拉伯：在欧亚非三大洲间从事中介贸易，范围遍布世界各主要文明区域。

②影响因素：国家统一、统治者的重视及支持、法律及制度保障、较为先进的财务制度、农业及手工业的发展、畅通的交通路线、商人群体的出现及发展、地理条件和社会政治环境等。

教师活动：根据所学并结合课本，分析世界商业贸易起源的特征与趋势。

学生活动：结合所学，得出结论。

①特征：多源发生。

②趋势：呈全球化趋势。

【设计意图】学生对于中国古代商业贸易发展部分的内容，已经在初中和高一历史学习中接触过了，对于这部分内容由教师提供史料让学生结合材料以及课本知识，自主整理、归纳并完成表格，既帮助学生梳理中国古代商业贸易发展的知识点，同时培养学生自主学习、分析和概括材料的能力，增强课堂的参与感。再由教师补充史料，引导学生思考商人地位的变化及古代世界贸易的发展等问题，帮助学生加深对古代世界商贸发展的印象，了解不同文明商贸发展的特殊性和共性，提升学生的学习兴趣。

导入学习任务二：古代商业贸易的通道——连点成线

材料 1 朝贡的前提是，这些国家接受中国皇帝的承认与册封，在国王交替之际，以及庆慰谢恩典礼之际，必须派遣使节前往中国觐见皇帝，呈献贡品，并接受皇帝的赏赐（称为回赐）。这就是朝贡体制，一种以中国为中心的呈放射状的，用朝贡—回赐方式维系的国际关系……在朝贡中附带进行一些贸易，称为朝贡贸易……其一是随同朝贡使节来到中国沿海的港口。在主管外贸的市舶司的主持下，就地与中国商人进行贸易；其二是，朝贡使节抵达北京后，随性的商人可以在礼部接待外宾的会同馆附近，与中国商人进行贸易。

——樊树志《国史十六讲》

教师活动：引导学生观察《浙江省普通高中历史学习图册：选择性必修2经济与社会生活》中第38—39页的几幅地图，并结合史料，分别指出古代中国历代商业贸易通道的发展情况，完成表格。

学生活动：归纳整理表格。

古代中国历代商业贸易通道的发展情况表

时 间	发展概况	机 构	运输路线（商品）
西 汉	丝绸之路产生与发展	—	商人们将中国生产的丝绸等运往中亚、西亚、欧洲和北非，再把欧洲和中亚等地的奇珍异宝输往中国
唐宋以后	海上贸易兴盛	市舶司	商人从东南沿海各港口出发，近达南洋各地，远达波斯湾、阿拉伯海和红海沿岸地区。中国出口商品，除丝绸外，还有瓷器、纸张、茶叶等
明 清	朝贡贸易兴盛	市舶司	朝廷对朝贡国家、路线、港口、船只数目、贡品种类均有严格的规定
清政府	闭关锁国，对外贸易急剧减少	公 行	清政府在广州设置公行，统揽对外贸易事务。1757年，清政府将通商口岸限定在广州一处，对外贸易皆由官府指定的"十三行"行商代理

教师活动：古代中国商业贸易的通道，是中国古代商业经济发展的重要表现，也是中国对外交流的重要手段之一。根据教材上的《"南海1号"沉船上的瓷碗》和《群神宴》两幅图片以及所学知识，思考古代中国商业贸易的通道发展的影响。

学生活动：思考分析图片的内涵。

①商业贸易的发展促进了不同地区、不同国家之间的交流，大大丰富了人们的物质生活和精神生活。

②中国通过陆、海两条对外贸易渠道，引进国外的优良马匹、植物新品种、香料、药材和琉璃等。

③中国丝绸一度成为西方财富和身份的象征。中国的瓷器、茶叶流行于亚非欧三大洲，丰富了当地人们的生活。

【设计意图】古代中国商业贸易通道的发展与影响，由于丝绸之路、海上贸易、十三行等内容在《中外历史纲要》上册中已经学习过，所以这部分以学生自主学习为主，教师通过展示地图和史料，帮助学生把握古代世界不同人群商贸活动中相关史实的时代特征，引导学生运用特定的时间、空间术语进行描述和概括，借此培养学生的时空观念与历史解释素养。

导入学习任务三：古代商业贸易的工具——货币、信贷和商业契约

材料 1

拜占庭帝国的金币

万德钱店的汇票

石染典买马契

教师活动：根据材料和结合课本内容，理解货币、信贷、商业契约的内涵，让学生总结货币、信贷和商业契约的产生与发展历程。

学生活动：整理归纳。

①货币：

国外　　古埃及：公元前11世纪，铜块和银块作为货币　　　小亚细亚：公元前8—前7世纪，出现金属铸币

国内　　商朝：贝等天然物　　春秋战国：铜铸币　　秦朝：半两钱，统一货币　　宋朝：交子、会子等纸币　　明清：银两

②信贷：

国外　　两河流域：公元前22—前21世纪，出现放贷业务　　古埃及：公元前16—前11世纪，借贷合约完备　　古希腊：公元前4世纪，出现汇票的雏形

国内　　周朝：《周礼》中已经有了借贷纠纷的记载　　春秋战国：实物借贷比较普遍，出现货币信贷　　唐朝："飞钱"　　宋朝：交子、会子等使用　　明朝：钱铺等新式金融机构大量出现　　清朝：资本性借贷显著发展，庄票产生

③商业契约：

国外　　古埃及：公元前3000年左右，广泛使用　　两河流域：公元前2600年左右，人们已经使用契约。古巴比伦时期，立定契约是普遍现象，规定了权利与义务，且要盖章签名

国内　　周朝：契约出现　　汉朝：商业契约走向普遍化　　唐宋以后：契约的应用更加广泛

材料2　"飞钱"制度，实际上是一种官办的货币汇兑制度。唐代虽然商业发展，但钱币缺乏，各地往往禁钱出境，商人带钱很不方便。到唐宪宗元和年间（806—820年）出现了"飞钱"，又称便钱，这是中国最早出现的汇兑制度。当时各道在京师都有进奏院，类似地方驻京办事处，商人在京出售商品后，将货款交本道进奏院，由进奏院发给票据，商人回本道后合券取钱。

——余鑫炎《简明中国商业史》

材料3　有些城市（如雅典）在城邦内聚集了一系列的商业和金融功能，其作用与以后年代中出现的城市并无二致，如安特卫普、阿姆斯特丹、伦敦和纽约。银行、保险、股份投资，以及一些其他经济制度早在古希腊就出现了萌芽时期。它们实际上源于最早的古巴比伦。这些商业和金融的发展是由一个创新促进的，技术含量不高但经济意义重大，那就是铸币的出现……在金属硬币发明之前，许多其他商品被用作价值标准——货币最根本的功能，同时被作为交换媒介。在实际交换中，价值标准是不必以实物出现的或是交换品的一部分出现的，只要交换的商品以它为标准估价即可。在此基础上形成的物物交换或信用交易早于铸币的使用。然而，铸币大大简化了商业交易，使市场体系扩展到许多个人和群体。

——龙多·卡梅伦、拉里·尼尔《世界经济简史》

教师活动：根据材料和课本知识，小组合作分析货币、信贷、商业契约的关系与历史影响。

学生活动：

①三者关系：货币作为商品交换的工具，同时也是财富的象征；信贷则是实现货币财富增值的途径；在信贷活动中，通过签订商业契约的方法为市场交易安全提供保障。

②历史影响：货币、信贷和商业契约的出现，是商品经济发达的表现，便利了商品交换和流通，扩大了商贸活动领域，改变了人们的生活方式和观念。

【设计意图】古代商业贸易中货币、信贷、商业契约的发展与影响，这部分属于本课的难点。由此在教学过程中，需要教师引导学生分析和理解教材正文中的内容，并结合学思之窗、史料阅读、历史纵横、图片以及问题探究等资料，理解货币、信贷、商业契约的内涵。在此基础上再结合补充的材料让学生小组讨论和梳理货币、信贷、商业契约的发展历程、关系和影响，从而培养学生的历史理解和历史解释能力。

课堂小结

> 本课从"商业贸易的起源与发展""古代贸易的通道""货币、信贷、商业契约"讲述古代商业贸易的起源与发展历史。课堂上采取多种形式进行教学，如通过材料解读的方式学习商业贸易的起源与发展；通过地图、史料分析的方式来整理古代贸易通道的发展历程；通过小组合作的方式整理分析货币、信贷、商业契约的发展历程、关系和影响。让学生在对问题的思考与探究中正确看待古代商业贸易制度，体会中华文明源远流长、不断发展变化的思想内核。

作业拓展

> 问题：查找资料，拓展分析中国古代商帮的发展历史和影响。
>
> 让学生通过课外搜集史料，开展充分讨论，提出自己的想法。中国古代商帮的发展历史既涉及古代中国商业发展的历程，也与古代贸易的通道、货币、信贷和商业契约的发展历史相关联。通过这个问题的思考，有利于巩固课本知识，提升学生历史核心素养，发展学生历史思维能力。

 设计反思与讨论

在教材处理上，根据《普通高中历史课程标准（2017年版2020年修订）》的要求，确立本课的教学重点、难点并加以突出、突破。

在教学方法上，主要采取学生自主学习的方式，以学生为主体，尽可能调动学生的学习积极性，培养学生主动探究历史、分析问题的能力。课堂中引用典型的史料、地图等，使学生在阅读中走近历史、感悟历史，认识历史，既能活跃课堂气氛又能发展学生的思维能力，加深他们对课程内容的理解与掌握。

在课堂教学过程中，以培养和提高学生的历史核心素养为出发点、落脚点，充分利用教材资源并结合史料补充，发展学生的历史解释素养，融入唯物史观。以地图分析为出发点，讲述学习地图的方法，引导学生分析地图，梳理商业贸易发展历史，自主绘制时间轴或完成表格，培养时空观念。

在实际教学中，对商业贸易发展中涉及的概念的教学可能还存在一定的困难。

第 8 课　世界市场与商业贸易

📖 设计思路

《普通高中历史课程标准（2017 年版 2020 年修订）》要求：了解世界市场的形成，认识其对商业贸易的意义。

根据新课标要求及教材编排，教学过程围绕两部分展开。

世界市场的形成：以地图、史料研读等方式学习 15—20 世纪世界市场的形成过程，注重时空观念的落实；近代商业贸易的变化：通过图片、表格数据、史料分析等引导学生认识近代商业贸易的新变化以及对近代中国的影响。近代世界市场的形成是商业贸易发展变化的背景，是促成近代商业贸易发生变化的条件。

本课内容，学生通过两本必修教材的学习，已经对新航路的开辟、两次工业革命与近代中国不平等条约签订等与本课相关的历史事件有所了解。但本课由于涉及的内容时间、空间跨度较大，学生的相关知识储备比较分散，没有形成体系化的知识结构，难以从宏观上把握 15—20 世纪东西方商业贸易的变化情况。高中阶段，学生历史学习兴趣浓厚，思维活跃。教师在教学过程中可以提供地图、文字等史料，让学生自主探究，帮助学生由浅入深地理解新航路的开辟及意义，发展学生的历史思维能力，提升学科核心素养。

✏️ 教学目标

1. 运用历史地图和时间轴，认识世界市场的形成过程，理解不同时期的阶段特征。

2. 运用唯物史观分析世界市场形成对商业贸易的影响，理解近代商业贸易变化的具体表现。

3. 通过阅读与分析史料，知道世界市场的形成与商业贸易的关系与意义，理解西欧通过资本主义的扩张逐步推动了世界格局的改变。

4. 结合史料并密切联系实际，通过中西对比海洋贸易的不同选择和不同结局，让学生认识到世界经济发展的趋势以及其过程具有多样性与复杂性，了解海洋对国家发展的重要性，树立全球史观，涵养家国情怀。

📋 重点难点

1. 重点：世界市场的形成过程，近代商业贸易的变化内容。

2. 难点：世界市场形成对商业贸易的影响以及与商业贸易变化的关系。

教学活动过程

 导入 ❯❯❯

教师展示图片：

繁忙的阿姆斯特丹港口

教师活动： 海洋是人类成长过程中的重要一环，对每一个国家来说海洋意识和海洋发展战略具有至关重要的意义。"向海而兴，背海而衰"是很多国家民族的历史都证明了的事实。要求学生观察图片并结合所学知识思考，繁忙的阿姆斯特丹港口体现了世界贸易怎样的发展情况？世界市场是如何形成的？海洋时代下的全球扩张的手段和影响是什么？让学生带着这些问题进入本节课的学习。

【设计意图】从图片《繁忙的阿姆斯特丹港口》导入，培养学生观察分析图片的能力。同时教师在引导的时候，强调"向海而兴，背海而衰"的主题，主题明确，线索清晰，为后面的课堂教学奠定基础。

导入学习任务一：世界市场的形成

（1）世界市场的形成背景

材料 1　1499 年，达·伽马回国的消息在威尼斯引发了种种复杂的情绪：震惊、焦虑、歇斯底里。一种主流声音是，经由南非抵达印度的海上通道的发展，直接意味着本城命运的终结。威尼斯总督吉罗拉莫·普列里说，事实已经非常明显，里斯本将取代威尼斯成为欧洲贸易的中心。"毫无疑问，"他写到，"匈牙利人、德国人、弗兰德人和法国人，以及所有翻山越岭到威尼斯花大价钱购买香料的人，如今都会转向里斯本。"

——彼得·弗兰科潘《丝绸之路：一部全新的世界史》

材料 2　不断扩大产品销路的需要，驱使资产阶级奔走于全球各地。它必须到处落户，到处创业，到处建立联系。

——马克思、恩格斯《共产党宣言》

教师活动： 指导学生根据材料并结合课本，讨论分析影响世界市场形成的因素。

学生活动： 运用相关史料，讨论分析影响因素。

①资产阶级累积资本的需要（内驱力）。

②新航路的开辟，推动了殖民扩张和国际贸易的发展。

③工业革命带来交通、通信技术的革新。

④人口在各大洲的流动与资本的流通。

（2）市场形成的过程

材料3　欧洲影响力的扩大有助于全球新的交通、通行和交流网络的建立，跟随着欧洲探险者漂洋过海的各种植物、疾病和人类群体在世界范围内散播开来，在错综复杂的贸易网络中诞生了一个世界性的经济体系。虽然传染病使成千上万的人丧生，但是粮食作物和牲畜品种的广泛传播也带来了人口的急剧膨胀。全球贸易网络的建立保证了世界各地区不同民族间的互动持续增强。

——摘编自杰里·本特利、赫伯特·齐格勒《新全球史：文明的传承与交流（1000—1800年）》

教师活动： 指导学生阅读材料，分析全球市场形成的过程。

学生活动： 阅读、分析相关史料，得出结论。

过程：①新航路开辟后，欧洲商人和殖民者直接同世界各地建立起商业联系，世界市场初步形成。

②工业革命后，大机器工厂取代手工工场，蒸汽机和轮船出现，资本主义凭借强大经济和军事实力，在亚非拉等地建立殖民地和半殖民地，把越来越多的地区纳入资本主义世界市场中。

③第二次工业革命后，为了抢占更多的原料产地、商品销售市场和投资场所，主要资本主义国家掀起瓜分世界的狂潮，20世纪初，世界基本被瓜分完毕，亚非拉绝大多数国家和地区被迫加入资本主义世界经济体系，资本主义世界市场最终形成。

（3）全球市场形成的途径

教师展示图片：

奴隶贩子将黑人装船

时局图

教师活动：从对世界市场的形成过程分析来看，资本主义世界市场是伴随着资本主义世界殖民体系的形成而逐步形成的；资本主义世界殖民体系的建立是同资本主义发展到帝国主义（垄断资本主义）阶段相联系的。指导学生分析并结合所学，回答世界市场形成的不同阶段，资本主义殖民扩张的途径，完成表格。

学生活动：根据教材所学，思考问题。

资本主义殖民扩张的途径表

事　件	途　径	阶　段
新航路开辟后	暴力掠夺，欺诈性贸易	资本原始积累时期
第一次工业革命后	商品输出为主，掠夺原料	资本自由主义发展时期
第二次工业革命后	资本输出为主，瓜分世界狂潮	私人垄断资本主义时期

【设计意图】学生在《中外历史纲要（下）》的学习中已经对新航路开辟、工业革命等知识点进行学习，但是学生尚未从世界市场的角度对各个知识点进行联系、整合。所以这部分知识点的处理以教师提供地图、文字等史料，引导学生分析问题，帮助学生厘清知识点之间的联系，锻炼学生史料阅读、分析的能力，培养学生的时空观念、历史解释素养。在分析世界市场背景时，教师侧重从生产力角度出发，使学生认识到世界市场的形成是资产阶级累积资本的需要，彰显唯物史观。

导入学习任务二：近代商业贸易的变化

教师活动：引导学生阅读材料，并结合书本内容，整理近代商业贸易的变化内容，并完成表格。

材料1　与其说安特卫普取代了布鲁日（比利时）的地位，不如说它取代了威尼斯的地位……15世纪末，世界贸易路线的变迁以及大西洋经济的形成决定了安特卫普的命运：1501年，当一艘满载胡椒和肉豆蔻的葡萄牙船到达凯尔特河的码头时，整个形势发生了变化。其他船只也将接踵而来。

——布罗代尔《十八世纪的物质文明、经济和资本主义》

材料2　在经济方面，扩张使贸易总量和品种猛增。在16世纪，殖民国的进口商品主要是东方的香料和西方的金银……到17和18世纪已远远超过欧洲原来接纳的海外出口总量。东方染料如靛青和洋红给欧洲织物增添了绚丽的色彩，使织物在欧洲和海外有了更好的销路。非洲的咖啡、美洲的可可粉和亚洲的茶叶都变成了欧洲的主要饮品……甘蔗移植美洲后，糖的产量大幅度提高，使欧洲的普通老百姓也品尝得起美味。

——龙多·卡梅伦、拉里·尼尔《世界经济简史》

材料3　17世纪，荷兰的银行以其安全性享誉欧洲，富人和各国政府都愿意把钱存到那里。银行会把钱用于投资不动产，会向工厂主和政府放贷，会为大规模的海外商业活动提供资金……

资产阶级在许多方面与欧洲君主展开了合作，君主乐于见到经济增长，因为这样可以充盈税收。荷兰政府率先给予股份公司特许权，如荷属东印度公司和西印度公司，他们可以分别垄断东印度和西印度的贸易……为了提高海外公司的总资本，这些特许公司会向个人出售股票，所有的投资人可以风险分摊，利益均沾。投资人可以在特定的金融市场买卖股票，这个金融市场叫作证券交易所。

——理查德·W.布利特等《大地与人：一部全球史》

学生活动：根据材料，归纳整理。

近代商业贸易变化的内容

变化表现	具体内容
贸易中心转移	①欧洲商业中心：由地中海沿岸转移至大西洋沿岸； ②亚洲商业中心：果阿、澳门、长崎、马尼拉等成为国际贸易枢纽
商品种类增加	①美洲的烟草、咖啡、可可和茶叶等进入欧洲市场； ②东方的香料大量涌入欧洲等地，成为大众化商品； ③非洲的奴隶成为贸易商品； ④18世纪后期，英国开始向中国走私鸦片
经营方式发生变化	商品交易所、银行、证券交易所、百货公司、东印度公司等新的经营方式的出现
国际贸易格局变化	19世纪中期，英国成为"世界工厂"和世界贸易中心——19世纪末20世纪初，美、德等新兴工业国家兴起，英国的贸易垄断地位被打破，世界贸易形成了多中心的新格局

材料4　1602年，荷兰人将他们的各种私营贸易公司合并成了一家国营公司——荷兰东印度公司……在后来的数年中，荷兰公司还在东印度群岛建立了设防据点网。设立据点需要与当地统治者立定条约，条约导致联盟，而联盟促成保护关系。

——斯塔夫里阿诺斯《全球通史：从史前史到21世纪》

教师活动：为了有效垄断对外贸易，英、法、荷等国建立起一种新型股份制贸易公司。引导学生阅读材料并结合课本"史料阅读""历史纵横"的内容归纳新兴股份制贸易公司的职权和作用。

学生活动：分析教材，思考问题。

①职权：享有国家给予的种种特权，有的甚至可以自行铸币、拥有武器、对外宣战和缔结条约；在世界各地经营垄断贸易，进行殖民掠夺。

②作用：推动了世界贸易的发展；推动了金融业的创新；对西欧原始资本积累发挥了重要作用。

【设计意图】世界市场形成过程中，近代商业贸易发生了变化。通过史料的补充并充分利用教材的图片、"历史纵横"、"史料阅读"以及"学思之窗"中的内容，对近代商业贸易产生的四个方面的变化进行探究，提升学生阅读史料的能力，培养其历史解释素养。

导入学习任务三：海洋时代下的中西对比

材料1　在各大陆中，亚洲受到的影响最小，因为它在军事、政治和经济上已强大到足以避免直接或间接的征服。亚洲大部分地区完全没注意到正出现在沿海地区的、固执的、令人讨厌的欧洲商人……欧洲也受到新的全球性经济的影响，但是，所受到的影响全是积极的……比对生活水平的影响更重要的，是新的全球性贸易对欧洲经济的促进性影响。以后将提到，18世纪末叶开始进行的工业革命在很大程度上应归功于从海外事业中积聚起来的资本和海外市场对欧洲制造品的日渐增长的需要。

——斯塔夫里阿诺斯《全球通史：1500年以后的世界》

材料2　郑和下西洋，堪称当时世界航海史上的伟大壮举，其规模之大、船舶之多，人员之众、航程之远，举世罕见，遥遥领先于同时期世界各国的航海事业……可惜的是，郑和下西洋以后，明王朝再也没有大规模派遣使者下西洋的壮举，郑和下西洋的伟大事业竟然后继无人，成为历史的绝响。以后由于种种原因，明政府以及随后的清政府相继实行了或严或松的闭关自守政策，使中国与世界长期隔绝，日益落后在世界潮流的后面。

——余鑫炎《简明中国商业史》

教师活动：引导学生根据材料思考，海洋时代下中西方对于对外贸易的态度对比。

学生活动：分析材料并结合所学，回答问题。

①中国：A.唐宋以后，海上丝绸之路迅速发展，对外贸易兴盛，16—17世纪，随着殖民者相继来到南亚、东南亚、东亚，逐渐形成以中国为核心的新的亚洲贸易中心。

B.明清时期的对外贸易发生了重大变化，出现了逆转，由开放走向封闭，多次实行海禁或闭关锁国政策，几乎与世隔绝。

②西方：新航路开辟后，开始了大规模的殖民掠夺，欧洲的商人和殖民者直接同世界各地建立起商业联系，随着第一次工业革命和第二次工业革命的到来，19世纪末20世纪初，资本主义世界市场最终形成。

教师活动：引导学生进一步思考，海洋时代下中西方对于海外贸易不同的态度的原因以及造成的后果。

学生活动：思考并回答问题。

①原因：A.中国：封建专制不断强化；郑和下西洋耗资巨大，不计效益，明政府财政日益困难；明朝时期，倭寇猖獗与走私盛行；欧洲海盗的入侵；明清政府的政策，中国传统以和为贵的思想；小农经济为主，人民追求稳定生活，缺乏探险精神等。

B.西方：推动资本主义经济发展的内在需要；传播基督教；对东方黄金、香料的追求；人文主义鼓励冒险精神等。

②后果：A.中国：严重束缚了对外贸易的发展，也制约了经济的发展，中国的经济远远落后在当时欧美各国的后面。

B.西方：欧洲经济突飞猛进，迅速上升，推动了资本的积累，发展了资本主义经济。

C.世界：西方通过殖民扩张等方式，损害了其他地区的利益。世界由分散走向联系。

材料3　外国洋行是外国资本家在旧中国开办的企业的总称。它包括工商、金融、交通等各方面的公司企业，但以贸易洋行为主……鸦片战争以后，洋行便成了外国资本在中国市场上公开进行贸易掠夺的工具。随着各种不平等条约的签订，外国资本主义就利用种种特权，竞相到中国来开设各种专营进出口贸易的洋行……1782年，外商洋行达343家，到1893年，外商在华洋行增加到580家……1900年前后，华侨资本投资兴办新式商业，首创百货商店于香港。1900年，澳洲华侨马应彪在香港创设先施总公司，采用资本主义经营方式。1911年马应彪又办先施分公司于广州，成为我国民族资本主义新式商业的先声。

——余鑫炎《简明中国商业史》

材料4

轮船招商局股票（1872）

上海平准股票公司（1882年成立）

教师活动：根据材料并结合课本内容，让学生总结近代中国商业贸易发展的表现。

学生活动：整理归纳。

①中国近代银行的建立：1865年，英国人在香港开办汇丰银行。1897年，盛宣怀在上海创办的中国通商银行，是中国人自办的第一家银行。

②股份制企业出现：19世纪70年代，随着官督商办与官商合办的民用股份制企业出现，股票开始走向市场。

③证券机构出现：为了适应股票交易的需要，上海出现了最早专营股票的证券机构——上海平准股票公司。

④大型百货公司出现：1900年，香港成立了第一家大型百货公司——先施百货公司。

材料5　资产阶级，由于开拓了世界市场，使一切国家的生产和消费都成为世界性的了。……新的工业的建立已经成为一切文明民族的生命攸关的问题；这些工业所加工的，已经不是本地的原料，而是来自极其遥远的地区的原料；它们的产品不仅供本国消费，而且同时供世界各地消费。

——马克思、恩格斯《共产党宣言》

教师活动：根据材料并结合所学，让学生思考世界市场和商业贸易的关系。

学生活动：回答问题。

　　关系：商业贸易扩大的需要带来了世界市场的不断发展，世界市场的发展又推动了商业贸易方式的创新与扩展，两者紧密联系，彼此促进，深刻影响着人类的生活。

　　【设计意图】这块内容强调海洋时代下的中西方对比，在解读史料的基础上，运用比较方法，探究中西方在全球商贸联系时代的不同选择与联系，总结世界市场不断扩大的驱动因素，提升学生的历史思辨能力，彰显唯物史观。同时引导学生联系实际，思考现代中国如何利用海洋，从而了解海洋对国家发展的重要性，涵养家国情怀。

课堂小结

　　新航路开辟后，随着资本主义在全球的扩张，世界市场逐步形成，促进了商业贸易的迅速发展，商贸活动的内容和形式都发生了巨大的变化。本课从"世界市场的形成"和"近代商业贸易的变化"两子目内容展开，以资本主义海洋时代下的全球扩张为线索，在比较中探究近代中西海外贸易的发展，引导学生认识坚持陆海统筹，加快建设海洋强国的重要性，涵养家国情怀。

作业拓展

　　问题：课后探究新航路开辟后，近代西欧的商业贸易变化与工业革命的关系。

　　近代西欧的商业贸易为工业革命的到来提供了许多方面的支持。同时，工业革命的到来也推动了近代商业贸易纵深发展。让学生通过课外搜集资料，寻找两者之间的联系，既有利于培养学生阅读史料的习惯，涵养历史解释能力，同时有利于帮助学生厘清知识点之间的关系，提升历史逻辑思考能力。

 设计反思与讨论

　　本课的教学设计立足于核心素养的突破。通过地图等史料，培养学生的时空观念；通过对图片、文字等史料的解读，提升学生的历史理解，发展历史解释能力；通过中西海洋扩张下的对比，推动学生历史思维的发展，彰显唯物史观；引导学生反思海洋时代下中西方不同的选择和结果，提升学生的家国情怀。在实际课堂教学中，本课凸显以学生为主体，教师利用问题引导，鼓励学生自主学习、思考问题。但由于本课教学内容需要学生自主学习与思考的内容较多，在实际教学过程中可能会出现预设的教学目标难以完全达成的问题。

第 9 课　20 世纪以来人类的经济与生活

设计思路

《普通高中历史课程标准（2017 年版 2020 年修订）》要求：认识 20 世纪以来贸易、金融的变化及其对人类生活的影响。

根据新课标要求及教材编排，教学过程围绕三部分展开。

世界经济的发展：以图表分析、时间轴梳理等方式学习世界经济的发展过程，侧重利用教材的史料；国际贸易与人类生活：注重史料研读，分析国际贸易的发展；国际金融与人类生活：通过史料分析和对比分析，使学生理解国际金融发展对人类生活的影响。

在本课前学生已经学完了前两节课的内容，初步了解商贸发展与人类生活的关系。另外，初中以及《中外历史纲要》上、下两册对本课内容都已有一定的叙述，因此，在授课过程中要注意不要将本课内容当作新知全部进行细致讲解，而应是统摄在全球治理视角下思考世界经济与生活的关系。本课有较多专业的经济概念，学生理解起来较为困难，授课过程中要运用多种教学策略带领学生攻破这一难点，从而更好地理解世界经济、贸易、金融的发展，进而拓展全球视野，提升素养。

教学目标

1.通过时间轴、世博会、文字史料、数据等，知道 20 世纪以来世界经济的曲折发展，梳理经济发展的时空线索，把握经济发展总体特征。

2.通过史料研读设置情境，了解 20 世纪以来国际贸易与金融的发展变化对人类生活的影响。

3.通过对 20 世纪以来主要国家地区经济发展的经验教训的学习，获得警示，培养学生对外开放、合作共赢的全球意识。

重点难点

1.重点：20 世纪以来，贸易、金融的发展变化对人类生活的影响。

2.难点：国际贸易体系与国际金融体系的具体内容。

教学活动过程

 导入 ▶▶▶ -

教师展示图片：

亚投行的标志

教师活动：20世纪以来，随着全球经济的迅速发展，政治格局多极化趋势的不断加强，各类国际组织迅速发展。要求学生观察图片思考这是什么组织的标志？这个组织产生的背景和目的？当前国际金融和贸易发展有何新变化？让学生带着这些问题进入本节课的学习。

【设计意图】以亚投行的标志导入，既契合本课教学主题，激发学生的学习兴趣。同时以亚投行的产生和发展作为串联本课的线索，向学生展示20世纪以来经济发展、国际贸易与金融发展的景象，探究其对人类生活的影响。

导入学习任务一：世界经济的发展

（1）资本主义国家的经济发展

材料1　由于欧洲列强竭力寻求新的殖民地，以确保剩余资本和剩余产品有海外市场，经济上的竞争和国内的困难还激起了对殖民地的争夺。由于德国人直到1871年国家统一之后才参与殖民地争夺，所以他们特别积极，要求建立一个与其日益增长的经济实力相称的帝国……但是，德国人发现，他们在世界上几乎所有的地区都受到了英国辽阔的殖民地的阻挡；他们痛骂英国人是"占着茅坑不拉屎"的自私鬼。

——斯塔夫里阿诺斯《全球通史：1500年以后的世界》

材料2　联邦储备体系的建立本来是为了防止再次出现金融恐慌……20世纪20年代，由于农产品价格暴跌，银行缺乏偿债能力的现象变得越来越普遍。紧接着，便于1930—1932年间爆发了美国及全球范围内经济的严重崩溃。银行失去了偿债能力当然不是这次大萧条的起因，但它却强化并加剧了企业经营能力的下降。在对银行发生的数次不信任浪潮中，公众耗空了联邦储备体系的通货，由此促成了银行之间相互争夺储备……最后，在1932年11月总统选举到次年3月总统就职的这个冬季，发生了严重的金融恐慌。人们争相把银行存款转变为通货和黄金，这次挤兑使银行一个接一个地宣告破产。罗斯福总统的首要措施是关闭所有尚未破产倒闭的银行并终止美元与黄金的兑换。

——詹姆斯·托宾、斯蒂芬·S.戈卢布《货币、信贷与资本》

材料3 凯恩斯的经济理论首先在美国"新政"中得到了印证，或者说它对罗斯福在大萧条时期迫不得已采取的非正统措施提供了理论上的认可。自此以后，凯恩斯主义被各主要资本主义国家奉为国策，推动了国家垄断资本主义的发展。凯恩斯主义一直在资本主义经济生活中占据统治地位，直到70年代后，资本主义国家普遍爆发了滞胀危机，凯恩斯主义对此束手无策，各种新兴经济理论才应运而生。

——吴于廑、齐世荣《世界史：现代史编》

教师活动：指导学生根据材料并结合所学，梳理20世纪资本主义经济的发展历程。

学生活动：运用相关史料，分析整理。

20世纪资本主义经济发展历程表

时 间	经济发展特点
20世纪初	资本主义国家政治经济发展的不平衡
20世纪30年代	资本主义经济危机；罗斯福新政
"二战"后	资本主义经济的新变化

材料4 1929年—1933年的经济危机，足足摧毁了自由资本主义经济长达半个世纪之久。为了短期内解决国内危机，各国加速高筑壁垒，力图保全自己国内的市场及同伙免受世界性经济风波的冲击，使国际多边贸易体系分崩离析。

——霍布斯鲍姆《极端的年代（1914—1991）》

材料5 古典经济思想认为，资本主义是可以自动矫正的体系……当萧条产生的贫困呼唤政府采取行动时，一些政府发挥了更加积极的作用，采取了一些紧缩通货的措施，平衡国家预算、消减公共支出。但是无论何种方法都没有使经济摆脱萧条状态……许多人呼吁经济思想的根本变革。

——杰里·本特利、赫伯特·齐格勒《新全球史：文明的传承与交流（1000—1800年）》

教师活动：根据教材并结合所学讨论思考，"二战"后资本主义国家的经济发展策略。

学生活动：结合材料，展开讨论。

①变革经济思想："二战"后，主要资本主义国家通过经济计划、财政政策、货币政策以及福利制度等，将政府宏观调控与市场调节结合起来，实现了经济的快速增长。现代科技进步促进了新兴产业的发展与传统产业的升级，极大提高了生产效率。

②重建国际新秩序：建立以美元为中心的全球货币金融体系以及以美国为中心的全球贸易体系，推动世界经济朝体系化、制度化方向发展。

（2）社会主义国家和新兴民族国家的经济发展

材料6 大萧条的影响和意义因为苏联的几个五年计划而增大。在西方的经济确实是一团糟的同时，苏联正在继续进行经济发展方面的独特实验。虽然五年计划伴有严格的压制和民众的穷困，但实质上是成功的。苏联从一个以农业为主的国家迅速上升世界第二大工业强国。这种前所未有的成就具有国际性的影响，尤其是因为当时种种经济困难正使西方陷于困境。

——斯塔夫里阿诺斯《全球通史：1500 年以后的世界》

材料 7　战后世界经济在走向统一的过程中，仍然存在着多样性，它的具体表现就是"两种体系、三种国家"的出现。"两种体系"是指社会主义经济体系和资本主义经济体系，"三种国家"是指社会主义国家、发展中国家和资本主义发达国家。每一种国家中又可分为各种类型……由于历史背景、社会基础、革命道路和过渡政策的不同，这些社会主义国家的经济又可以分为三种类型：苏联型、东欧型、亚洲人民民主国家型。

发展中国家多数是从殖民地半殖民地演变而来的民族主义国家，最初被称为不发达国家……由于长期遭受殖民主义、帝国主义的压迫和剥削，经济命脉受外国资本控制，所以，取得政治独立后，这些国家的首要任务是肃清殖民主义势力，谋求独立的经济发展。殖民统治阻碍生产力的发展，造成这些国家的经济十分落后，且畸形发展，普遍存在单一经济，农村中普遍存在前资本主义生产关系，文盲众多，科技水平较低，发展现代化民族经济将会面临很大的困难。

——吴于廑、齐世荣《世界史：现代史篇》

教师活动：指导学生分析材料并结合所学，思考 20 世纪社会主义和新兴民族国家经济的发展特点。

学生活动：运用相关史料，整理归纳。

20 世纪社会主义和新兴民族国家经济发展表

国　　家		时　　间	经济发展特点
社会主义国家	苏　联	"一战"后	战时共产主义、新经济政策、苏联模式
		20世纪五六十年代后	苏联高度集中的经济模式弊端丛生，改革陷入困境；东欧剧变，苏联解体
	中　国	新中国成立后	社会主义革命和建设的曲折探索
		改革开放后	中国特色社会主义道路，经济飞速发展
新兴民族国家		"二战"后	将经济独立作为首要目标，并通过发展国有经济与制定经济计划加速自身的工业化进程；一些国家经济高速发展，但问题与挑战并存

材料 8　一五期间，苏联利用资本主义世界遭受经济危机打击之机，从西方引进一批先进的机器设备和技术力量，还高薪聘请外国专家和技工。

——吴于廑、齐世荣《世界史：现代史编》

材料 9　五年计划不仅对苏联，而且对世界的影响都是多方面的……西方人起初怀疑苏联为新社会制定的计划，许多人都认为它们一定会失败。随着一系列五年计划的展开，怀疑为真正的兴趣所代替……不发达世界中前殖民地各民族的反应则完全不同。对他们来说，苏联是一个在

30 年内成功地将自己从一个落后的农业国转变成世界第二大工业、军事强国的国家。使这一惊人的变化成为可能的种种制度和技术对这些民族来说非常重要。

——斯塔夫里阿诺斯《全球通史：1500 年以后的世界》

教师活动：根据材料，思考 20 世纪经济发展的启示。

学生活动：分析材料，回答问题。

资本主义、社会主义以及新兴民族国家在经济发展的过程中，相互借鉴；计划和市场都是发展经济的手段，生产关系要适应生产力水平。

【设计意图】将 20 世纪以来世界经济的发展线索，分为资本主义国家、社会主义国家、新兴民族国家，引导学生对教材内容展开梳理，有利于帮助学生厘清知识点之间的关系，树立结构性思维，帮助学生从不同层次和角度梳理内容丰富的知识点。同时通过材料补充，对资本主义、社会主义和新兴民族国家的经济发展进行横向关联，寻找各国经济发展之间的内在联系，提升学生的历史解释能力，彰显唯物史观。

导入学习任务二：国际贸易与人类生活

材料 1　从 19 世纪的后几十年到第二次世界大战之后的最初几年，贸易保护逐步壮大，并且日益流行。第二次世界大战后，世界再次经历了一个贸易自由和扩张的时代，这主要是由于连续几个回合的贸易谈判，这些谈判是由关贸总协定（GATT）发起，并得到美国领导地位的强有力支持。国际贸易的增长甚至比国民经济更迅速。因此，国际贸易使各国经济更加一体化。在 20 世纪 70 年代中期，全球性的滞涨、新保护主义和其他发展的减慢以及其他一些情况，改变了自由化趋势……新的几轮贸易谈判，尤其是 1993 年乌拉圭回合贸易谈判的胜利，完成了促进贸易自由化进程。乌拉圭回合谈判创立了世界贸易组织（WTO），取代日益过时的关贸总协定。

——罗伯特·吉尔平《全球政治经济学：解读国际经济秩序》

教师活动：引导学生根据材料并结合课本史料阅读，分析国际贸易的变化原因和内容。

学生活动：阅读材料，回答问题。

①原因：　A.19 世纪 70 年代到第二次世界大战，由于战争与经济危机，各国通过贸易封锁与提高关税保护本国贸易，国际贸易总量因此增速放缓，落后于生产的增长速度。

B.世界经济萧条，人民生活困难。

C.20 世纪 70 年代，全球性经济问题的影响。

②内容：A.第二次世界大战后，在美国主导下，1947 年达成《关税贸易总协定》，促进了国际贸易的发展。

B.1995 年，在《关税贸易总协定》的基础上，成立了世界贸易组织，建立更具有活力和永久性的多边贸易体制。

C.1997 年，69 个世界贸易组织成员签署了《全球基础电信协定》，大大降低了人们的通信成本。

D.服务贸易的扩大，推动经济发展，便利了人们的工作和生活。

E.20 世纪后期以来，贸易形式发生变化，实现了更多样的经济合作方式，推动多元的贸易体系的形成与发展。

【设计意图】在设计时充分考虑学生在《中外历史纲要（下）》中已涉略过有关关贸总协定的知识内容，由此将材料与教材的史料阅读相结合，学生通过对教材和材料的解读，知道国际贸易的发展背景、过程和影响，理解 20 世纪国际贸易从美国主导到多元贸易体系发展的过程，增进对教材的理解，避免过度补充。

导入学习任务三：国际金融与人类生活

材料 1　战争的严重破坏使全世界都急缺美元，因为它是唯一可靠的黄金替代物。这也导致整个世界都处于一种危险之中：容易受到美国在任何时点可能遭受的经济病患的影响。1946 年，美国放松价格管制后出现了通货膨胀，推高了欧洲的进口价格。1948 年和 1949 年，美国经济出现衰退，抑制了美国的进口需求。1949 年中期，国际货币基金组织的董事为他们的战时目标写下了一段心酸的墓志铭，他们不得不承认，在世界进入和平年代 4 年之后，"对双边贸易和不可兑换货币的依赖远甚于战前"。

——本·斯泰尔《布雷顿森林货币战：美元如何统治世界》

材料 2　当今世界正在经历百年未有之大变局。新冠肺炎疫情全球大流行使这个大变局加速变化，经济全球化遭遇逆流，保护主义、单边主义上升，世界经济低迷，国际贸易和投资大幅萎缩，给人类生产生活带来前所未有的挑战和考验。

同时，我们也要看到，近年来，新一轮科技革命和产业变革孕育兴起，带动数字技术强势崛起，促进了产业深度融合，引领了服务经济蓬勃发展。这次疫情全球大流行期间，远程医疗、在线教育、共享平台、协同办公、跨境电商等服务广泛应用，对促进各国经济稳定、推动国际抗疫合作发挥了重要作用。放眼未来，服务业开放合作正日益成为推动发展的重要力量。

——习近平在 2020 年中国国际服务贸易交易会全球服务贸易峰会上致辞（2020 年 9 月 4 日）

教师活动：根据材料并结合课本内容，思考"二战"后国际金融的发展变化并分析 20 世纪以来国际贸易和金融对人类生活的影响。

学生活动：思考分析，国际金融的发展变化。

①变化：A. 第二次世界大战后，建立以美元为主导的布雷顿森林体系，成立国际货币基金组织和世界银行。

B. WB、IMF 继续发挥作用；20 世纪 90 年代以来，资本流动全球化、金融市场一体化和金融机构扩张成为主导。

C. 新兴国家在国际金融发展中逐渐取得更多话语权。

②表现：A. 金融：非银行金融机构迅速发展；不同金融机构的业务界限被打破；大型金融集团和跨国金融集团不断涌现，金融风险增加；电子金融与网络金融日益普及。

B. 贸易：贸易规模扩大，对世界贸易依存度提高；服务贸易增长，贸易的形式发生变化，电子商务兴起；科技含量在产品中的重要性提高。

教师活动： 随着经济全球化，中国在十一届三中全会后，实现了伟大的历史转折，通过改革开放建立起社会主义市场经济体制，经济飞速发展，2010 年中国经济总量超过日本，成为仅次于美国的世界第二经济实体。引导学生根据教材"学思之窗"《亚洲基础设施投资银行协定》的内容并结合已学知识，分析中国在国际金融和贸易发展过程中的态度、原因和影响。

学生活动： 思考分析。

①态度：积极参与国际金融与贸易发展过程，在国际金融与贸易中的影响力逐步提升。2001年，中国正式加入世界贸易组织。2009 年，中国政府开始推进人民币的国际化。2010 年，中国成为国际货币基金组织第三大成员国，仅次于美国和日本。2015 年，中国发起成立亚洲基础设施投资银行。2016 年，人民币成为主要的国际储备货币之一。

②原因：经济全球化、中国在世界经济中地位提升；为解决亚洲经济发展过程中资金问题，以推动亚洲经济发展，提高抗风险能力。

③影响：使中国经济在全球化进程中获得参与制定规则和竞争的有利位置，从而得到更广阔的发展空间，对经济体制改革和现代化建设产生了深刻影响，标志着中国对外开放进入了一个新的阶段，推动了中国经济的发展，也带来了一定的风险。

【设计意图】国际金融与人类生活的影响，从知识点教学来讲，有许多涉及经济学的陌生概念，对于学生的理解来说有一定的难度。但如果教师课堂上执着于对这些概念进行一一解析，便会与教学目标南辕北辙，且不能突出本课的教学重点。由此，对于这个问题，通过材料的带动结合教师的引导，以突出第二次世界大战后国际金融和贸易发展的新变化为主，帮助学生厘清思路，突破难点。

课堂小结

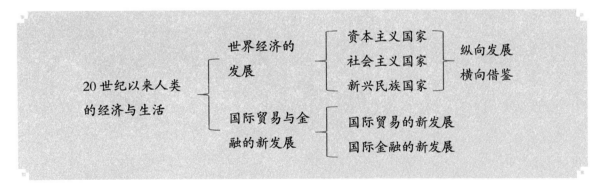

作业拓展

问题：请学生绘制 20 世纪以来人类的经济发展时间轴。

在课堂教学上，教师考虑到学生的知识接受能力以及核心素养的培养，通过分时段、分层次讲述 20 世纪以来人类经济与生活的发展，从而帮助学生更好地理解世界经济发展的趋势。但从学生的认知角度来看，也应从整体的角度，系统地认识20世纪以来经济的发展，联系其对人类生活的影响。通过时间轴的绘制，学生可以从时间线索出发对教材再次进行研究和梳理，树立整体意识，培养时空观念。

 设计反思与讨论

本课教学从学生的核心素养的培养出发，通过充分研究教材的图表、史料，并结合一定的课外材料的补充，帮助学生理解世界经济的发展以及国际贸易、金融的发展对人类生活的影响，发展学生的历史解释能力。通过经济发展的背景、联系的探索，体现核心素养。同时通过本课的学习，使学生了解到世界主要国家、地区经济发展的经验教训，获得警示，培养对外开放、合作共赢的全球意识。

由于本课涉及知识点非常多且涉及较多与经济学相关的历史概念，从教学的角度来说是一大难点。在教学过程中不可能做到面面俱到，由此教师需要在课堂突出学生的主体地位，通过借助材料分析，设计问题链，引导学生主动探究经济发展的趋势和影响，培养学生的历史思维。

参考文献

［1］白钢.中国政治制度史［M］.北京：社会科学文献出版社，2007.

［2］周振鹤.中国地方行政制度史［M］.上海：上海人民出版社，2014.

［3］晏绍祥.古代希腊民主政治［M］.北京：商务印书馆，2019.

［4］钱乘旦，许洁明.英国通史［M］.上海：上海社会科学院出版社，2017.

［5］蒋廷黻.中国近代史［M］.南京：江苏人民出版社，2017.

［6］金冲及.二十世纪中国史纲［M］.北京：社会科学文献出版社，2009.

［7］当代中国研究所.新中国 70 年［M］.北京：当代中国出版社，2019.

［8］中共中央党史研究室.中国共产党的九十年［M］.北京：中共党史出版社，党建读物
出版社出版，2016.

［9］黄留珠.中国古代选官制度述略［M］.西安：陕西人民出版社，1989.

［10］郭茂倩.乐府诗集［M］.北京：中华书局，2017.

［11］赵毅，赵轶峰.中国古代史［M］.北京：高等教育出版社，2010.

［12］周敏凯.比较公务员制度［M］.上海：复旦大学出版社，2006.

［13］列宁.列宁全集［M］.北京：人民出版社，2017.

［14］房列曙.中国近现代文官制度［M］.北京：商务印书馆，2016.

［15］姜海如.中外公务员制度比较［M］.北京：商务印书馆，2013.

［16］吕思勉.吕著中国通史［M］.北京：当代世界出版社，2009.

［17］赵林.基督教与西方文化［M］.北京：商务印书馆，2013.

［18］李贵连，李启成.中华法史三千年：法律思想简史［M］.北京：中国民主法制出版社，
2016.

［19］马克斯·韦伯.新教伦理与资本主义精神［M］.李春香，译.北京：中国工人出版社，
2016.

［20］翁独健.中国民族关系史纲要［M］.北京：中国社会科学出版社，2001.

［21］朱小略.中国古代外交导论［M］.上海：上海远东出版社，2021.

［22］侯建新.资本主义起源新论［M］.北京：生活·读书·新知三联书店，2014.

［23］白桂梅.国际法［M］.北京：北京大学出版社，2006.

［24］谢益显.中国当代外交史（1949—2009）［M］.北京：中国青年出版社，2009.

［25］夏莉萍，梁晓君，李潜虞，等.当代中国外交十六讲［M］.北京：世界知识出版社，

2017.

［26］高英民，王雪农．古代货币［M］．北京：文物出版社，2008.

［27］徐瑾．白银帝国：一部新的中国货币史［M］．北京：中信出版社，2017.

［28］张敬群．中国税史品读［M］．北京：中国税务出版社，2015.

［29］范文澜．中国通史［M］．北京：人民出版社，1978.

［30］邢建华．古代户籍：历代区划与户籍制度［M］．北京：现代出版社，2015.

［31］张研，牛贯杰．清史十五讲［M］．北京：北京大学出版社，2004.

［32］孟广林．世界中世纪史［M］．2版．北京：中国人民大学出版社，2020.

［33］马啸原．西方政治制度史［M］．北京：高等教育出版社，2000.

［34］斯塔夫里阿诺斯．全球通史：从史前史到21世纪［M］．吴象婴，梁赤民，董书慧等，
　　译．北京：北京大学出版社，2006.

［35］艾尔弗雷德·W.克罗斯比．哥伦布大交换：1492年以后的生物影响和文化冲击［M］.
　　郑明萱，译．北京：中信出版社，2018.

［36］王斯德．世界通史［M］．上海：华东师范大学出版社，2018.

［37］杰里·本特利，赫伯特·齐格勒．新全球史：文明的传承与交流（1000—1800年）［M］.
　　魏凤莲，译．北京：北京大学出版社，2014.

［38］杜石然，范楚玉，陈美东．中国科学技术史稿［M］．北京：北京大学出版社，2012.

［39］高德步，王钰．世界经济史［M］．北京：中国人民大学出版社，2011.

［40］朱绍侯，齐涛，王育济．中国古代史［M］．福州：福建人民出版社，2010.

［41］白寿彝．中国通史［M］．上海：上海人民出版社，2015.

［42］菲利普·李·拉尔夫，罗伯特·E.勒纳，斯坦迪什·米查姆，等．世界文明史［M］.
　　赵丰，等，译．北京：商务印书馆，1998.

［43］吴于廑，齐世荣．世界史：现代史编［M］．北京：高等教育出版社，2011.

［44］R.R.帕尔默．现代世界史［M］．董正华，陈少衡，牛可，等，译．北京：世界图书
　　出版公司，2009.

［45］余鑫炎．简明中国商业史［M］．北京：中国人民大学出版社，2009.

［46］吴慧．中国商业政策史［M］．北京：社会科学文献出版社，2014.

［47］龙多·卡梅伦，拉里·尼尔．世界经济简史：从旧石器时代到20世纪末［M］．潘宁，
　　等，译．上海：上海译文出版社，2012.

［48］罗伯特·吉尔平．全球政治经济学：解读国际经济秩序［M］．杨宇光，杨炯，译．上海：
　　上海人民出版社，2020.

［49］詹姆斯·托宾，斯蒂芬·S.戈卢布．货币、信贷与资本［M］．张杰，陈未，译．北京：
　　中国人民大学出版社，2015.

［50］本·斯泰尔．布雷顿森林货币战：美元如何统治世界［M］．符荆捷，陈盈，译．北京：
　　机械工业出版社，2019.

后 记

发轫于世纪之交的课程改革至今已有 20 余年了，20 余年在历史的长河中也只是像《仁王经》中说的那样"一弹指六十刹那"，实在是短得很。但其间改革进程如火如荼，十几年持续的革故鼎新推动着课程建设的不断发展。《普通高中历史课程标准（2017 年版 2020 年修订）》已经颁布，高中历史统编教材《历史必修》《历史 选择性必修》已陆续在多数省（市）开始使用。我们作为改革的亲历者，真切地感受到课程变化的迅猛，不免有一种危机感，同时也给了我们在教师专业成长道路上的新动力和新的方向。

历史是传统而又不断创新的学科。作为历史教师，我们的责任是将人类的历史记忆代代相传，追求历史的本真；同时我们又是历史教学改革的主要承担者，为落实新课改精神，在确定教学目标、创新教学方法、理解新教材精神实质，乃至进一步将这些上升为系统理论等方面，都需要努力去做深入的研究。我们认为教师当前最迫切需要的是一本体现《普通高中历史课程标准（2017 年版 2020 年修订）》新理念、新精神的教学参考用书。

2021 年 12 月，我们以浙江省台州市陈家华名师工作室第三期成员为编写团队，承袭《以核心素养为指归的教学设计——〈中外历史纲要〉》上、下两册的风格，开始研制《以核心素养为指归的教学设计——〈历史 选择性必修〉》上册。

全书由浙江省特级教师、正高级教师，浙江省、台州市名师工作室领衔人、台州市高中历史教研员陈家华老师负责理论指导、整体设计、统稿审定和联系出版等事宜。陈家华名师工作室第三届成员姚丹旭老师供稿《历史 选择性必修 1》第 1、2 课，杜培老师供稿《历史 选择性必修 1》第 3、4 课，徐靖涛老师供稿《历史 选择性必修 1》第 5、6、7 课，陈大军老师供稿《历史 选择性必修 1》第 8、9、10 课，郎翕钰老师供稿《历史 选择性必修 1》第 11、12 课，厉益老师供稿《历史 选择性必修 1》第 13、14 课，项雅利老师供稿《历史 选择性必修 1》第 15、16 课，陈杜鹃老师供稿《历史 选择性必修 1》第 17、18 课，吕莹老师供稿《历史 选择性必修 2》第 1、2 课，卓君老师供稿《历史 选择性必修 2》第 3、4 课，陈君卫老师供稿《历史 选择性必修 2》第 5、6 课，潘祖依老师供稿《历史 选择性必修 2》第 7、8、9 课。

《左传》说"筚路蓝缕，以启山林"，开始编写之后方知困难重重。首先，困难来自新的教材，选择性必修新教材内容几乎全新，头绪多、容量大，而且还设置"学习聚焦""史料阅读""历史纵横""学思之窗""问题探究""学习拓展"等栏目提供大量辅助性史料，适当而贴切地处理教材的难度很大；其次，困难来自编写之时可供参考的资料很少，只能摸着石头过河；最后，困难还在于我们平时日常教学工作十分繁忙，大家只能挤出时间加班加点进行写作。历经六个多月的蹒跚前行，竟已成书，即将付梓。

本书能够得以顺利出版，得益于各方面的帮助。我们要诚挚地感谢浙江省名师工作站、台州市人才工作领导小组、台州市教育局的各位领导，他们一直以来对工作室的支持、爱护！我们还要衷心地感谢学界同仁，在本书编写过程中我们学习和参考了他们的一些研究成果！

作为高中历史教学参考用书，阅读的主要对象是广大历史教师，我们在编写过程中慎之又慎，力求尽善尽美，但受时间和水平的限制，疏漏在所难免，敬请各位读者批评指正。

编　者

2022 年 5 月 19 日